Jaap van de Weg

Welten und Wesen

Jaap van de Weg

Welten und Wesen

Die Seele als Schauplatz
geistiger Wirkungen

Verlag Urachhaus

Deutsch von Conrad Schaefer

Die niederländische Originalausgabe erschien im Jahr 2009 unter dem Titel *Werelden en wezens* im Verlag Christofoor/Zeist.

ISBN 978-3-8251-7628-0

Erschienen im Verlag Urachhaus
www.urachhaus.com

Umschlaggestaltung: U. Weismann
Umschlagabbildung: James Ensor, Selbstbildnis mit Masken (Ausschnitt)

Gesamtherstellung: CPI – Clausen & Bosse, Leck

Inhalt

Teil 3

Helfende Wesen

Einleitung

In diesem Buch wage ich den Versuch, Welten zu beschreiben, die sich hinter der für uns sichtbaren Welt verbergen. In diesen verborgenen Welten lebt eine Vielzahl von Wesen. Sie üben ihren Einfluss auf unser Alltagsleben aus. Wir können sie nicht mit unseren normalen Sinnen wahrnehmen, doch wir bemerken ihre Gegenwart und ihre Wirkung durchaus. Normalerweise dringen sie jedoch nicht in unser Bewusstsein.

Ich habe mich viele Jahre mit der Erforschung dieser Wesen und Wirklichkeiten befasst. Dabei stützte ich mich auf eine Reihe von Faktoren:

- In meinem Beruf als Arzt und Psychotherapeut höre ich häufig Erfahrungen von Menschen, die ich aus dem rein schulmedizinischen Denkmodell nicht erklären kann. Solche Erfahrungen klingen häufig vage und unbegreiflich. Doch ich habe bemerkt, dass man durch diese Erfahrungen bereichert wird, wenn man sie ernst nimmt. Sie können den Blick weiten und auf diese Weise die Wirkung anderer Wesen und Wirklichkeiten erkennbar machen. Wie soll man als Arzt damit umgehen, wenn jemand beispielsweise beschreibt, dass er »ein Loch« in seinem Rücken oder Bauch spürt, wenn körperlich überhaupt nichts Derartiges feststellbar ist?
- Daneben verfüge ich über meine persönlichen Erfahrungen. Einst führte ich während eines Spaziergangs ein unangenehmes Gespräch mit meiner Frau. Plötzlich erlebte ich, dass fünf Meter vor mir in der Luft eine Art Aussparung in der Gestalt eines kleinen

Männchens entstand, das sich vor Lachen über meine Dummheit schier ausschütten wollte. Mir wurde schlagartig bewusst, wie dumm ich gerade daherredete, und das Gespräch war sofort zu Ende. Was war das? Die Sache ließ sich nicht erklären, doch sie hatte nachhaltige Auswirkungen.

- Und schließlich die Erfahrung, die viele Menschen machen – darunter auch ich selbst –, dass alle möglichen Stimmen im Inneren erklingen. Sie können störend sein, vor allem dann, wenn sie einander auch noch widersprechen. Und das, während man deutlich schlussfolgern kann, dass man keineswegs verrückt ist. Woher kommen diese Stimmen?
- In seinen Büchern und Vorträgen beschreibt Rudolf Steiner, der Begründer der Anthroposophie, seine Wahrnehmungen der unterschiedlichen Welten, in denen wir als Menschen gleichzeitig leben, und deren wir uns normalerweise nicht bewusst sind. Steiner beschreibt auch, welche Wesen in diesen Welten leben. Steiners Schriften habe ich intensiv studiert, und sie waren mir eine große Hilfe bei meinen Studien.

In vielen Kursen habe ich mit unterschiedlichen Menschengruppen an dem Thema der Welten und Wesen gearbeitet. Dabei wurde deutlich, wie erkennbar sie für viele Menschen sind. In den Kursen entstanden auch die Übungen, die weiter hinten im Buch beschrieben werden, mit deren Hilfe wir uns diese Welten erschließen können. Es zeigte sich, dass diese Übungen vielen Menschen Erfahrungen vermittelten, durch die die Existenz der geistigen Welt für sie zu einer Realität wurde. Dies verstärkte mein Vertrauen, dass es sich tatsächlich um reale Welten und echte Wirklichkeiten handelt.
Meine Forschungen wurden ferner durch das Lesen vieler Bücher und das Betrachten vieler Filme stimuliert, die sich mit diesem Thema befassen. Dabei handelte es sich im Allgemeinen nicht um weltanschauliche oder wissenschaftliche Literatur, sondern um Fantasy,

Kinderbücher und ganz gewöhnliche zeitgenössische Kinofilme. In derartigen Schöpfungen treffen wir viele Beispiele für andere Welten und Wesen an. Offenbar fühlen sich viele Menschen von diesem Thema inspiriert. In den Schilderungen dieses Buches habe ich viele Beispiele aus solchen Büchern und Filmen verarbeitet.
Vor kurzem fragte mich jemand nach dem Nutzen meiner Forschungen. »Ich sehe das, was du da als Realität darstellst, eher als eine Metapher. Es hilft mir, wenn ich schwierige Dinge, die ich erlebe, als Metapher betrachte. Das verdeutlicht mir meine Erfahrungen häufig, und ich kann besser damit umgehen. Welchen Vorteil soll es haben, diese Dinge als echte Realität zu betrachten?«
Meine Antwort auf diese Frage hat mehrere Aspekte.
Ob diese Welten und Wesen eine Realität sind, werden wir erst ergründen, wenn wir sie erforschen. Das Argument, dass sie mit unseren Augen und unseren Ohren nicht wahrnehmbar sind, ist ein Scheinargument. Und die Frage nach dem Nutzen dieser Erforschung lässt sich nicht im Voraus beantworten.
Für zahlreiche Menschen sind die Dinge, die ich hier beschreibe, eine Realität, die für sie mit viel Leid verbunden ist. Weil ihre Erfahrungen rasch als fremdartig oder verrückt eingestuft werden, beginnen sie sich einsam oder tatsächlich verrückt zu fühlen. Wenn es uns gelingt, solche Erfahrungen zu verobjektivieren und zu verstehen, hebt das die Einsamkeit auf, und jeder kann sich auf die Suche nach der angemessenen Antwort begeben.

Schließlich kann das Ernstnehmen dieser Welten und der Wesen, die in ihnen leben, die Möglichkeit schaffen, auf ganz neue Weise mit ihnen umzugehen. Es entsteht eine neue Ebene, auf der Lösungen für die Probleme gefunden werden können, die sie in uns verursachen. Betrachten Sie einmal, was geschah, nachdem die Bakterien entdeckt worden waren. Diese Entdeckung eröffnete der Wissenschaft ein völlig neues Gebiet. Nachdem die Welt der Bakterien erschlossen worden war, führte das dazu, dass man viel gezielter mit Fragen der Hygiene umging – und zur Entwicklung der Antibiotika, wodurch Infektionskrankheiten immer früher erkannt und behandelt werden konnten. Später zeigte es sich, dass Bakterien durch genetische Verfahren zur Produktion bestimmter medizinischer Wirkstoffe wie beispielsweise das Insulin eingesetzt werden konnten. Welche neuen Wege könnten wir finden, wenn wir mit der Seelenwelt und ihren Wesen umzugehen lernten?

In diesem Zusammenhang musste ich an eine Geschichte denken, die ich während meines Medizinstudiums hörte. Sie handelte von Ignaz Semmelweis. Er war um 1850 herum als Gynäkologe in Wien tätig. In der damaligen Zeit starben viele Frauen im Wochenbett am Kindbettfieber. Semmelweis vermutete, dass dies mit der Infektion durch ein Leichengift zusammenhing, also etwas, das mit Kadavern zu tun hatte. Bakterien waren in dieser Zeit noch nicht bekannt. So verpflichtete Semmelweis seine Mitarbeiter dazu, ihre Hände mit Bleichwasser zu waschen, bevor sie bei einer Geburt assistierten. Das war eine sehr unbeliebte Maßnahme, denn dieses Waschen mit der ätzenden Flüssigkeit war sehr schmerzhaft. Doch die Zahl der Todesfälle sank von 25 % auf 1 %. Trotz allem wurden seine Vorsichtsmaßnahmen nicht anerkannt und nicht in größerem Umfang umgesetzt. Fünfzig Jahre später wurden die Bakterien entdeckt. Da zeigte es sich dann, was das Händewaschen im klinischen Bereich eigentlich bedeutete.

Ich bin davon überzeugt, dass dies auch möglich ist, wenn die verborgenen Wesen genauso gut erkannt werden wie die Wesen der physischen Welt. Durch die angemessenen Rituale können wir die Kraft vergrößern, die von den helfenden Wesen ausgeht. Und durch innere Kraft und Geistesgegenwart können wir die Dämonen und Gespenster in die Schranken weisen. Vielleicht können wir sie auch für andere Zwecke einsetzen. Die Zukunft wird es weisen.

Was können Sie sich von diesem Buch erwarten?
Zuerst beschreibe ich die Existenz der unterschiedlichen Realitäten: die stoffliche Welt, die Seelenwelt, die Geisteswelt und die elementare Welt. Daran schließt sich die Beschreibung der uns unangenehmen Bewohner der Seelenwelt an: der Dämonen und Gespenster. Wie sehen sie aus, und wie wirken sie? Wie können wir die Sinnesorgane entwickeln, mit denen wir sie wahrnehmen? Und ferner: Welche Antwort können wir ihnen geben?
Im zweiten Teil des Buches gehe ich auf die helfenden Wesen der oberen Welt ein, darunter die Engel und Inspiratoren. Auch hier versuche ich ihre Wirkung anhand konkreter Beispiele zu skizzieren. Zwischendurch bringe ich einige Übungen, die wir ausführen können, um den verschiedenen Wesen ganz konkret auf die Spur zu kommen.
Wenn wir wirklich auf die Suche nach den unterschiedlichen Welten gehen, die beschrieben werden, und mit den dort lebenden Wesen in Verbindung treten wollen, begeben wir uns auf einen inneren Schulungsweg.

●●●

Um auf diesem Weg immer wieder innezuhalten, habe ich unterwegs einige Betrachtungen eingefügt, die dazu dienen, von außen auf den Weg zu blicken, den wir gehen. Hier kehren Bilder wieder, die ich in meinen früheren Büchern bereits ausgearbeitet habe.

●●●

Noch zwei praktische Bemerkungen zum Lesen dieses Buches. Sie werden auf viele Beispiele stoßen. Dabei handelt es sich um wahre Geschichten, die mir von den Betroffenen persönlich berichtet wurden. Ich habe nur solche Beispiele aufgenommen, die ich von verschiedenen Menschen unabhängig voneinander mitgeteilt bekam.

Außerdem habe ich mich entschlossen, die Tatsachen in einer Form darzustellen, die manchmal sehr apodiktisch wirken mag. Bitte stören Sie sich nicht daran, sondern lesen Sie solche Formulierungen immer im Sinne einer freilassenden, hinweisenden Aussage. Die thesenhafte Form wurde nur deshalb gewählt, weil vieles sonst sehr umständlich klingen würde.

Teil 1 Welten und Wesen

1 Welten

Wenn Sie morgens erwachen, öffnen Sie ihre Augen. Sie schauen sich um. Sie sehen den Stuhl neben Ihrem Bett, das Bild an der Wand. Sie hören die Vögel zwitschern, oder Sie hören den Radiowecker, der Sie geweckt hat. Sie wissen wieder, wo Sie sich befinden: »Ich liege in meinem Bett, heute ist Montag. Heute werde ich dies und das tun ...« Ihr Tagesprogramm erscheint auf dem Schirm Ihres Bewusstseins. Sie erheben sich, kleiden sich an und beginnen den Tag.
Sie sind an diese Welt gewöhnt. Sie ist physisch konkret vorhanden. Sie können diese Welt mit Ihren Sinnen wahrnehmen. Alle Dinge, die wichtig sind, können Sie im Prinzip sehen oder berühren. Wenn es Wirkungen gibt, die Sie nicht mit den Sinnen wahrnehmen können, können Sie sie meistens dennoch durch Instrumente sichtbar machen, die die Sinne unterstützen, zum Beispiel ein Mikroskop oder ein Hörgerät. Und wenn etwas nicht sichtbar oder hörbar zu machen ist, so kann man es häufig durch chemische Versuche beweisbar machen.
Wir haben diese Welt der Stofflichkeit Stück für Stück während der ersten Jahre unseres Lebens kennengelernt. Und immer mehr von ihr haben wir uns zu Eigen gemacht. Ein Stuhl ist ein Stuhl, meine Mutter ist meine Mutter, ich bin ein Ich. Das Fahrrad, das Auto, der Fernseher ...

Wir sind es gewohnt, zu denken, dass die stoffliche Welt, in der wir mit unserem Alltagsbewusstsein leben, die einzige Welt ist, mit der wir es zu tun haben. Dies war jedoch nicht immer so. In früheren

Zeiten war dies anders. Damals ging man auch noch von der Existenz der geistigen Welt aus, in der es verschiedenste Götter gab. Aus dieser unstofflichen Welt heraus übten sie ihren Einfluss auf das Dasein des Menschen in der stofflichen Welt aus.

In diesem Buch will ich von der Hypothese ausgehen, dass es mehrere Welten gibt, die wir genauso systematisch kennenlernen und erforschen können, wie wir es mit der stofflichen Welt getan haben. Diese unterschiedlichen Welten existieren nebeneinander. Sie sind nicht unabhängig voneinander, sondern beeinflussen einander wechselseitig.

Was können wir uns unter der Existenz unterschiedlicher Welten vorstellen? Wenn wir im Internet den Begriff »Parallelwelten« eingeben, werden wir auf zwei Bereiche verwiesen.

Der eine Verweis befasst sich mit der Philosophie von Parallelwelten, die entstehen, weil wir in jedem Moment Entscheidungen treffen müssen und so eine Spaltung zwischen zwei Welten entsteht. In der einen Welt leben wir die eine Entscheidungsmöglichkeit, in der anderen die andere. Die Entscheidung, die wir hier mit unserem Bewusstsein treffen, ist nur eine von vielen anderen möglichen, und ein anderer Teil von uns lebt in einer anderen Welt die andere Entscheidungsmöglichkeit aus. So sind im Verlauf der Geschichte unzählige Parallelwelten entstanden.

Diese verschiedenen Welten werden als stoffliche Welten angesehen, die miteinander in keiner Verbindung stehen. Sie beeinflussen sich nicht. Es ist nicht möglich, von der einen Welt in die andere überzuwechseln.

Ich persönlich finde das eine nette Philosophie. Doch für das konkrete tägliche Dasein hat sie überhaupt keine Konsequenzen. Dadurch bleibt mir der praktische Sinn dieser Theorie für das Alltagsleben undeutlich. Wenn in diesem Buch die Rede von »anderen Welten« ist, ist damit also nicht diese Form von Parallelwelten gemeint.

Ein anderes Bild paralleler Welt finden wir in der wunderbaren Trilogie *Der goldene Kompass* von Philip Pullman. In diesem Buch erscheinen unterschiedliche Welten, die sich am selben Ort finden, doch voneinander getrennt sind. An bestimmten Orten gibt es eine Art Loch, durch das man hindurchschlüpfen kann, um in eine andere Welt zu gelangen. Eine der Hauptpersonen erhält in einem bestimmten Augenblick ein Messer, und mit diesem Messer kann sie in die hauchdünne Trennwand zwischen den unterschiedlichen Welten eine Öffnung schneiden. Durch diese Öffnung kann sie dann in eine andere Welt hinübergelangen. Auf diese Weise bewegt sie sich durch unterschiedliche Welten hindurch.

Eine zweite Richtung, auf die wir im Internet stoßen, befasst sich mit der Welt, in die wir nach dem Tod gelangen. Menschen, die eine Nahtoderfahrung erlebt haben, beschreiben diese Welt. Sie ist von zarterer Substanz als unsere, ihre Stimmung hat eine viel tiefgreifendere Wirkung. Es gibt auch Menschen dort, doch sie haben eine flüchtigere, hellere Gestalt. Das Leben scheint dort also weiterzugehen, doch in einer ganz anderen Qualität. Es bedeutet für Menschen, die eine solche Nahtoderfahrung erlebt haben, eine starke Umgewöhnung, wenn sie sich wieder in unsere Welt hineinfinden sollen.

Wenn wir diese Erfahrungen ernst nehmen, müssen wir sagen, dass es tatsächlich einen Übergang von der einen in eine andere Realität gibt und umgekehrt. Diese Tatsache kann eine Brücke zu dem Gedanken schlagen, dass dieser Übergang von der Realität der Welt nach dem Tod in die uns bekannte stoffliche Welt auch viel später vollzogen werden kann. Er würde dann zu einem nächsten Leben führen. Dies führt uns zum Gedanken der Reinkarnation.

Diese Parallelwelt nach dem Tod ist eine Welt, die nicht stofflich ist. Ich möchte sie als eine »geistige« Welt bezeichnen. Im Leben, das wir dort führen, befinden wir uns nicht innerhalb eines physischen

Körpers. Diesen Körper haben wir ja nach dem Tod zurückgelassen. Er ist begraben oder verbrannt worden, und die Stofflichkeit dieses Körpers ist in den Stoff der Erde übergegangen.

In der Literatur und im Film lassen sich viele Beispiele finden, in denen diese Welt der Verstorbenen beschrieben wird. Daran lässt sich erkennen, wie heute in großem Stil mit dieser Art von Bildern gespielt wird. Ich möchte ein paar Beispiele anführen.

Der Film *Hinter dem Horizont* (*What Dreams may Come*, 1998; Regie: Vinzent Ward) handelt von Chris Nielsen. Er stirbt durch einen Unfall. Der Film zeigt, wie er auf der anderen Seite ankommt. Er wird von einem alten Bekannten empfangen, der ihm erzählt, wie das Leben dort beschaffen ist. Jeder lebt in seinem eigenen Himmel, in Abhängigkeit von den Bildern, die er sich selbst von ihm macht. Wer sich in dieser Welt bewegen und in sie einleben möchte, muss bereit sein, die stoffliche Welt, aus der er kommt, loszulassen. Das gilt auch für die Menschen, mit denen wir verbunden gewesen sind. Allmählich beginnt Chris den Himmel zu erforschen, in den er gelangt ist. Dabei fühlt er sich jedoch weiterhin mit seiner Frau verbunden, die er während seines Lebens auf der Erde als seine wahre Seelenverwandte erlebte.

Als sie stirbt, weil sie Selbstmord begeht, erwartet Chris zunächst, sie wiederzusehen. Doch als deutlich wird, dass ein Mensch, der durch Selbstmord verstorben ist, in einem völlig anderen Himmel landet – auch aufgrund der Bilder, die ein solcher Mensch mit auf die andere Seite nimmt –, beschließt er, dorthin zu gehen, um seine Frau aus dieser trübseligen Welt herauszuholen. Die Verwicklungen, die dabei zustande kommen, können interessante philosophische Gedanken über den Sinn von Begegnungen und karmischen Verbindungen zwischen Menschen anregen.

Natürlich ist das Ganze mit normalen Menschen und ganz normaler stofflicher Ausstattung gefilmt. Doch der Film möchte eigentlich etwas Unstoffliches wiedergeben, die stofflichen Mittel werden nur dazu benutzt, um etwas in einer sichtbaren Form darzustellen, was im Unsichtbaren geschieht.

In diesem Zusammenhang möchte ich auch auf die Filmtrilogie *Matrix* (1999) eingehen. Die Filmemacher, die Gebrüder Wachowski, arbeiten das Thema der Existenz zweier Welten aus. Die eine Welt ist die wirkliche Welt, in der Menschen mit einem eigenen Bewusstsein leben. Sie befinden sich in einem Kampf mit intelligenten Maschinen, die einen großen Teil der Welt in Besitz genommen haben. Es gibt nur noch eine kleine Menschengruppe, die Widerstand leistet und unter schwierigsten Bedingungen weiterlebt. Die meisten Menschen, oder besser gesagt ihre Körper, werden in bewusstloser Verfassung in Zuchtgefäßen am Leben gehalten. Ihre Energie wird durch die Maschinen angezapft. Ihr Bewusstsein lebt in einer Scheinwelt, die von den Maschinen erzeugt wird. Diese Welt ist die Matrix. Es handelt sich um eine schöne, wie geschmiert laufende Welt, jedoch ohne die geringste Freiheit für ihre Bewohner.

In einer Szene aus dem Buch *Der goldene Kompass* beschreibt Philip Pullman, wie die Hauptpersonen die Welt der Verstorbenen betreten. Durch eine unbeabsichtigte Handlung sind sie schuldig daran geworden, dass einer ihrer Freunde stirbt. Darum beschließen sie, die Unterwelt zu betreten und ihn dort zu suchen. Das gelingt ihnen auch, doch statt dass sie ihn mitnehmen, geschehen ganz andere Dinge. Ein interessanter Aspekt dieser Geschichte besteht darin, dass überhaupt beschrieben wird, wie Menschen die Welt nach dem Tod betreten.

Auch in der Literatur der Antike treffen wir Beispiele an, wie Helden die Welt der Verstorbenen betreten. So wird in der *Odyssee* beschrieben, wie Odysseus die Unterwelt betritt, um einen weisen Seher zu sprechen, der ihm voraussagen soll, wie er seine Fahrt zu einem guten Ende bringen und wieder nach Hause gelangen kann. In dieser Unterwelt begegnet er auch einem Freund, der bei einer Naturkatastrophe sein Leben verlor. Die Seele dieses Freundes fleht Odysseus an, er solle seinen Körper begraben und dabei die passenden Gebete sprechen, weil sonst seine Seele in dieser Unterwelt niemals Ruhe finden könne.

Auch in der römischen Literatur gibt es ein bekanntes Beispiel: So beschreibt Vergil, wie Äneas die Unterwelt betritt, um dort einen alten Seher zu besuchen, der ihm eine Prophezeiung über die Zukunft kundtut.

Und dann gibt es natürlich im Mittelalter das gewaltige Werk von Dante, die *Göttliche Komödie*. Darin beschreibt er seine Höllenfahrt, das Fegefeuer und schließlich den Himmel. Sein Führer auf der Reise ist Vergil, der bereits in der Antike beschrieben hatte, wie die Unterwelt aussah.

In all diesen Beispielen wird die Welt der Verstorbenen mit Bildern und Begriffen beschrieben, die der stofflichen Welt entnommen sind. Darauf sind wir auch angewiesen, denn unsere Vorstellungskraft hat Schwierigkeiten damit, sich Dinge vorzustellen, die keine stoffliche Realität besitzen. Dennoch müssen wir uns immer bewusst bleiben, dass diese Parallelwelt nach dem Tod keine stoffliche Welt zu sein braucht. Dies erfordert unserem normalen Denken eine Kehrtwende ab, doch es eröffnet auch ganz neue Erkenntnisse.

Man kann den Eindruck haben, dass viele Schriftsteller die Tatsache, dass es unterschiedliche Welten gibt, intuitiv empfinden. Auch das Zuschauer- und Leserpublikum möchte viel darüber hören und sehen. Für mich ist dies eine Bestätigung meiner Vermutung, dass die Grenze zwischen den unterschiedlichen Welten heute immer dünner wird und in freierer Weise darüber nachgedacht werden kann. Meistens vollzieht sich dies im Gebiet der Fantasie. Doch die Frage, woher diese Fantasien eigentlich stammen, bleibt offen.

Mehrere Dimensionen

In diesem Buch gehe ich von der Hypothese aus, dass es mehrere Welten gibt, die andere Dimensionen haben, als die Ding-Welt, derer wir uns zunächst bewusst sind. Die Welt, in die wir nach dem Tod gelangen, bildet einen Teil dieser anderen Welten. Als Menschen sind wir auch bereits während unseres Lebens ein Teil dieser unterschiedlichen Welten. Wenn wir diese unterschiedlichen Realitäten bewusster erleben können, so können wir uns in ihnen auch sicherer bewegen. Viel Verwirrendes kann auf diese Weise zur Klärung gebracht werden.

In der Anthroposophie und anderen Geisteswissenschaften werden diese Welten ausführlich beschrieben. Ich möchte einen Versuch machen, sie aus der Perspektive der persönlichen Erfahrungen von Menschen zu beschreiben, die mich in meiner ärztlichen Praxis aufsuchen. Dies bedeutet auch, dass ich nach Begriffen und Worten suchen muss, mit denen sie sich klar beschreiben lassen. Es geht mir dabei vor allem darum, diese Sichtweise an Erfahrungen anzuknüpfen, die wir alle aus dem Alltagsleben kennen.

Wenn es mehrere geistige Dimensionen gibt, so müssen wir sie auch im alltäglichen Leben erfahren können. Und wenn diese Welten von Wesen bevölkert werden, die kein stoffliches Dasein besitzen, so müssen wir sie in einer anderen Weise als mit den Augen, den Ohren oder dem Tastsinn wahrnehmen können, denn diese sind lediglich für das Wahrnehmen von Materiellem geeignet.

Was sind dies für Sinne? Es sind beispielsweise die Wahrnehmungsorgane, mit welchen wir wahrnehmen, ob uns jemand sympathisch findet oder gernhat. Es sind also Gefühle, doch sie treten in solcher Weise auf, dass sie ihrer Subjektivität entkleidet sind. Diese Gefühle lassen sich in öffnende und abschließende Gefühle unterscheiden. Öffnende Gefühle sorgen dafür, dass wir eine Verbindung mit demjenigen herstellen, was diese Gefühle hervorruft, und dass wir

uns damit verbinden. Wir nehmen dieses andere in uns auf. Es sind Gefühle der Sympathie. Es ist ein inneres Ja.
Die abschließenden Gefühle hingegen lassen uns auf Distanz zu dem Wahrgenommenen gehen. Wie sagen innerlich Nein zu dem, was diese Reaktionen bei uns hervorruft, wir schließen uns davor ab. Diese Gefühle der Sympathie und der Antipathie sind innere Reaktionen auf etwas, was wir zwar mit den Sinnen wahrnehmen, was aber nicht direkt mit unseren Augen zusammenhängt. Es sind Stimmungswahrnehmungen, die sozusagen zwischen den Zeilen der normalen Sinneseindrücke mit herüberkommen. So kann ein bestimmtes Verhalten eines anderen bei uns Ärger hervorrufen. Dieser Ärger sagt natürlich in erster Linie etwas über uns selbst aus. Unser eigenes Gefühl wird durch das Verhalten des anderen berührt, und unsere Urteile schwappen an die Oberfläche. Doch wenn wir diese Urteile zur Seite schieben können – oder besser gesagt: im Zaum halten –, können wir uns fragen: Was nehme ich am anderen wahr? Kann ich meinen Ärger vielleicht auch als eine Art von Sinnesorgan betrachten?
Schauen wir Sie uns ein Beispiel an. Eine Patientin berichtete Folgendes:

Ich habe mich vor kurzem mit einer Freundin unterhalten. Kurz davor hatte ich einen Film gesehen, und ich erzählte ihr davon. »Kennst Du diesen Film? Ich fand ihn so gut! Wie die Charaktere herauskamen. Und dann der Plot! Er war so klar. Spannend und rührend zugleich. Ich habe lange keinen Film mehr so genossen!« Meine Freundin reagierte in einer für mich völlig unerwarteten Weise; sie sagte: »Was? Das findest du einen guten Film? Ich fand ihn überhaupt nicht toll. Oberflächlich! Wenig Tiefgang und so weiter. Dass du diesen Film nett fandest, überrascht mich jetzt wirklich!«
Ich fühlte, dass ich durch ihre Antwort ganz klein wurde. Ich wusste im ersten Moment nicht so recht, was ich sagen sollte. Später fühlte

ich mich sehr unglücklich. Ich finde es immer schwierig, wenn ich etwas schön finde und ein anderer es dann niedermacht. Dann fühle ich mich dumm und zurückgewiesen. Meistens führt das dazu, dass ich das unangenehme Gefühl durch Schokolade beseitige! Und das widert mich an. Ich dämliches Dickerchen!

Solche Geschichten kennen wir in unterschiedlichen Variationen. Es handelt sich um ein inneres Berührtsein: Die Bemerkung der Freundin trifft die Erzählerin und schmerzt sie. Sie weiß nicht recht, wie sie in diesem Moment mit ihren Gefühlen umgehen soll, und darum gesteht sie ihnen zunächst keinen Raum zu. Sie versucht dies zu vertuschen und setzt ihr Gespräch einfach fort. Doch unter der Oberfläche gärt das Gefühl weiter. Später, als sie allein ist, schlägt die Stimmung im Unbehagen um. Und davon wiederum versucht sie sich durch das Naschen von Süßigkeiten abzulenken.
Wir können einen derartigen Vorfall unter dem Blickwinkel der Frage betrachten, was hier eigentlich genau in der physischen, stofflichen Welt geschieht. Da sehen wir, wie zwei Menschen sich unterhalten. Wir hören, welche Worte gesprochen werden. Wir sehen, dass Schokolade verzehrt wird, und am Ende vielleicht ein missgelauntes Gesicht. Dies alles ist relativ objektiv. Wir könnten alles filmen, und wir könnten den Ton aufnehmen und reproduzieren.
Anders wird die Sache, wenn wir uns fragen, was eigentlich auf der Gefühlsebene geschieht. Dann betreten wir eine Welt, die viel subjektiver ist. Diese Welt ist undeutlicher und viel weniger exakt. Die Beschreibung des physischen Ereignisses gewinnt an Exaktheit, aber sie verliert an innerer Farbe. Wenn wir dagegen die innere Stimmung beschreiben, entsteht mehr Farbe, doch nun geht die Exaktheit verloren.

Die physische Wirklichkeit wird häufig als die ›objektive‹ Wirklichkeit bezeichnet, obwohl es gar nicht so einfach ist, etwas wirklich

objektiv wahrzunehmen; denn stets spielen die persönlichen Interpretationen und Gefühle eine verschleiernde Rolle.
Wenn jemand uns etwas erzählt, so hören wir sowohl den Text wie auch die Intonation. Wir sehen die Mimik und die Gesten. Schreiben wir den Text auf, so ist dies nur die eine Seite der Sache. Wenn jemand etwas sagt, kann er sich bewusst überlegen, wie er dem anderen seine Botschaft vermitteln möchte. Aber durch Intonation, Gestik und Mimik können verborgene Botschaften hinzugefügt werden. Zusammen erst bilden sie die gesamte Botschaft, und in ihr können sich häufig starke Widersprüche verbergen.
Als Zuhörer übersetzen wir innerlich diese unterschiedlichen Botschaften. Und je nachdem, wie wir selbst in diesem Moment gestimmt sind, wird der eine oder der andere Aspekt die Oberhand gewinnen. Später kann es leicht zu Diskussionen darüber kommen, was genau gesagt wurde. So etwas artet meistens ins Uferlose aus, weil die ausgesprochenen Worte und die verborgenen Absichten sich nicht decken.
In der heutigen Zeit fühlen wir uns recht gut in dieser stofflichen Welt zu Hause. Dies war in der Vergangenheit nicht immer so. Lesen wir Geschichten aus der Zeit vor der Renaissance, also vor dem 15. Jahrhundert, so bemerken wir, dass damals das Bewusstsein noch nicht so stark auf die stoffliche Welt ausgerichtet war. Man stellte sich einfach nicht die Frage, wie diese beschaffen war. Diese Frage lebte noch nicht in den Seelen. Die Frage zum Beispiel, wie ein Gewitter funktioniert, wäre völlig abwegig gewesen. Die Menschen betrachteten es als eine Naturerscheinung, die aus der göttlichen Welt heraus gesteuert wurde. Irgendein Gott verfolgte damit eine bestimmte Absicht; er sandte eine Nachricht oder eine Strafe, und es war Sache des Menschen, zu verstehen, was Gott damit sagen wollte.
Im 16. Jahrhundert entstand eine andere Denkrichtung. Damals gewann die Frage an Bedeutung, auf welche Weise die Ereignisse stattfinden. Nicht mehr die Frage nach dem Warum, sondern eine viel

begrenztere Frage: *Wie* geschieht das? Nicht die Frage, warum ein Unwetter tobt, oder warum ich eine bestimmte Krankheit bekomme, sondern: Wie funktioniert das Unwetter, wie kommt eine Krankheit zustande?

Die Fragen nach dem Warum der Phänomene traten in den Hintergrund. Diese Fragen lassen sich aus der Perspektive der aufkommenden Naturwissenschaft auch gar nicht mehr beantworten. Es waren Fragen, die auf eine tiefere Schicht des Daseins verwiesen. Und solche Fragen wurden von der Religion beantwortet. Daher spielte die Kirche eine dominante und bestimmende Rolle im geistigen Leben der mittelalterlichen Gesellschaft. Die Kirche gab Antworten auf die Frage nach dem Warum. Solche Antworten spielten sich immer in dem Gebiet ab, wo Gott bestimmte, was auf Erden geschah. Der Teufel war derjenige, der als Verführer, als Quertreiber dafür sorgte, dass Dinge schiefgehen. Er verursachte Katastrophen, Krankheiten und Epidemien. Jahrhundertelang nahm man mit diesen Erklärungen vorlieb. Störend dabei war nur, dass die echte Verbindung mit dem Geistigen immer dünner wurde. Die Menschen hatten immer größere Mühe damit, sich mit derartigen Erklärungen zufriedenzugeben. Die Autorität der Kirche nahm ab, weil auch die Amtsträger ihre innere Verbindung mit der Religion zunehmend verloren. Der Papst hatte alle Hände damit zu tun, den Kirchenstaat, also den weltlichen Teil seiner Macht, instand zu halten. Viele Bischöfe führten ein fürstliches Leben mit hohen Einkünften, und es ließ sich an ihrem Lebensstil ablesen, dass für sie die weltlichen Belange wichtiger waren als ihre geistliche Berufung.

In diese Zeit fällt das Aufkommen der modernen Wissenschaft. Philosophen und Wissenschaftler wandten ihren Blick der Erde zu. Sie begannen sich dafür zu interessieren, wie die irdischen Dinge eigentlich funktionierten. Sie begannen zu beobachten und wahrzunehmen. Galileo Galilei (1564–1642) war einer dieser Menschen, die beobachten wollten, wie die Erscheinungen funktionierten, denn

er war zu dem Schluss gekommen, dass die Frage nach dem Warum der Erscheinungen nicht objektiv zu beantworten sei.
Diese Verengung der Fragestellung hat Bedeutendes hervorgebracht. Die gesamte Naturwissenschaft bezieht ihren Inhalt aus der Frage, *wie* etwas geschieht. Die Frage nach dem Warum ist dadurch jedoch immer noch nicht beantwortet. In welcher Wirklichkeit lässt sich möglicherweise eine Antwort auf diese Frage finden?

2 Die Seelenwelt

Ich werde nun versuchen, den Schritt zu jener anderen Schicht zu vollziehen, in welcher wir mit unseren Gefühlen und Emotionen leben. Ich orientiere mich diesmal nicht an den Augen, den Ohren und dem Tastsinn, sondern am inneren Erleben. Dieses Erleben ist weniger objektiv als die Objektivität, die uns unsere Sinne bieten. Und auch Erinnerungen verlieren im Lauf der Zeit häufig viel von ihrer Exaktheit.

Diese zweite Welt, mit der wir durch unser inneres Erleben verbunden sind, können wir als die Welt der Seele bezeichnen. Ich werde sie im Folgenden die Seelenwelt nennen.

Wenn wir zu unserem Beispiel jener Frau zurückkehren, die sich durch ihre Freundin so verletzt fühlte, können wir etwas von dieser Seelenwelt wiederfinden.

Eine Frau fühlt sich durch eine Bemerkung ihrer Freundin gekränkt. Sie fühlt, wie sie klein wird, und sie fühlt sich zurückgewiesen. Das braucht nicht unbedingt die Absicht der Freundin gewesen zu sein, dennoch kann es so erlebt werden.

Oder es kann, in einer versteckten Weise, unter Umständen tatsächlich ihre Absicht gewesen sein, ihre Freundin einen Moment lang herabzusetzen, um sich dadurch etwas über sie zu erheben und sich überlegen zu fühlen. Dies muss nicht aus den konkreten Worten hervorgehen, die ausgesprochen werden, sondern es kann auch durch die Intonation oder die Gesten, die dabei vollführt werden, hindurchschimmern.

Versuchen wir nun, die Erlebnisschicht von der Schicht der Fakten zu unterscheiden, so kann man auf der Erlebnisschicht von einem Gefühl des Zurückgewiesenwerdens sprechen. Als Reaktion darauf folgt ein unglückliches Gefühl. Und aus diesem entsteht das Bedürfnis nach Trost. Dieser Trost wird durch die Schokolade gespendet. Schlussendlich ist die Betreffende unglücklich über ihr Naschverhalten.
Diese Kettenreaktion von Gefühlen wird in unserem Beispiel durch die Bemerkung der Freundin ausgelöst. Häufig sehen wir, dass dieselbe Kette auch durch ein völlig anderes Ereignis in Gang gesetzt werden kann. Es bedarf nur eines kleinen Impulses, und schon gerät sie wieder in Bewegung.

Wir haben das Drama – denn es handelt sich tatsächlich um ein Drama im Kleinen – oben in abstrakten Begriffen beschrieben. Jetzt können wir es durch das Vergrößerungsglas betrachten. Dies ist notwendig, wenn wir einen Schritt näher an die Seelenwelt herankommen wollen. Um die rechte Sprache und die passenden Begriffe dafür zu finden, müssen wir häufig in der fiktiven Form sprechen. So können wir ausdrücken, dass im Inneren etwas geschieht, das einem äußeren Geschehen ähnelt, doch es macht zugleich deutlich, dass es in Wirklichkeit etwas anderes ist.
Die Frau in unserem Beispiel berichtete, dass sie die Bemerkung ihrer Freundin wie einen Schlag ins Gesicht erlebte. Manchmal spricht man von einer »schneidenden« Bemerkung, oder jemand versetzt uns einen »Schlag unter die Gürtellinie«. Objektiv ist dies nicht der Fall, doch subjektiv kann es so empfunden werden und auch so gemeint sein! Durch die Bemerkung fühlte die Frau sich zurückgewiesen, und in der Folge fühlt sie, wie sie zusammenschrumpft. Später, nachdem sie wieder mit sich allein ist, kann sie der Versuchung nicht widerstehen, wegen ihres Kummers und ihrer Unsicherheit Trost im Verzehr von Schokolade zu suchen. Schließlich ekelt sie sich vor sich selbst, weil sie mit dem Naschen wieder zu weit gegangen ist.

Ich bat die betreffende Frau einmal, ihre Empfindungen in ein Bild zu kleiden; ein Bild, das den inneren Tatsachen Rechnung trägt und nicht dem äußeren Ereignis. Ich bat sie: Stellen Sie sich vor, Sie sind ein moderner Regisseur, der diese Geschichte in einer dramatischen Form filmen möchte. Wenn Sie alle Möglichkeiten einsetzen, die die modernen Animationstechniken bieten, wie würde Ihre Geschichte dann aussehen?
Daraufhin lieferte sie folgende Beschreibung:

Ich sehe zwei Frauen, die miteinander sprechen. Es sieht gemütlich und entspannt aus. Die eine erzählt der anderen begeistert eine Geschichte. Plötzlich bekommt die andere kleine Hörner auf ihrem Kopf und einen stechenden Blick. Sie versetzt der einen unerwartet einen heftigen Schlag ins Gesicht. Diese erschrickt und wird kleiner. Die andere wächst ein Stück, jetzt sind die beiden unterschiedlich groß.
Plötzlich ist die Frau allein. Sie weint, oder vielleicht versucht sie auch ihre Tränen zurückzuhalten. Dann kommt ein freundlicher Mensch herein. Jedenfalls sieht er auf den ersten Blick freundlich aus. Er bietet ihr zum Trost ein Stück Schokolade an. Sie nimmt es an und isst es auf. Der Verführer schaut einen Moment lang zu und macht ein zufriedenes Gesicht. Und dann ist er plötzlich wieder verschwunden.

Den letzten Teil der Geschichte können wir auch unter dem Vergrößerungsglas betrachten. Da geht es um die Unzufriedenheit mit sich selbst. Hier wird ein anderes Kräftespiel angedeutet: das Spannungsfeld zwischen meinem Ich und meinem Selbst. Es gibt eine ganze Reihe von Ausdrucksweisen, die einen Unterschied zwischen dem Ich und dem Selbst andeuten. Es handelt sich dabei um Redewendungen wie: Ich habe mich nicht gut in der Hand, ich laufe mir selbst hinterher, manchmal ekle ich mich vor mir selbst. Wenn man ein derartiges Erlebnis in ein Bild bringt, spaltet man die Person in zwei unterschiedliche Erscheinungsformen. Wie sehen diese aus? Wie betrachten sie einander, und wie gehen sie miteinander um? In unserem Beispiel müssen wir einen Unterschied machen zwischen demjenigen, der nascht, und demjenigen, der den Nascher verurteilt. Es ist äußerst spannend, zu beobachten, wer hier eigentlich wer ist!

Wir können uns auch die Frage stellen: Was ging in der Freundin vor, die die beurteilende Bemerkung machte? Auch hier kann sich eine innere Geschichte abspielen, die sich in ein Bild kleiden lässt. Durch unsere Frage geraten wir auf ein weniger übersichtliches Terrain, auf dem wir nur allzu leicht, allzu schnell über einen anderen zu urteilen beginnen. Doch die Frage können wir durchaus stellen.
Die Freundin hat an dem Film etwas ganz anderes erlebt. Dabei kann es sich um eine Geschmacksfrage handeln. Aber zu der Erfahrung, die sie an dem Film macht, kann sich auch noch etwas anderes gesellen, beispielsweise das Bedürfnis, den anderen ein wenig zu verletzen oder ihn spüren zu lassen, dass man es besser weiß. Dieses Bedürfnis kann dazu führen, dass die Freundin zwar verbal ein Urteil über den *Film* abgibt, doch durch Intonation oder Mimik eine völlig andere Botschaft hinzufügt. Diese nonverbale Botschaft kann dann schmerzhaft weiterwirken, vor allem, wenn die andere Person dafür empfänglich ist.
Wir können das Bild noch verstärken, indem wir eine weitere Gestalt hinzufügen, die in sie hineinschlüpft. Vielleicht ist es die Gestalt mit den Hörnern. Diese Gestalt kriecht in sie hinein und sorgt für den Ton, in dem sie die Dinge sagt. Die Worte werden dann vielleicht von ihr selbst ausgesprochen, aber die Botschaft bekommt einen doppelten Boden.

Die Merkmale der Geschichte, die auf diese Weise entsteht, ähneln denen eines Traumes. Auch ein Traum hat Bildcharakter. Auch in einem Traum können Menschen plötzlich wachsen, schrumpfen oder Hörner bekommen. Träume wirken aus einer tieferen Schicht des Bewusstseins und geben durch Bilder eine verborgene Wirklichkeit wieder. So können wir einen Traum so betrachten, als wären alle Personen, die in ihm auftreten, Teile von uns selbst.

Das, was hier in fiktiver Form beschrieben wird und später in ein Bild gefasst wurde, können wir als eine eigene Realität betrachten. Diese Realität der Seelenwelt existiert neben der physischen Welt, in welcher wir mit unserem Alltagsbewusstsein leben. Sie können voneinander *unter*schieden werden, aber nicht *ge*schieden. Die Realität der Seelenwelt durchzieht fortwährend die Wirklichkeit des Daseins in der physischen Welt. So existieren zwei Welten neben- oder besser durcheinander. Beide Welten haben jeweils ihre eigenen Gesetzmäßigkeiten.

In der physischen Welt haben wir es mit den Menschen zu tun, die dort leben, sowie mit der uns umgebenden Natur: Tiere, Pflanzen, Landschaften ... In der Seelenwelt ist das ebenso der Fall, doch hier leben andere Wesen.

Im angeführten Beispiel haben wir etwas von diesen Wesen erkennen können: das Wesen, das sich in der Freundin manifestierte. Diese bekam kleine Hörner und teilte Schläge aus. Um zu einem Bild eines derartigen Wesens zu gelangen, können wir genauer betrachten, wie wir die *Handlung* des anderen erleben.

Die seelische Landschaft finden wir, wenn wir auf die *Stimmung* blicken, in der etwas geschieht. In unserem Beispiel könnten wir die Erzählerin bitten, etwas von der verletzten Stimmung zu beschreiben, in die sie geriet, als sie allein zurückblieb. Es war eine Stimmung, mit der sie nicht umgehen konnte. Sie flüchtete vor ihr, verdrängte sie und versuchte sie durch Naschen zu verjagen. Sie schilderte Folgendes:

Ich fühle mich dann allein. Es sind keine Menschen da. Das ist genau so, als käme ich in eine dürre, ausgetrocknete Landschaft. Nirgendwo lässt sich nur das geringste Leben erkennen. Ich erlebe es wie eine Art Wüste. Es ist dort kalt und feucht und äußerst ungemütlich. Ich weiß nicht, was ich dort tun soll. Wie kann man so etwas überleben?

In ihrem Inneren fühlt sich die Erfahrung so an, als befände sie sich völlig einsam in einer Wüste. Das ist eine Erfahrung, die sie nicht aushält oder die sie nicht an sich heranlassen möchte. Sie versucht sie zu vermeiden, und das macht sie verletzlich. Ohne diese Verletzlichkeit hätte sie weniger Angst vor einer derartigen Reaktion ihrer Freundin.

Diese Wüste ist ein immer wiederkehrendes Bild. Es ist keine Wüste wie die Sahara: Dort ist es tagsüber heiß und nachts kalt. Es ist eine imaginäre Wüste, trostlos und kahl.

Eine andere Art von Landschaft, die ebenfalls häufig beschrieben wird, ist das »schwarze Loch«, in das Menschen, wenn sie ein Stimmungstief oder depressive Anwandlungen haben, häufig geraten. Auch in diesem Fall können wir sie bitten, ihre Beschreibung genauer zu fassen, sodass das Gebiet stärker an Kontur gewinnt.

Indem wir solche Fragen stellen, erfüllen die Betreffenden das jeweilige Bild stärker mit Bewusstsein, und dies kann dazu beitragen, eine Lösung für ihr Problem zu finden. Wir brauchen Bilder, die wir weiter beleben und später auch in Bewegung bringen können.

Zuvor habe ich solche Bilder, die wir aktiv bilden, mit Bildern verglichen, wie sie im Traum auftreten. Genau wie für die Traumbilder gilt auch für diese Bilder, dass wir sie später befragen können. Wir können uns gewissermaßen in ihnen umschauen und neue Dinge entdecken, die mit der Geschichte zusammenhängen.

3 Hinter den Bildern

Wir sind auf unserer Entdeckungsreise von einem ganz konkreten Ereignis ausgegangen. Daraufhin verweilten wir bei den Gefühlen und Erfahrungen, die sich in diesem Moment abspielten. Dies gossen wir dann mittels einer ›simulierenden‹ Sprache in ein Bild. Dadurch können wir gewissermaßen einen Blick auf die Seelenwelt werfen. Wenn wir diese Welt wirklich betreten wollen, müssen wir noch einen Schritt weitergehen und uns klarmachen, dass die Bilder, die wir geschaffen haben, lediglich eine *Spiegelung* der Seelenwelt sind. Die Seelenwelt selbst verbirgt sich *hinter* den Bildern. Hinter diesen Bildern finden wir wirksame Kräfte. Kräfte wie zum Beispiel Stimmungen, Verführungen, Urteile, Triebe und Begierden.
Hinter diesen Kräften verbirgt sich eine noch tiefere Schicht. Dies ist jene Wirklichkeitsschicht, bei der wir nicht mehr von Kräften sprechen, sondern wo wir sehen, dass diese Kräfte Wirkungen sind, die von *Wesen* ausgehen. Diese Kräfte lassen sich dann als Taten von Wesen betrachten. In der eigentlichen Seelenwelt können wir diese Kräfte, über die wir hier in abstrakten Begriffen sprechen, als Wesen vor uns sehen.
So können wir zu einer Vertiefung durch einzelne Schritte gelangen: erstens die physische Wirklichkeit, zweitens Bilder dessen, was wir in ihr erleben, drittens die Kräfte, die in der Seelenwelt wirksam sind, und schließlich die Wesen, von denen die Kräfte ausgehen.

Worin besteht der Unterschied zwischen einer Kraft und einem Wesen? Zunächst einmal ist ein Wesen größer und umfangreicher als eine Kraft. Ein Wesen lebt. Es hat eine Intention und eine Strategie. Es will ein bestimmtes Ziel erreichen. Es ist aktiv und steht in Wechselwirkung mit anderen Wesen.

Ein zweiter Unterschied zwischen einer Kraft und einem Wesen ist der, dass wir mit einem Wesen *kommunizieren* können. Wir können eine Beziehung mit ihm eingehen, in welcher wir selbst eine aktive Rolle spielen können.

Ich persönlich finde das Arbeiten mit Wesen insoweit erhellend, als es die Frage, wer ich eigentlich selbst bin, in ein anderes Licht rückt. Häufig sagt man, wenn einem ein bestimmtes Muster zu schaffen macht: Bin das wirklich ich, der dies tut? Und dann kommt man zu der verwirrenden Feststellung, dass man etwas tut, obwohl man eigentlich etwas anderes tun wollte. In der Seelenwelt können wir sehen, dass das Wesen eines Menschen etwas anderes will als das, was aus einem anderen Teil der Seele als Verführung aufsteigt.

In der Malerei wird meines Erachtens ebenfalls ein Weg durch diese Welten zurückgelegt. Im 19. Jahrhundert malte man konkrete Gegenstände. In einem Stillleben dieser Zeit ist deutlich sichtbar, dass ein Apfel ein Apfel ist, und in einem Landschaftsbild lässt sich an den Blättern und am Stamm eines Baumes gut erkennen, dass der Eichenbaum eine echte Eiche war. Im Impressionismus malte man den Natureindruck. Dies verlieh dem Gemälde eine zusätzliche Gefühlslebendigkeit, doch es ging auch auf Kosten der exakten Form. Im Expressionismus machte die äußere Form noch stärker der inneren Stimmung Platz, um sich in der abstrakten Kunst als Form schließlich ganz aufzulösen. Jetzt können Seelenstimmungen in den Farben und in der Bewegung lebendig werden. Im Kontrast zwischen verschiedenen Farben können Spannungsfelder sichtbar gemacht werden. Die Fülle an Farben und Bewegungen wird der Dynamik der Innenwelt gerecht. Vergleichbares kann man auch in der Musik erleben.

Manchmal denke ich dann: Die ältere Kunst ist genau in der *Form,* doch unbestimmt im *Erleben.* In der abstrakten Kunst wird die stoffliche Welt abstrakt dargestellt, doch man sucht danach, wie die Seelenwelt in ihrer Konkretheit sichtbar gemacht werden kann!
Wir haben nun zwei Welten – die stoffliche Welt und die Seelenwelt –, in denen die Seelenqualitäten der Emotionen und Urteile zu Wesen werden. Wir haben diese in ›simulierenden‹ Bildern sichtbar gemacht. Jetzt wollen wir uns mit einer dritten Welt befassen, der Welt der Werte und Ideale, hinter der sich die Welt der geistigen Kräfte verbirgt.

4 Die Geistwelt

Die Frau in unserem Beispiel beschreibt, wie sie auf ihre Verletzbarkeit und ihren Naschdrang zurückblickt. Sie bedauerte, dass sie ihre Verletztheit verdrängt und sich zum Naschen hatte verführen lassen. Daraufhin hatte sich eine andere Kraft, eine andere Stimmung eingestellt: die Scham. Die Scham flüsterte ihr zu: »Schau doch nur, was du getan hast! So kannst du doch nicht mit dir selber umgehen! Geht das nicht anders? Was du tust, passt überhaupt nicht zu deinen Werten. Wo ist deine innere Schönheit und Geradlinigkeit geblieben?«

Scham gehört einer anderen Ordnung an als der Verführer. Scham kann uns wachsam machen für bestimmte Verhaltensweisen. Sie kann uns darauf hinweisen, dass innere Werte im Spiel sind, an die wir uns selbst nicht halten. Mit der Wachheit, die dadurch entsteht, können wir eingreifen und einen anderen Weg einschlagen, der mehr dem entspricht, was wir eigentlich aus unserem Leben machen wollen. Das bedeutet auch: die *eigentliche* Fragestellung angehen.

Der Verführer mag Scham nicht. Er weiß, dass aus ihr ein Impuls hervorgehen kann, etwas am eigenen Verhalten zu ändern. Dann müssten wir uns beispielsweise mit unserer Verletzbarkeit befassen und etwas daran ändern, möglicherweise auch Hilfe in Anspruch nehmen. Und darum tritt der Verführer wieder auf; er versucht, diese Stimme zu übertönen.

Die Scham kann das Tor zu unseren Werten und unserer Moralität für uns öffnen, von dem uns der Verführer gerade abbringen möchte. Wenn wir dieses Tor durchschreiten, betreten wir eine weitere Welt. Was lebt in diesem Gebiet? Wir begegnen dort einem Bild dessen, wer wir unserem Wesen nach sein könnten. Doch es herrscht eine Diskrepanz zwischen dem, wie wir uns verhalten, und dem, wie wir gerne wären. Auch davon, wer wir eigentlich sein möchten, haben wir ein Bild, das häufig stark von dem abweicht, was wir im täglichen Leben sind. Dieses Bild, wer wir eigentlich sein möchten, hat meistens einen mehr moralischen Charakter. Es ist ein *Zukunfts*bild. So können wir in der Seele die Verwirrung erleben zwischen dem, der wir sind, und dem Bild dessen, der wir gerne wären.

Dieses Zukunftsbild von uns selbst kann zwei verschiedene Seiten haben. Ich habe es gerade als ein moralisches Bild geschildert, das wir in der Zukunft zu verwirklichen anstreben. Es kann jedoch auch ein verzerrtes Bild des Menschen sein, der wir unserer subjektiven Ansicht nach sein sollten. In diesem Fall ist es häufig von gesellschaftlichen Normen bestimmt und stammt nicht aus unserem eigenen Wesen.

Die Welt, die wir jetzt betreten, ist die Welt des Wesenhaften. Wir können sie auch als die Welt des Geistes bezeichnen. So wie die Seelenwelt von Kräften wie beispielsweise Emotionen, Gefühlen, Gedanken oder Urteilen erfüllt war, so ist diese Welt von den Kräften der Ideale und Werte erfüllt.

Ideale und Werte sind schaffende Kräfte. In unseren Idealen erleben wir Zukunftsmöglichkeiten, und wir können versuchen, sie durch unsere Taten zu verwirklichen. Im Verwirklichen dieser Ideale werden wir als Menschen ebenfalls zum Schöpfer. Zum Schöpfer unserer selbst, weil wir dadurch an unserer eigenen Seele bilden; zum Schöpfer der Welt durch dasjenige, was durch das Erstreben unserer Ideale in der Welt erscheint.

Wer ist eigentlich derjenige, der schöpferisch an der eigenen Seele arbeitet? Es ist jener Teil von uns, der in der Lage ist, einen gewissen Abstand zu uns selbst herzustellen und gewissermaßen von außen auf unsere eigenen Gedanken und die Art und Weise, wie wir denken, zu blicken. Aus diesem Teil von uns können wir uns unserer Gefühle und Willensimpulse bewusst werden. Und durch die Fähigkeit, von uns selbst Abstand zu nehmen, können wir uns selbst steuern. Dieses selbstbewusste Ich ist der geistige Teil von uns, der dadurch einen Teil der geistigen Welt bildet.

Werte sind moralische Qualitäten, die wir im Umgang mit dem anderen und mit der Welt verwirklichen wollen. Sie sind in der Gefühlswelt zu Hause. Sie sagen etwas über den Umgang miteinander aus. Werte wirken im Hier und Jetzt. Sie sind momentgebunden. Wenn wir unsere Werte verwirklichen können, werden wir »wertvolle« Menschen.

Beide – Ideale und Werte – sind Kräfte, die in der Seele wirken können. Es erfordert allerdings eine gewisse Aktivität, ihnen einen festen Ort in unserer Seele einzuräumen.

In der Seelenwelt wirken Kräfte wie Emotionen, Gefühle und Urteile. Ich beschrieb bereits, dass sich dahinter Wesen verbergen, von denen diese Kräfte ausgehen. In der Welt des Geistes gilt ebenfalls, dass hinter den Kräften Wesen wirksam sind. Es sind Wesen, die einer höheren Ordnung angehören als die Wesen der Seelenwelt. Die Werte und Ideale leben in der Seele, doch sie stammen aus dem Geist. Dort sind sie mit höheren Wesen verbunden, den schaffenden Geistern, die den Menschen in seiner Entwicklung begleiten.

In den alten Kulturen erlebten die Menschen die Werte als etwas, das mit den Göttern verbunden war. Als ich einmal in einem Museum in Athen vor einer Statue des Gottes Zeus stand, fragte ich mich, wie die damaligen Menschen diese Statue wohl erlebt haben und wie sie in ihrer Alltagspraxis damit umgingen. Zeus wird dort als Blitzeschleuderer dargestellt. Er streckt seinen linken Arm nach vorn, die rechte Hand mit dem Blitz ist zum Wurf bereit. Er ist in gehender Haltung dargestellt: Noch einen Schritt weiter, und er wird den Blitz schleudern. Wenn ich mich in die Haltung dieser Figur einlebe, so fühle ich, wie sie mit ihrer linken Hand in die Zukunft weist. Sie deutet einen Unterschied an zwischen dem, was über ihrer Hand ist – den »Hauptsachen« – und was darunter ist – den »Nebensachen«. Zwischen ihnen macht sie einen deutlichen Unterschied. Ich kann mir vorstellen, dass die Menschen sich vor diesem Bild hinsetzten, es kontemplierten und den Ausdruck der Figur als Inspiration für ihr tägliches Tun in sich aufnahmen.

Wenn wir die Welt des Geistes betreten, begegnen wir großer Liebe. Es ist die Welt, die jene Menschen beschreiben, die eine Nahtod- oder Engelerfahrung durchgemacht haben. Hier werden wir von hohen Wesen umhüllt, die uns auf unserem Weg unterstützend begleiten. Wenn man dies in das Bild einer Landschaft kleidet, sieht man ein weites Gebiet mit viel Sonne und Wärme. Es wird für uns gesorgt, und es gibt Wesen, die uns liebevoll begegnen.

Meditation

Ich füge hier eine kurze Meditationsübung an, durch die wir etwas von dieser Welt erleben können. Ich beschreibe die Übung schrittweise:

1. Begeben Sie sich in der Erinnerung zu einem besonderen Moment, den Sie in der Natur erlebt haben. Wählen Sie zum Beispiel eine schöne Erinnerung, einen Moment, in dem Sie von etwas berührt wurden. Stellen Sie sich den Ort und seine Umgebung lebendig vor sowie die Menschen, die eventuell dabei waren.
2. Beleben Sie in sich das Gefühl dieses Berührtseins und versuchen Sie wieder zu erleben, was Sie damals erlebten.
3. Fragen Sie sich: Was war das Wesenhafte, das in diesem Moment gegenwärtig war und das mich so berührt hat? Geben Sie ihm einen Namen oder beschreiben sie es durch Vergleiche.

4. Spüren sie die Verbindung zwischen ihrem Gefühl des Berührtseins mit dem Wesenhaften, das anwesend war. Löschen Sie nun das Erinnerungsbild als solches, von dem Sie ausgingen, vollständig, und spüren Sie nur noch dieses Verbundensein.

Wenn Menschen diese meditative Übung durchführen, spüren sie häufig, wie sie für einen kurzen Augenblick mit einer anderen Welt in Berührung kommen. Das ist die Welt der schaffenden Götter. Eine Welt, die bereits vor dem Sündenfall existierte und in der das Böse und die Verführung noch nicht vorhanden waren. Dabei können wir ein starkes Gefühl des Umhülltseins und der Dankbarkeit erleben, und die Verwirrung des Alltagslebens ist für einen kurzen Moment verschwunden.

In dieser Meditation knüpfen wir an eine besondere Erfahrung an, um die Grenze zur Welt des Geistes zu überschreiten. Eine andere Möglichkeit besteht darin, das Erleben der Scham zu vertiefen. Die Scham steht gewissermaßen an der Schwelle von unserer Welt zur geistigen Welt. Sie versucht uns zart aufzuwecken und uns dazu zu bringen, dass wir einen Schritt auf unsere ›wesentliche‹ Seite zu machen: Zeige, wer du bist und dass du dich verletzbar fühlst. Stehe dazu, dass du Schmerz erlebst. Vollziehe diesen Schritt in Freiheit.

Diese Stimme ist ganz sanft und leise. Dies passt zur Natur dieser Wesen. Sie lassen sich vernehmen, doch sie lassen uns frei. Der Verführer geht anders vor: Er versucht uns immer zu übertönen.

Doch Scham ist auch eine lästige Kraft. Es ist ein höchst unangenehmes Gefühl, sich zu schämen! Wir trauen uns nicht, dem anderen unter die Augen zu treten. Wir treten auch uns selbst nur ungern unter die Augen. In solchen Momenten ist die Neigung besonders stark, den Kopf in den Sand zu stecken. Darum erfordert es viel Mut, die Grenze zu dem Gebiet hinter der Scham zu durchbrechen.

In solchen Momenten sind wir besonders anfällig für die Verführung, anderswo Trost zu suchen, zum Beispiel bei einem Gläschen Wein oder Hochprozentigem. Das betäubt das unangenehme Gefühl der Scham und sorgt dafür, dass wir wieder weiterkönnen.
Die Scham kann uns so wach machen, dass wir die Begegnung mit uns selbst wagen, dass wir uns trauen, uns selbst im Spiegel anzublicken und einen Schritt hin zu dem zu vollziehen, was wesenhaft in uns lebt.

In der Seelenwelt leben viele Wesen, die uns zum Egoismus verführen, zu Eigennutz und oberflächlichem Genießen. Sie prägen unsere Gedanken durch Urteile, sie bringen uns dazu, dass wir uns schnell mit einem Wissen begnügen, dass sich nur auf einen Teil des Ganzen stützt. Dann verfallen wir der Illusion, wir wüssten etwas.
Die Wesen der Geisteswelt wirken ganz anders auf uns. Sie inspirieren uns dazu, die Wahrheit zu entdecken. Dabei geht es um eine Wahrheit, die die Gesamtheit der Erscheinungen einbezieht. Die Aneignung dieser Wahrheit erfordert viel Durchsetzungskraft, denn sie ist unbequem und schwer. Diese Wesen inspirieren uns, die Liebe zu fühlen. Dabei handelt es sich nicht um egoistische Liebe, sondern um eine akzeptierende Liebe zum Wesen des anderen. Das kann ein Mensch sein, aber auch ein Tier oder eine Pflanze. Immer geht es dann darum, die Liebe zu dem zu fühlen, was sich hinter den sichtbaren Erscheinungen verbirgt. Und schließlich inspirieren diese Wesen uns dazu, das Gute zu tun. Das Rechte, das Gute zu tun, bedeutet, eine Handlung zu vollziehen, die dem gerecht wird, was im jeweiligen Moment im tiefsten Sinne hilfreich ist. Vorübergehende Lösungen, die nur dem eigenen Vorteil dienen, gehören nicht dazu. Hier geht es immer ums Ganze.
So gelangen wir in die Welt des Geistes, den Ort, wo höhere Kräfte leben. Kräfte, die uns inspirieren, das Gute zu tun und die Wahrheit zu suchen.

Eine neue Verbindung

Im Lauf der Geschichte sah die Verbindung mit diesen Welten sehr unterschiedlich aus. Im Altertum verfügten die Menschen über ein viel stärkeres Bewusstsein von den Welten des Geistes. In der Zeit der ägyptischen und griechischen Kultur wirkte dies anregend auf Gesellschaft und individuelle Entwicklung. Später, vor allem in der europäischen Kultur, verblasste die direkte Erfahrung der geistigen Welt größtenteils. Sie machte Platz für den Glauben an den Geist. Wissen wurde zu Glauben, was zunächst weniger inneren Halt gab. Dann sehen wir ein Auseinanderdriften von Glaube und Mystik. In der Mystik strebte man nach einer direkten persönlichen Verbindung mit der geistigen Welt. Im Glauben war diese direkte Verbindung verloren gegangen. Damals entstanden die Dogmen und die unvermeidbaren Auseinandersetzungen, die damit einhergehen. Weil die direkte Erfahrung verschwand, entstand eine gewisse Leere.

So haben wir drei Welten nebeneinander: drei unterschiedliche Wirklichkeiten, die nebeneinander und einander durchdringend existieren und unser Leben beeinflussen. Zunächst die Welt der Tatsachen und des Stofflichen. Dann die Welt der Seele, in welcher wir die Welt direkt durch Emotionen erfahren und in welcher wir unsere Urteile bilden. Aber diese Welt ist zugleich auch die Welt der Verwirrung. Ferner gibt es die Welt des Wesenhaften, des Geistes. Während des irdischen Lebens sind diese Welten aufs Engste miteinander verbunden und wirken aufeinander ein. In ihrer Qualität müssen sie jedoch voneinander unterschieden werden.

Eine Übung

Wir können durch eine einfache Übung versuchen, zu einem deutlicheren Erleben des Unterschieds zwischen der stofflichen Welt, der Seelenwelt und der geistigen Welt zu gelangen. Diese Übung sieht so aus:
Stellen Sie sich einen Moment lang vor, wann Sie in ihrem Leben an irgendeine Grenze gestoßen sind. Einen Moment, in dem Sie Ihrer Unruhe, Ihrer Angst, Ihren Zweifeln, Unsicherheiten oder Ihrem Ärger begegneten. Wählen Sie am besten ein kleines Ereignis, das nicht von existenzieller Bedeutung war.
Sie können auf drei Arten darauf schauen:

1. Beschreiben Sie das Ereignis anhand der konkreten Tatsachen. Was geschah? Wie war die Umgebung? Welche Menschen waren beteiligt? Was wurde gesagt?
   In dieser Beschreibung stehen wir in der physischen, der stofflichen Welt.
2. Beschreiben Sie denselben Vorfall jetzt von der Ebene der Emotionen aus. Was geschah in Ihrem Innern? Welches Gefühl hatten Sie, das von einem anderen verursacht wurde, d. h. was kam von außen auf Sie zu? Welche Emotionen wurden davon berührt? Wie reagierten Sie von innen her darauf?
   Diese Beschreibung sagt mehr über Ihre Innenwelt aus. Sie relativiert häufig die Objektivität dessen, was in der stofflichen Welt geschah; ähnlich wurde die Beschreibung der ersten Stufe dem, was in der Innenwelt geschah, nicht ganz gerecht.
3. Jetzt beschreiben Sie das Geschehen aus der Perspektive der Werte und Ideale. Welche Ideale waren im Spiel? Welche Werte lebten im Hintergrund?
   Die Emotionen werden jetzt besser verständlich. Jetzt berühren wir die geistige Welt.

Einer meiner Klienten berichtete während dieser Übung ein Ereignis in folgender Weise:

Ich machte Einkäufe im Supermarkt. An der Kasse saß eine Kassiererin, die immerzu mit einer Kollegin plauderte, die hinter ihr stand. Es war fast, als ob sie mich nicht sähe. Ihre ganze Aufmerksamkeit galt ihrer Kollegin.
An der Kasse im Supermarkt traf ich eine Kassiererin, die sich wie ein Backfisch benahm. Die ganze Zeit unterhielt sie sich privat mit einer anderen Kollegin. Das fand ich ziemlich ärgerlich. Nun ist es nicht so, dass sich ständig alles um mich drehen muss, aber das hier ging einfach zu weit. Ich ärgerte mich, und die Sache ging mir gegen den Strich. Ich fällte ein Urteil: So gehst du nicht mit mir um! Dumme Ziege!
Das Bezahlen an der Kasse im Supermarkt war heute eine ärgerliche Sache. Die Kassiererin vergaß einen Moment lang ihre guten Manieren und ihre Kundenorientierung und beschäftigte sich ziemlich intensiv mit einer Kollegin. Vielleicht hatte sie etwas Einschneidendes erlebt? Ich habe Probleme mit so etwas. Ich fühle mich dann schnell zurückgesetzt. Ich bemerke dann wieder, wie wichtig es mir einfach ist, dass Menschen aufmerksam miteinander umgehen. Und das war hier einen Moment lang eindeutig nicht der Fall.

Elementarwelt

Wenn hinter allen Kräften ein Wesen verborgen ist, dann können wir uns auch auf die Suche nach den Wesen begeben, die in den Naturkräften wirksam sind. Alles in der Natur wächst und blüht, bildet Früchte und Samen. Dies gilt für die Pflanzen, aber auch für die Tiere und natürlich für uns Menschen. Auch wir haben in unserem Körper eine Fülle von Lebensprozessen, die uns als »Lebensleib« zur

Verfügung stehen, und die dafür sorgen, dass unser Körper wächst und sich von Beeinträchtigungen und Verletzungen erholt. Er bietet darüber hinaus eine Energiequelle, durch die wir mit unserer Seele und unserem Geist aktiv in der Welt stehen können.

In der Pflanze können wir unterschiedliche Aspekte der Lebensprozesse unterscheiden. Zunächst ist da das Leben im engeren Sinn, dass sich in allen Stoffwechselprozessen äußert. Im Stoffwechsel vollzieht sich ein ständiges Weben, durch welches fortwährend Stoffe miteinander verbunden und wieder getrennt werden. Dieser Prozess ist etwas, was vor allem in den Blättern stattfindet. Als nächstes gibt es die Verdichtung: Das Lebendige wird ein wenig zurückgenommen, um in einer Form zur Ruhe zu kommen. Das beobachten wir beispielsweise in den Zellwänden, aus denen das Blatt aufgebaut ist, noch deutlicher aber im Stamm eines Baumes. Diese Verdichtung sorgt für die Form und die Stabilität. Ferner gibt es den Prozess des Blühens. Dieses Blühen liefert der Pflanze keine Energie, sondern es kostet sie Energie. Sie braucht die Energie nicht für ihre eigene Weiterexistenz, sondern für die Weiterexistenz ihrer Art. In der Blüte tritt ein neues Merkmal auf: Düfte und Farben treten in den Vordergrund. Und schließlich haben wir die Verdichtung in der Frucht. Darin liegt die Zukunft verborgen, der Keim für eine neue Pflanze. Doch auch die Nahrungsgrundlage für viele Tiere und den Menschen.

Auch hinter all diesen so unterschiedlichen Prozessen lassen sich Wesen vermuten: die Wesen der Elemente, die sogenannten Elementarwesen. In der Mythologie kennt man sie als die Erd-, Wasser-, Luft- und Feuergeister. Wir können sie auch Gnome oder Zwerge, Nymphen, Elfen und Feuerwesen nennen. Rudolf Steiner beschreibt in vielen Vorträgen ihr Wirken (siehe die Literaturhinweise auf Seite 339f.).

Wenn ich auf den Körper blicke, den wir Menschen haben, beziehungsweise den Körper, der uns zur Verfügung steht und der uns trägt, so denke ich, dass auch in ihm ein eigenes Wesen wirksam ist.

Wir können es als das »Körperwesen« bezeichnen. Wenn ich mich meditativ auf die Suche danach begebe, öffnet sich wiederum ein ganz neues Gebiet. Es ist eine vierte Welt, die wir hier betreten.

Als Mensch haben wir also an diesen vier Welten Anteil: der Welt des Stoffes, der Welt der Elemente, der Seele und des Geistes. In all diesen Welten haben wir unbewusste Begegnungen mit den Wesen, die dort ihr Dasein haben. Dies macht uns Menschen zu solch komplizierten Wesen.

5 Wesen

Jede Welt hat ihre eigenen Bewohner.
Die stoffliche Welt teilen wir mit den Pflanzen und den Tieren. Viele Tiere haben wir im Verlauf von Jahrtausenden gut kennengelernt, und dadurch können wir besser mit ihnen zusammenleben. Mit etlichen von ihnen können wir auch besser zusammenarbeiten. Oder, noch häufiger, sie besser nutzen. So nutzen wir die Kühe, um Milch und Milchprodukte von ihnen zu erhalten, oder Hunde zum Zeitvertreib oder wegen ihrer Wachsamkeit. Früher benutzten wir die Pferde wegen ihrer Zugkraft, für Tätigkeiten, für die wir heute dem Traktor benutzen. Doch auch extrem kleine Tiere haben wir kennengelernt: die Bakterien. Sie sind uns teilweise unangenehm, denn sie können Krankheiten erzeugen. Andererseits haben wir sie im großen Stil zu nutzen gelernt, um durch sie, nachdem sie genetisch manipuliert worden sind, körpereigene Stoffe für uns zu erzeugen, wie zum Beispiel das Insulin für zuckerkranke Patienten.

In der Seelenwelt leben wir mit unseren Urteilen, unseren Emotionen und Gefühlen. Dahinter verbergen sich die Wesen, die uns verführen. Sie sind zahlreich und sehr unterschiedlich. Diese Verführer haben ihre eigene Strategie. Sie spiegeln uns immer vor, wie schön, wie einfach oder wie angenehm etwas sein kann. Dazu benutzen sie die Kräfte der Emotionen. Doch wenn wir uns von ihnen beeinflussen lassen, ist das Resultat meistens enttäuschend. Ich bezeichne sie darum als Dämonen.
Neben den Verführern, die sich in den Emotionen ausleben, gibt es

auch die »Urteiler«, die uns einflüstern, wie die Dinge zu sein haben, oder alles kritisch kommentieren, was wir tun. Diese Wesen wirken im Denken. Ich bezeichne sie als Gespenster. Sie geistern in unseren Köpfen herum.
Charakteristisch für die Wesen dieser Welt ist, dass sie nicht liebevoll sind. Die Dämonen erwecken eine egoistische Liebe; sie sind normalerweise lieblos gegenüber dem anderen. Die Gespenster machen uns lieblos gegenüber uns selbst und gegenüber der Wahrheit.
Im Allgemeinen haben wir ein unbewusstes Verhältnis zu den Wesen der Seelenwelt. Doch wenn wir diese Welt betreten, können wir vielleicht auch diese Wesen zähmen, so wie wir in alten Zeiten die Tiere gezähmt haben. Dann werden wir in einer ganz anderen Weise mit ihnen zusammenleben. Doch zuerst müssen wir sie kennenlernen, wir müssen wahrnehmen lernen, wer da eigentlich anwesend ist.

In der Geistwelt wirken Wesen, die einer höheren Rangordnung angehören. Sie sind die schaffenden Wesen, die sich hinter den schaffenden Kräften der Welt verbergen. Sie sind auch die Wesen, die uns inspirieren und begeistern. Sie schenken uns ihre Energie als eine helfende Kraft, aus der wir schaffend tätig sein können; und sie arbeiten an einer Welt, die sich spirituell engagiert. Die Kraft, die von ihnen ausgeht, erleben wir als Werte und Ideale. Diese Wesen können wir als Engel und Erzengel bezeichnen. Auch der Zeitgeist, das Wesen, von dem die Inspirationen der Entwicklungen in einem bestimmten Zeitalter ausgehen, ist in dieser Welt beheimatet.

Was die Terminologie betrifft, mit der ich die Wesen benenne, knüpfe ich an die Namen an, die in unserer westlichen Kultur gebräuchlich sind. Diese Kultur wurde stark von der christlichen Tradition geprägt. Im fünften Jahrhundert unserer Zeitrechnung hat Dionysius der Areopagit die Ordnung der himmlischen Wesen beschrieben.

Von ihm stammen die Namen Engel, Erzengel, Archai; ebenso die Namen der höheren Wesen wie Seraphim und Cherubim.
Wir wissen vor allem, wie in der Vergangenheit über all diese Wesen gedacht wurde. Bedeutet das, dass wir in die Vergangenheit zurückkehren, wenn wir die Welt und die Wesen, die hier beschrieben werden, ernst nehmen und erforschen? Keineswegs! Ich betrachte es vielmehr als einen nächsten, fälligen Schritt. Im Zuge der heutigen wissenschaftlichen Herangehensweise haben wir gelernt, Phänomene systematisch zu erforschen. »Einfach so« etwas zu glauben, wäre hier von Übel. Die Herausforderung für das Erforschen der Seelen- und der Geistwelt besteht darin, dass wir Phänomene, die nicht aus der Erforschung der physischen Welt erschlossen werden können, dennoch verstehen und mit ihnen umgehen lernen.

Im weiteren Verlauf dieses Buches werde ich der Frage nachgehen, wie wir diese unterschiedlichen Wesen voneinander unterscheiden können. Was sind Gespenster und Dämonen? Was für unterschiedliche Sorten gibt es? Und worin besteht der Unterschied zwischen den verschiedenen Wesen, die in den höheren Welten leben, wie den Engeln, den Erzengeln und dem Zeitgeist?
Eine ganze Palette solcher Bewohner wird an die Reihe kommen. Doch zuerst möchte ich kurz dabei verweilen, wie wir diese Wesen in normalen Leben wahrnehmen. Welche Sinnesorgane stehen uns dafür zur Verfügung, selbst wenn wir uns ihrer nicht bewusst sind? Zunächst aber wollen wir kurz bei der Frage innehalten, *wo* in uns diese Wesen ihren Angriffspunkt finden.

Die Aura

Die beschriebenen unterschiedlichen Welten können wir als unterscheidbare Dimensionen betrachten, die um uns herum existieren und die uns durchdringen. Wie können wir uns dies praktisch vorstellen, wenn wir selbst doch Teil davon sind? Ich bin, um mir selbst ein Bild davon zu machen, auf die Suche nach Informationen gegangen, wie man sich diese Energien vorstellen kann. Dabei landete ich bei der menschlichen Aura. Die Aura wird als ein geistiges Energiefeld betrachtet, das uns umhüllt und durchzieht. Dieses Feld ist nicht mit den Augen sichtbar, aber es ist beispielsweise immer dann erlebbar, wenn es darum geht, wahrzunehmen, ob ein Mensch voller Energie ist oder ob er mit seiner Aufmerksamkeit anwesend ist. Auch ein gesundes Aussehen ist eine Qualität der Aura.

Man kann bei der Energie der Aura verschiedene Ebenen unterscheiden:

- Die Ebene der *Lebensenergie*. Diese Energie ist eng mit dem physischen Körper verbunden. Sie hält ihn am Leben, sie lässt ihn wachsen und sorgt für die Gesundheit. Wir nehmen diesen Teil der Aura nicht unmittelbar wahr, doch indirekt sehen wir die Aura an der Art und Weise, wie jemand aus den Augen schaut, wie gesund und vital er aussieht, und wie er den Raum ausfüllt, der ihn umgibt.
- Die *emotionale Energie* sorgt als zweite Ebene für die Beweglichkeit des Emotions- und Gefühlslebens. Es ist eine andere Form von Energie als die Lebensenergie. Die beiden beeinflussen einan-

der jedoch wechselseitig. Diese Schicht der Aura ist ebenfalls noch stark mit dem physischen Körper verbunden, doch sie orientiert sich nach *außen*. Sie reagiert stark auf das, was aus der Umgebung auf sie zukommt.

- Außerdem gibt es die *Bewusstseinsenergie*, die wir dafür benutzen, objektiv wahrzunehmen und uns Gedanken über das zu bilden, was wir wahrgenommen haben. Diese Schicht der Aura ist wiederum geistiger als die vorige, und sie wird noch weniger unmittelbar von dem beeinflusst, was das Alltagsleben mit sich bringt. Sie ist umfangreicher als die vorige Schicht, sie erstreckt sich sozusagen weiter in den Raum hinein.
- Schließlich gibt es noch die *geistige Energie*, die uns mit dem Kosmos verbindet. Dies ist die ›dünnste‹ Schicht, die sich noch weiter ausdehnt und den Raum noch weiter erfüllen kann.

Wir können diese Energien als unterschiedliche Dimensionen der Aura ansehen. Sie umhüllt uns in Schichten, die immer dünner werden, und sie durchdringen und beeinflussen einander. Dabei durchziehen und beeinflussen sie auch den gesamten Körper.
Durch diese unterschiedlichen Schichten der Aura sind wir mit den verschiedenen Welten verknüpft. Die geistige Energie verbindet uns mit der geistigen Welt. Die Wesen der geistigen Welt finden in dieser Schicht ihren Anknüpfungspunkt: Die Dämonen sind in der Schicht der emotionalen Energie wirksam; das Körperwesen lebt in der Lebensenergie und ist als solches mit der Lebensenergie der Natur, die uns umgibt, verbunden.

Wir haben bereits die verschiedenen Welten und ihre Bewohner betrachtet. Wenn wir uns frei in diesen Welten bewegen und mit den Wesen, die dort leben, in Kontakt treten möchten, so brauchen wir dafür neue Sinnesorgane. Diese Sinnesorgane sind für mich lange ein großes Rätsel gewesen. Doch schließlich kreuzten sie gewis-

sermaßen von selbst meinen Weg. Dies war während einer Zeit, in der ich einer Supervision unterstand. In diesem Prozess kam die Verärgerung zur Sprache, die ich manchmal in Bezug auf gewisse Patienten empfand. Ich versuchte immer, meinen Ärger zur Seite zu schieben, doch ich erhielt den Rat, ihn mir einmal genauer anzuschauen. Damals hob sich der erste Schleier der übersinnlichen Wahrnehmungsorgane für mich.
Wenn wir wirklich mit der übersinnlichen Welt und ihren Bewohnern umgehen möchten, so müssen solche Sinnesorgane durch eine entsprechende Schulung entwickelt werden. Davon handelt das nächste Kapitel.

6 Sinnesorgane

Die stoffliche Welt nehmen wir mit unseren Augen und Ohren wahr, und wir können sie mit unseren Händen berühren. Dies sind die drei Sinnesorgane, die wir am häufigsten benutzen, um uns zu orientieren. Die anderen beiden, der Geruchssinn und der Geschmackssinn, spielen eine weniger wichtige Rolle für uns. Bei den Tieren ist das anders; der Hund braucht besonders seinen hoch entwickelten Geruchssinn und die Biene ihren Geschmackssinn.

Um in der Seelenwelt etwas wahrnehmen zu können, haben wir nicht viel von unseren Augen, Ohren und dem Tastsinn. In der Seelenwelt gibt es weder Stoff noch Materie, und darauf sind die genannten Sinnesorgane spezialisiert. Wir können die Seelenwelt jedoch durch bestimmte Gefühle und Emotionen erfahren. Ist es möglich, diese Emotionen und Gefühle ebenfalls als Sinnesorgane zu betrachten? Und wie müssen wir uns das vorstellen? Um dies zu untersuchen, werden wir zunächst bei den allgemeinen Gesetzmäßigkeiten verweilen, die bei der Wirkung eines Sinnesorgans eine Rolle spielen. Als Beispiel nehmen wir das Auge.

Das Auge fängt Licht auf. Das Licht fällt auf die Netzhaut. Dort wird es in einen elektrischen Reiz umgesetzt, der über den Augennerv zum Gehirn geleitet wird. Dann erreicht er das Gehirn und aktiviert das Sehzentrum. Durch die Aktivität des Gehirns werden die Reize zu einem Ganzen zusammengefügt, was von der Seele und dem selbstbewussten Ich als ein Bild aufgefasst werden kann. Durch das Denken können wir diese Bilder mit anderen Bildern aus der Vergangenheit verbinden und denkend zu Begriffen gelangen. So werden wir uns dessen bewusst, was wir sehen, und wir können aus diesem Bewusstsein heraus zu Handlungen kommen. Wenn das Licht zu grell, zu aggressiv wird, kommt es zu einem anderen Prozess. Denn nun ist der Reiz zu heftig, und so wird er als störender Schmerz erlebt, der als unangenehm empfunden wird. Dann sind wir gereizt und schließen die Augen. Der Schmerzreiz überlagert den Wahrnehmungsreiz. Dieser Reiz dringt dann nicht mehr bis zum Gehirn vor, und dadurch lässt unsere Sehschärfe nach.

Beim kleinen Kind muss dieser Wahrnehmungskreislauf erst noch entwickelt werden. Einige Wochen nach der Geburt beginnt es zum ersten Mal einen Unterschied zwischen den Schattierungen von Licht und Dunkel zu machen. Allmählich beginnt es, mit den Augen zu fixieren. Nach einiger Zeit ist es in der Lage, etwas wiederzuerkennen, und noch später folgt das Denken: das Wissen, was es sieht, und die Fähigkeit, ihm einen Namen zu geben.

Wir fassen zusammen:

- Am Anfang steht ein Reiz, in diesem Fall ein Lichtreiz;
- Es erfolgt eine Trennung zwischen Lichtreiz und Schmerzreiz;
- Weiterleitung zum Gehirn;
- Im Gehirn kann ein Bild geformt werden;
- Durch das Ich-Bewusstsein kann dieses Bild in das sonstige Bewusstsein integriert und von ihm verwendet werden.

Können wir die beschriebenen Gesetzmäßigkeiten auch dann erkennen, wenn wir unsere *Gefühle* als ein Sinnesorgan betrachten? Wir wollen einen Versuch wagen. Ich nehme einmal den Ärger als Beispiel und betrachte, wie dieses Gefühl zu einem Sinnesorgan umgewandelt werden kann.

Stellen Sie sich vor, es passiert etwas, das bei ihnen Ärger hervorruft. Zunächst einmal sagt der Ärger natürlich etwas über Sie selbst aus, und es ist durchaus interessant, dem nachzugehen und zu ergründen, was sich hinter unserem persönlichen Ärger verbirgt. Darauf

werde ich im Kapitel über Grenzerfahrungen noch näher eingehen. Doch wir können auch das betrachten, was unser Ärger über den *anderen* aussagt. Oder aber, was er über den Gegenstand aussagt, über den wir uns ärgern. In unserem Beispiel gehen wir davon aus, dass der Ärger durch einen anderen Menschen hervorgerufen wird. Was geschieht, wenn wir uns ärgern? Wenn wir Menschen fragen, wo sie ihren Ärger spüren, deuten sie meistens auf die Magengegend. Dort scheint also ein Gebiet zu liegen, dass von dem berührt wird, was den Ärger hervorruft. Es findet eine leichte Kontraktion, ein Zusammenziehen im Gebiet des Magens statt, dort wo das Sonnengeflecht angesiedelt ist, ein Nervenknoten, der die Organe in dieser Region versorgt. Wir können dies demnach als den körperlichen Ort des Sinnesorgans für Ärger betrachten.
Es kommt etwas von außen auf uns zu, das zu einer Kontraktion führt. Dies wiederum führt zu einem Gefühlseindruck. Was geschieht nun weiter mit diesem Reiz? Da gibt es etwas, das uns trifft: Die Magengegend wird gewissermaßen von einem bestimmten Reiz berührt. Wenn dieser Reiz dort länger einwirkt, entsteht allmählich die Empfindung des Ärgers. Das heißt, er bleibt auf der Ebene der Emotionen stecken und führt nicht zu einer bewussten Wahrnehmung. Wenn wir dies mit der Wirkungsweise des Auges vergleichen, wäre es in etwa mit einer scharfen Lichtwahrnehmung vergleichbar, die Schmerz erregt.
Wenn wir das Gefühls-Sinnesorgan weiterentwickeln bis zu der Höhe, zu der sich das Auge entwickelt hat, so muss der Reiz im Sonnengeflecht rechtzeitig vom Bewusstsein abgefangen werden. Dann kann er zum Gehirn weitergeleitet werden. Das erfordert eine große Wachheit des Selbstbewusstseins. Auf diese Art und Weise kann der Reiz zuerst den Hirnstamm erreichen und von dort weiter in das übrige Gehirn gelangen. Dort kann er sich, wie wir es beim Lichtreiz beschrieben haben, mit einem größeren Ganzen verbinden. Durch die Aktivität des Denkens kann diese Erfahrung mit anderen Erfah-

rungen, die wir früher gemacht haben, verknüpft werden. Indem wir uns die Frage stellen, was genau unseren Ärger hervorgerufen hat, kommt die eigentliche Wahrnehmung zustande.
Wenn dieser Prozess zu einer Gewohnheit geworden ist, werden wir immer mehr erkennen, welche Dinge unserer »Organ für den Ärger« berühren können, und die Wahrnehmung vollzieht sich immer rascher. Auf diese Weise gerät das, was zunächst die reine Emotion des Ärgers war, immer stärker unter die Kontrolle des Selbstbewusstseins. So bildet sich ein Sinnesorgan!
Gefühle gehören zum Bereich der Seele. Es entsteht in der Seele ein Sinnesorgan. Es ist ein Sinnesorgan, das in der Aura als ein in sich abgegrenztes Organ aufleuchtet. Was geschieht, wenn wir das Sinnesorgan nicht benutzen, aber die Reize empfangen, die es berühren? An anderer Stelle sagte ich bereits, dass dies zu einem Übermaß an Ärger führen kann. Dieser kann wiederum verdrängt werden. Wenn etwas verdrängt wird, muss es irgendwohin ausweichen – in diesem Fall ist es der Körper. Der Körper kann so zum Stellvertreter der Seele werden, und dadurch können im Laufe der Zeit Magenbeschwerden entstehen. Später werde ich noch einmal darauf zurückkommen
Haben wir ein Sinnesorgan für den Ärger entwickelt, kann es uns frühzeitig melden, wenn jemand die Absicht hat, uns zu attackieren oder zu verletzen. Wenn wir dies rechtzeitig mit dem Bewusstsein wahrnehmen, braucht dies nicht zu einer Verurteilung des anderen zu führen. Es bleibt lediglich eine Tatsache, mit der wir umgehen können. Und weil das Ich dabeibleibt, kann es den Vorgang befragen. Es kann zum Beispiel fragen: Warum tut der andere das? Warum will er mich verletzen? Meistens sehen wir dann, dass es sich um einen Abwehrmechanismus in Bezug auf den eigenen Schmerz handelt, den der Betreffende erlebt hat – entweder bei uns, oder aber bereits früher bei einem anderen.
Ich habe an mir selber beobachtet, dass Ärger auch zu Mitgefühl

führen kann. Das geschieht beispielsweise, wenn ich mir klarmache, dass die Eigenschaft, über die ich mich bei jemandem ärgere, auch bei anderen Menschen Ärger hervorrufen kann. Das ist für denjenigen, der diese Eigenschaft besitzt, unangenehm.

Mit dem Auge nehmen wir Licht wahr und mit dem Ohr Schall. Doch was nehmen wir eigentlich mit dem Organ für den Ärger wahr? Was wir wahrnehmen, ist eine bestimmte Seelenverfassung bei anderen Menschen. Diese Seelenverfassung drücken wir mit Worten aus, die auf Kräfte hinweisen. Und hinter Kräften verbergen sich die Wesen, von denen diese Kräfte ausgehen. So kann sich der Ärger zu einem Sinnesorgan entwickeln, mit dem Wesen aus der Seelenwelt wahrgenommen werden können.

Stellen Sie sich einmal Folgendes vor: Sie ärgern sich über jemanden. Danach halten Sie rechtzeitig bei der Frage inne: »Was genau ist es, das den Ärger in mir hervorruft?« So beginnen wir uns selbst Fragen zu stellen und zu der Wahrnehmung zurückzukehren. Das bedeutet, dass der Ärger nicht an uns nagt, sondern uns dazu anregt, unsere Wahrnehmung zu vertiefen.

Eine Frau berichtete Folgendes:

Neulich war ich einkaufen. Als ich einen Angestellten um Auskunft zu einem bestimmten Artikel bat, antwortete er mir zwar, doch er schaute dabei die ganze Zeit irgendwo anders hin. Das ärgerte mich echt. Es gab mir das Gefühl, als ob ich überhaupt nicht zählte. Ich ärgerte mich dermaßen, dass ich fast weggelaufen wäre. Gerade noch rechtzeitig machte ich mir klar, dass mich das noch mehr Zeit kosten würde; also habe ich die Sache eben ausgehalten. Die Information als solche, die ich bekam, hat mir übrigens weitergeholfen.

In diesem Beispiel geht es also um den Ärger, der entsteht, wenn uns ein Mensch, mit dem wir sprechen, nicht anschaut.

Wir können uns zunächst fragen: Was ist die persönliche Seite dieses Ärgers? Was sagt er über uns selbst aus? In unserem Beispiel kann das heißen, dass »Anerkennung« für die betreffende Frau offenbar ein Thema ist. Dann möchte sie außer Informationen über den Artikel, den sie kaufen will, auch von ihrem Gegenüber wahrgenommen und anerkannt werden: Anerkennung in Form persönlicher Aufmerksamkeit. Dies kennt wahrscheinlich jeder. Wir wollen alle gern erleben, dass wir als Mensch zählen.

Der Ärger erzählte der Betreffenden auch, dass der Angestellte sie nicht anschaute, sondern ruhelos mit den Augen umherschweifte. Es war, als wolle er jeden direkten Blickkontakt möglichst vermeiden. Was wir in diesem Fall mit dem Sinnesorgan für den Ärger wahrnehmen, ist die *Unsicherheit* des anderen. Es kann sein, dass der Mann die Frau nicht anschaute, weil er sich zu unsicher dafür fühlte. Eine echte Kontaktaufnahme mit den Augen hätte möglicherweise diese Unsicherheit vergrößert; indem der Angestellte woanders hinschaute, fand er eine Lösung für sein Dilemma.

Man könnte dies so ausdrücken: Mit dem Sinnesorgan für den Ärger nehmen wir unsicheres Verhalten wahr; außerdem die Neigung, Kontakt zu vermeiden.

Wenn wir diese Wahrnehmungen gemacht haben, können wir uns fragen: Wie fühlt sich das für den anderen an, der in dieser Verfassung ist? Wird das Gefühl des Ärgers, das sein Verhalten bei mir hervorruft, auch von ihm empfunden? Wenn das der Fall ist, kann es durchaus sein, dass er sich häufig sehr einsam fühlt. So entsteht Raum für Mitleid. Und dies ist etwas ganz anderes als Ärger.

In meinen Beruf als Arzt und Gesprächstherapeut rede ich natürlich viel mit Menschen. Häufig kommen Themen an die Reihe wie Unsicherheit oder das Schutzverhalten, das ein Mensch zeigt. Wenn dann im Gespräch die eigentliche Person sichtbar wird, ist dies immer ein Moment großer Schönheit. Dann kann die Scheingestalt,

die Schutzgestalt überwunden werden, und der eigentliche Mensch offenbart sich.
Mit dem Sinnesorgan für den Ärger können wir die Scheingestalt wahrnehmen, die Menschen schon früh in ihrem Leben aufgebaut haben, um die eigene Verwundbarkeit zu kaschieren. Deren gibt es eine ganze Reihe: nett und freundlich tun, sich fürsorglich zeigen, sich anbiedern, Machoverhalten an den Tag legen ... Diese Überlebensmuster funktionieren im Alltag relativ gut. Doch wenn wir mit einem Menschen länger Umgang pflegen, kann dieses Verhalten störend werden, weil es wie eine Karikatur wirkt. Es ist immer dasselbe!
Mit so einem Wahrnehmungsorgan wie beispielsweise dem für den Ärger können wir solche Dinge wahrnehmen.

Bisher sind wir von dem Ärger ausgegangen und haben betrachtet, wie er sich zu einem Sinnesorgan umwandeln lassen kann. Dieses Sinnesorgan haben wir in der Magengegend lokalisiert. In ähnlicher Weise, wie wir jetzt vom Ärger ausgegangen sind, können wir auch andere Gefühle betrachten. Wenn wir uns mit Gefühlen wie Enttäuschung, Verletztheit, Sehnsucht oder Hoffnung beschäftigen, führt uns das zu weiteren neuen Sinnesorganen. Diese sind jeweils mit einem anderen Ort des Körpers verbunden. Meiner Erfahrung nach liegt das Sinnesorgan der Enttäuschung im Herzbereich und das Sinnesorgan der Sehnsucht bzw. des Begehrens im Unterbauch.
Die so beschriebenen Sinnesorgane werden im östlichen Kulturraum als Chakren bezeichnet, in anderen Traditionen als Lotusblumen. Es handelt sich dabei nicht um Sinnesorgane physischer Natur, sondern um Organe, die im sogenannten Energieleib des Menschen liegen. Wenn wir diese Sinnesorgane freilegen, kann uns das viel innere Ruhe verschaffen!
Zusammenfassend können wir die Schritte des Wahrnehmungsprozesses in folgendes Schema bringen:

Licht – Auge
- Augennerv – Gehirn – Bild – bewusste Wahrnehmung
- Schmerzreiz – unterdrücktes Licht – Schrecken und Ärger

Eindruck – Sonnengeflecht
- Ärger – Hirnstamm – Bild – bewusste Wahrnehmung
- Verdrängung in den Bauchraum – Magenbeschwerden

Ein Beispiel:

Peter hat ein Burnout hinter sich. Er konnte seiner Arbeit nicht mehr nachgehen, da er über Übermüdung, Spannungen und Hyperventilation klagte. Allmählich ging es ihm besser, und er konnte langsam wieder in seinen Beruf einsteigen. Doch als er seine alte Tätigkeit wieder aufgenommen hatte, meldeten sich seine unbestimmten Magenbeschwerden regelmäßig zurück. Rein medizinisch gesehen ließ sich keine deutliche Diagnose stellen, und das Ganze war auch nicht alarmierend, nur unangenehm und etwas entmutigend. Mit der Zeit wird man doch etwas verunsichert.
Auf meine Frage: »Was muss man tun, um Magenbeschwerden zu bekommen?«, begann er sich zu beobachten. Es handelte sich um eine paradoxe Frage, die Menschen häufig zum Nachdenken bringt. Es zeigte sich, dass der Betreffende die Beschwerden vor allem bei sozialen Kontakten bekam. »Ich bemerkte während einer Lehrerkonferenz, dass ich ein schmerzhaftes Gefühl in der Magengrube bekam. Als ich mich fragte, was da los war, spürte ich Ärger. Worüber ärgerte ich mich in diesem Moment so sehr? Wir beschäftigen uns mit einem Thema, über das konkrete Vereinbarungen getroffen werden mussten. Es war wichtig, dass sich jeder daran hielt. Ich sah an der Art und Weise, wie einige meiner Kollegen reagierten bezie-

hungsweise nicht reagierten bereits voraus, dass sie jetzt zwar nichts sagten, dass sie sich jedoch mit Sicherheit nicht an die Vereinbarung halten würden. Das finde ich so feige! Jeder soll doch offen aussprechen, dass er nicht einverstanden ist und dafür einstehen. Aber dieses lasche Getue! Damit schwächen wir die Schule als Ganze. Das ist doch kein Vorbild für die Schüler!

Was nahm seine Magengegend war? Der Betreffende bezeichnete das Verhalten seiner Kollegen, die nicht offen zu ihrer Meinung standen, später als »widerlich«. Wenn diese Wahrnehmung unbewusst blieb, führte dies zu Magenbeschwerden. Wenn der Betreffende dadurch verunsichert wurde, verschlimmerten sich diese Beschwerden. Wenn die Belastung noch weiter zunahm, konnte es sein, dass er aufgrund der Unsicherheit, die so entstand, auch zu hyperventilieren begann – der Kreis war geschlossen.

Wenn er auf seine Bauchschmerzen hörte, konnte er sich fragen: Wo ist jetzt gerade das widerliche Verhalten? Und dann wurde er besonders wach. Diese Wachheit nahm die Stelle der Unsicherheit ein. Es entstand also mehr Sicherheit. Ganz allmählich lernte er, das, was er wahrnahm, in eine Handlung umzusetzen. Wenn so etwas zur Gewohnheit wird und man aus dieser Gewohnheit sofort auf das reagiert, was der Magen meldet, hat sich das Sinnesorgan anfänglich gebildet, und man kann es anwenden.

Man kann so etwas durchaus auch als einen Vorteil betrachten, der aus dem Burnout resultiert. Man muss diesen Prozess häufig durchlaufen, bevor er zu einer Gewohnheit geworden ist. Dies erfordert Training: ein kleines Stück Schulungsweg. Dieses Training lässt sich am einfachsten durchführen, wenn wir es rückblickend auf Ereignisse tun, die wir vor Kurzem erlebt haben. Wenn wir sie als Ausgangspunkt wählen, um zu erforschen, was wir durch unseren Ärger wahrgenommen haben, kann in den ruhigen Momenten Erfahrung gesammelt werden.

Von einem echten Sinnesorgan kann erst gesprochen werden, wenn der Prozess der Wahrnehmung von selbst verläuft und wir nicht mehr darüber nachdenken müssen. Man kann dies mit dem Autofahren vergleichen. Zuerst lernen wir die notwendige Theorie. Dann setzen wir uns in das Fahrzeug. Am Anfang müssen wir auf alles zugleich achten: steuern, schalten, Gas geben, die Kupplung treten und bremsen. Dazu kommt noch der ganze Verkehr um uns herum, und außerdem müssen wir noch darauf achten, wohin wir eigentlich fahren wollen. Durch die häufige Wiederholung werden alle diese Fähigkeiten zur Gewohnheit. Daraus wird Routine, und so können wir irgendwann sogar beim Fahren ein kompliziertes Gespräch führen.

Die Seelenwelt betreten

Wir haben jetzt die Welt, die Wesen und die Sinnesorgane der Reihe nach betrachtet. Wenn wir die Sinnesorgane der Seele entwickeln wollen, müssen wir sie täglich schulen. Das erfordert ein bewusstes Training. Dabei tragen wir das Thema eine gewisse Zeit lang mit uns herum und versuchen, Tag für Tag mit der Frage zu leben, welche Wahrnehmung sich hinter dem Gefühl des Ärgers oder der Enttäuschung verbirgt. Auf diese Weise erschaffen wir sozusagen in Freiheit eine neue Qualität und einen neuen Vitalitätsstrom in unserer Aura. Damit arbeiten wir an einem neuen Organ, das allmählich immer selbstverständlicher funktionieren wird, auch wenn wir uns nicht mit unserem Bewusstsein damit befassen.

Mit dem nächsten Schritt auf dem eingeschlagenen Weg wollen wir versuchen, die Seelenwelt ganz konkret zu betreten und zu betrachten, welche Kräfte dort wirken und welche Wesen damit verbunden sind. Mit anderen Worten: Wir befassen uns mit Augenblicken, in welchen wir die verwirrende Seite der Seelenwelt erleben. Was für Momente sind das, und was geschieht in solchen Momenten? Diese kurzen Momente der Verwirrung bieten die Möglichkeit, diese Welt konkret zu erforschen.

7 Emotionswesen und Grenzerfahrungen

Grenzerfahrungen sind jene Momente, in denen wir spüren, dass wir für Augenblicke an die Grenzen unserer Fähigkeiten geraten. Wir sind ganz kurz unsicher, was wir tun sollen. Wir erkennen diese Grenz-Begegnung durch Gefühle wie Unbehagen, Unsicherheit, Ärger oder Zweifel. Es handelt sich immer um solche Momente, bei denen wir an unserer inneren Reaktion spüren, dass wir noch nicht ganz auf die Situation vorbereitet sind. Wir können sie nicht ganz aus unserem Selbstbewusstsein heraus bewältigen. Wir spüren, dass die Situation ein gewisses Risiko in sich birgt. Würden wir dieses Risiko völlig selbstverständlich eingehen, so käme es nicht zu einer Grenzbegegnung, sondern zu einer Routinehandlung, beziehungsweise zu einer uns herausfordernden Situation.

Größere Grenzbegegnungen werden uns durch Angst bewusst. Wir fühlen uns dann wirklich bedroht. Noch intensivere Grenzmomente können sogar zu Panik führen. Immer ist bei Angst und Panik eine gewisse Rückzugsbewegung des Selbstbewusstseins im Spiel. Bei der Unsicherheit und beim Unbehagen ist es nur ein kleiner Rückzug, bei der Angst fühlt das Ich die Bedrohung stärker, und bei Panik kann sogar das Gefühl einer Lebensbedrohung mit im Spiel sein. Immer weiter zieht sich das Ich zurück, um sich in der Panik schließlich völlig aufzugeben.

Was ist Angst, unter dieser Perspektive betrachtet? Bei der Angst geschieht Folgendes: Wir begegnen einer Situation, die für uns bedrohlich ist. Oder, vorsichtiger ausgedrückt, die für uns etwas Bedrohendes hat. Der nüchterne Verstand kann das häufig relativieren: »Es

ist alles in Ordnung«, sagt er. Das Gefühl jedoch sagt etwas anderes: »Es droht eine Gefahr! Ich kann verletzt oder zurückgestoßen werden. Ich fühle mich verwundbar, und ich will weg!« Dann kommt es zu einer Spaltung. Etwas im Innern der Seele ruft: »Ich will weg, ich will hier nicht mitmachen«. Wenn wir dann tatsächlich weglaufen oder flüchten können, wird die Seele mit dem Körper verbunden bleiben. Die Seele nimmt gewissermaßen den Körper mit. Doch wenn ein anderer Teil von uns findet, dass wir uns dies doch nicht erlauben können, existiert die Situation weiter. Wenn dann der erste Seelenteil dennoch flüchten möchte, wird die Seele sich etwas aus dem Körper zurückziehen. Dann fallen wir sozusagen ein wenig auseinander, und dies spüren wir als Angst. Angst bedeutet eigentlich, ein wenig auseinanderzufallen. Dieses Sich-Zurückziehen der Seele aus dem Körper spüren wir anhand einer gewissen Verkrampfung, am Steifwerden der Beine, die außerdem kalt werden und eine Gänsehaut bekommen können. Wir erkennen es auch an der flacher werdenden Atmung und am unruhigen Herzrhythmus.
Wenn die Rückzugsbewegung sich weiter fortsetzt, entsteht das Gefühl der Panik. Die Atmung wird noch oberflächlicher, und die Wahrnehmung trübt sich. Fallen wir noch weiter auseinander, führt dies zur Ohnmacht. Dann sind wir mit unserem Bewusstsein und unserem Gefühl überhaupt nicht mehr anwesend.
Es geht hier um subjektive Gefühle. Die Situation braucht gar nicht bedrohlich auszusehen, und mit unserem Verstand sagen wir uns, dass uns doch gar nichts passieren kann. Doch das Gefühl lässt sich dadurch nicht beruhigen.

Wir kehren wieder zurück zum Phänomen der Grenz-Begegnung und versuchen einmal systematisch, die Seelenwelt etwas weitergehend wahrzunehmen, auf der Suche nach einem konkreten Bild der Wesen, die dort leben und wirken.
Ein Mann berichtete mir folgendes Grenzerlebnis:

Gestern war ich unterwegs zu einer Besprechung. Besprechungen liegen mir nicht so. Ich kann mich dort häufig nicht so gut ausdrücken, und ich finde es schwierig, mich zu behaupten gegenüber all den Leuten, denen das Reden so leicht fällt und die ihre eigenen Interessen gut vertreten können. Am Ende einer solchen Sitzung bin ich häufig enttäuscht und unzufrieden mit mir selbst.
Ich war also unterwegs und geriet in einen Stau. Dieser Stau war viel größer als ich erwartet hatte. Deswegen bestand die Gefahr, dass ich zu spät kommen würde. Das hasse ich, vor allem, wenn ich so eine Sitzung vor mir habe.

Wenn wir diese Schilderung genauer betrachten, können wir verschiedene Welten unterscheiden. In der stofflichen Welt sehen wir den Stau. Das bedeutet, dass der Betreffende nicht weiterfahren kann, es besteht die Gefahr, dass er zu spät zu seiner Sitzung kommt. In der Innenwelt passiert etwas ganz anderes: Dort entsteht ein Bild, das mit dem zusammenhängt, was geschehen kann, wenn er zu spät kommt. Das Risiko, zu spät zu kommen, ist eine Tatsache. In der Innenwelt kann es jedoch zu einer Gefahr werden. Worin besteht diese Gefahr? Wenn der Betreffende die Sache genauer betrachtet und ergründen möchte, was sich hinter der Drohung verbirgt, kann er versuchen, daraus ein Drama zu machen. Um näher an dieses Drama heranzukommen, kann man sich zum Beispiel die folgenden Fragen stellen: »Was kann mir passieren?« Oder: »Was ist das Schlimmste, was mir meiner Empfindung nach zustoßen kann?« Diese Fragen führen uns leichter in das Gebiet des Erlebens. Die Frage »Was kann mir passieren?«, wird schnell vom Verstand aufgegriffen, der sagt: »Eigentlich kann mir nichts passieren.« Und in diesem »eigentlich« liegt genau das Problem.

Es ist zwar übertrieben, aber genauso fühlt es sich an! Wenn ich zu spät in den Raum komme, ziehe ich die gesamte Aufmerksamkeit auf mich. Ich sehe dann förmlich, wie eine betretene Stille eintritt. Alle drehen sich zu mir um und schauen mich vorwurfsvoll an. Ihr Blick sagt, dass ich versagt habe, dass ich zu spät bin und dass ich mich also nicht an die Regeln gehalten habe. Ich bin schlecht, ich tauge nichts. Ich sehe nur diese Blicke, alle Höreindrücke fallen weg. Ich fühle mich dieser Umgebung entfremdet, mir selbst entfremdet. Ich fühle mich schrecklich allein. Ich fühle die Schamröte bereits auf meinen Wangen, und ich habe das Gefühl, dass ich vor Scham im Boden versinke.

Hier beschreibt der Mann das Drama, das sich in der Seele spielt. Das Ich zieht sich zurück, es möchte sich vor der möglichen Erfahrung drücken. Das Ich sagt: »Das ist zu schwierig. So viele Vorwürfe, so viel Einsamkeit!«

Nun gehen wir über zur Welt der Seele, denn in der physischen Welt liegt nicht die eigentliche Bedrohung. Vor allem dann nicht, wenn der Betreffende noch im Auto sitzt und in einen Stau gerät. Aus seiner Erzählung geht hervor, dass er Angst vor Vorwürfen hat und vielleicht noch mehr vor Zurückweisung. Die Angst, zurückgewiesen zu werden in Form der vorwurfsvoll dreinschauenden Menschen, dazu die verurteilende Stille. Davor möchte er im Boden versinken. Der Verstand sagt zwar, dass die Teilnehmer dieser Sitzung in Wirklichkeit nicht so reagieren werden, doch das nützt nichts.
Wenn wir nun betrachten, was sich in der Seelenwelt abspielt, und den Betreffenden bitten, alles, was zu einer solchen Situation passt, in ein Bild zu gießen, kann die Imagination einer karikierten Gestalt entstehen:

Ich sehe dann eine verzerrte, finstere Gestalt. Sie blickt auf mich herab mit einem ausgesprochen grinsenden, sarkastischen Blick, der ausdrückt, dass ich überhaupt nichts wert bin. Und dass aus mir auch niemals etwas werden wird! Man will am liebsten im Boden versinken.

Sprechen wir über seine Angst, zurückgewiesen zu werden, dann sprechen wir über diese Zurückweisung als eine *Kraft*. In der Seelenwelt gehen wir noch einen Schritt weiter, auf der Suche nach dem *Wesen*, von dem diese Kraft ausgeht. In ein Bild gefasst, ist dieses Wesen das grinsende, sarkastische Gesicht. Wir können es als einen Dämon bezeichnen. Dämonen sind Wesen, die aus Emotions-Energie bestehen. In bestimmten Situationen können sie in die Seele eindringen oder aktiv werden. Dann wird die Situation zu einer Grenzerfahrung. Wir geraten in einen unfreien Bereich der Seele. Wenn ein derartiger Dämon eindringt, verliert das Ich seinen Zugriff und seine Handlungsfreiheit. Die Innenwelt gerät durcheinander.
Wo lebt dieser Dämon? Wir können uns fragen, ob er in dem Mann lebt, der die Geschichte berichtet, oder in der Menschengruppe, die an der Sitzung teilnimmt. Der Dämon kann auch an beiden Orten gleichzeitig wirken. Um diese Frage zu beantworten, müssen wir noch tiefer blicken und weiterfragen: Ist die Angst insbesondere mit dieser Menschengruppe verbunden, und hat der Betreffende bereits früher eine solche Erfahrung in dieser Gruppe gemacht? Leiden andere Angehörige der Gruppe ebenfalls darunter? Dann kann es sich um einen Dämon handeln, der mit dieser Menschengruppe zusammenhängt. Hat der Betreffende derartige Ängste häufiger, und zwar in Bezug auf ganz unterschiedliche Gruppierungen und Menschen, so handelt es sich wahrscheinlich um einen Dämon, der in ihm selbst lebt und den er projiziert.
Jemand, der mit einem derartigen Dämon lebt, vor dem er Angst hat, kann versuchen, Situationen zu vermeiden, in welchen dieser Dämon auftreten kann. So entsteht ein Vermeidungsverhalten in Bezug auf bestimmte Situationen. Dies kann dazu beitragen, das Risiko einer Begegnung mit einem derartigen Dämon zu vermeiden, doch

gleichzeitig wird die betreffende Person dadurch immer unfreier, denn der Dämon wird weiterhin sein Verhalten bestimmen.

Nun noch ein weiteres Beispiel, wie ein Dämon außerhalb einer Person, also bei einem anderen Menschen, wahrgenommen wurde:

Ich hatte eine Meinungsverschiedenheit mit einem Kollegen. Ich wies ihn darauf hin, dass er einen Fehler mit einer Terminvereinbarung gemacht hatte, wodurch ein Projekt schiefzugehen drohte. Statt bei der Sache zu bleiben und den Fehler zu korrigieren, begann er zu jammern, dass er doch auch so viel zu tun habe und dass alle die unangenehmen Aufgaben auf ihn abschöben. Und das, während wir alles in gemeinsamer Abstimmung und kollegial erledigt hatten. Nota bene hatte er sich selbst dafür angeboten! In solchen Fällen ärgere ich mich, und darum platzte ich und warf ihm vor, er solle sich nicht so anstellen. Dieser Streit hat uns wiederum einen ganzen Tag zurückgeworfen.

Dies kann ein Beispiel dafür sein, wie ein Dämon, der sich nicht im Innern befindet, wahrgenommen werden kann. Hier spielte er zwar eine Rolle, doch er wurde nicht bewusst wahrgenommen.
Wenn jemand auf einen Fehler hingewiesen wird, so handelt es sich um die sichtbare Wirklichkeit, also um eine Vereinbarung, eine Sache, die vergessen wurde und die berichtigt werden muss. Wenn der betreffende Kollege sich nicht damit konfrontieren will, dass er tatsächlich einen Fehler gemacht hat, übernimmt er keine Verantwortung aus seinem Ich heraus. Von außen begegnet ihm die Kritik, und von innen begegnen ihm sein Schuldgefühl, seine Scham und seine Unsicherheit. Will er sich mit diesen Gefühlen bewusst konfrontieren? Will er der Tatsache ins Auge blicken, dass er wahrscheinlich etwas Altem oder Unangenehmem in sich selbst begegnet? Wenn dies nicht der Fall ist, kann ein anderer Dämon sich in die Situation

einmischen. In diesem Fall ist es das »Grollwesen«, das ihm sagt, dass er bemitleidenswert ist, dass alle ihm immer helfen müssen. (Das Grollwesen wird in einem späteren Kapitel ausgiebig behandelt werden.)

Der Erzähler hat verschiedene Begegnungen gleichzeitig. Er begegnet seinem Kollegen, mit dem er eine Meinungsverschiedenheit hat, und er begegnet dem Grollwesen. Das Grollwesen nimmt er durch seinen Ärger wahr. Die Versuchung liegt nahe, dann sofort mit einem Wesen derselben Art darauf zu antworten: wütend zu werden, die Türe zuzuschlagen, wegzulaufen ...

In der sichtbaren Welt haben wir es mit einem Fehler in einer Vereinbarung zu tun. In der Seelenwelt haben wir es mit der Begegnung eines Menschen mit einem Grollwesen zu tun; der andere begegnet einem »Ärgerwesen« oder einem »Wutwesen«. Zusammengenommen bedeutet das: Das Grollwesen und das Wutwesen treffen aufeinander und verursachen Streit. Beide Menschen rücken als Individuen in den Hintergrund, sie werden beide unfrei gemacht.

Ich sehe es geradezu vor mir: Es ist etwa so wie bei zwei Menschen, die beide einen Hund haben. Die Hunde bellen sich an, und die beiden Menschen können einander nicht mehr verstehen!

Wollen wir dieses Dilemma auflösen, erfordert das von beiden Beteiligten, dass sie sich mit der Tatsache konfrontieren, dass jeder seine Hausarbeiten erledigen und seinen persönlichen Dämon in die Hand nehmen muss.

Groll, Ärger und Wut sind Gefühle, die mit dem Sonnengeflecht in Verbindung stehen. Sie haben mit dem Magenchakra zu tun.

Auch andere Verführer können wir mit diesem Chakra wahrnehmen. Manche Frauen können, wenn sie unsicher werden, etwas Verführerisches in ihr Verhalten legen. Ein Hauch Erotik kann leicht eingesetzt werden, indem man den Kopf in einer bestimmten Weise hält oder das Haar aus dem Gesicht streicht, häufig mit einer leichten

Nackendrehung. Auch das lässt sich mit der Magengegend wahrnehmen, jetzt jedoch nicht als eine Zusammenziehung, wie es die Reaktion auf die Wut wäre, sondern wie eine schmetterlingshafte, etwas loslösende Bewegung. Das Ganze ist keineswegs unangenehm, und genau darum funktioniert es auch so gut.

Wesen des Hasses

Eine eigene Gruppe von Dämonen sind die Wesen des Hasses. Diese Wesen versuchen etwas zu zersetzen oder zu zerstören. Sie können sich in vielen unterschiedlichen Gestalten manifestieren, je nach dem Gebiet, auf das sie sich bevorzugt richten. Es gibt solche, die bestimmte Gedanken zersetzen, während andere eher die Schönheit der Gefühle beschädigen wollen. Und dann gibt es sogar Dämonen, die den anderen vernichten, ja töten wollen.

Wir sprechen hier von den verschiedenen Kräften des Zynismus, des Sarkasmus und des Hasses, denen das Bestreben gemeinsam ist, den anderen Menschen wirklich zu verletzen. Zynismus bedeutet Spott, es bedeutet, dass ein bestimmter *Gedanke* nicht ernst genommen wird. In einem Dialog wird einem Gedanken nicht mit wirklichen Argumenten begegnet, sondern der Zynismus schwächt ihn durch Verdächtigungen.

Sarkasmus wird im Wörterbuch als »beißender Spott« definiert. Er ist schärfer und bitterer als der Zynismus. Seine Schärfe richtet sich auf das *Gefühl* des anderen, hier wird deutlich versucht, dem anderen in seinen Gefühlen Schaden zuzufügen, um ihn auf diese Weise zu untergraben.

Der echte Hass schließlich hat das Ziel, den anderen zu vernichten. Hass kann als ein Gefühl in uns leben; dann lebt zwar ein Vernichtungsimpuls in uns, aber er wird nicht ausgelebt. Im Allgemeinen hat der Betreffende selbst am meisten Probleme damit. Nicht ausgelebter Hass führt zu einem unangenehmen Gefühl im Bauch. Einen Schritt weiter gehen wir, wenn der Hass sich tatsächlich in Taten auslebt.

Diese Dämonen des Hasses offenbaren sich also in höchst unterschiedlichen Gestalten. Dabei bedienen sie sich unterschiedlicher Bereiche des Körpers. Der Dämon des Zynismus nistet sich im Kopf ein und lenkt dort die Gedanken. Das heißt: Er ist in den Gedanken wirksam und zielt auf die Gedanken ab. Sarkasmus erlebe ich eher als eine Kraft, die mit dem Gefühl zusammenhängt; sie nistet sich im Brustbereich ein. Der echte Hass schließlich wirkt aus der Region, wo er im Allgemeinen gepflegt wird, dem Bauchraum. Er kriecht in die Gliedmaßen, wenn er ausgelebt wird.

Unterschiedliche Dämonen nisten sich also in unterschiedlichen Körperbereichen ein. Dort werden sie zu bestimmten Momenten aktiv, wodurch sie in unterschiedlicher Weise unser Denken, unsere Gefühle oder unser Handeln mit beeinflussen können. Wir erkennen das Aktivwerden der Dämonen häufig an der Veränderung, die im Blick des Betreffenden auftritt, in den Gesten der Hände, in der Atmung. Auch in der Intonation der Stimme kann dies zum Ausdruck kommen.

Teil 2 Wesen aus der Unterwelt

1 Verführer

Die Welt der Dämonen bildet zusammen einen ganzen Tierpark. Es gibt vielerlei unterschiedliche Dämonen, man kann sie nach Wesensart, Gewohnheiten oder Größe einteilen. Es ist auch nützlich, sie in Gruppen zu unterteilen, wodurch es einfacher wird, sie zu unterscheiden. Ich möchte zuerst eine Beschreibung ihrer Wirkungsweise geben und später etwas über die Art und Weise sagen, wie wir mit ihnen umgehen, sie zähmen oder auch uns zunutze machen können. Im letzten Kapitel bin ich von Erfahrungen ausgegangen, wie sie bei Grenzüberschreitungen auftreten. Dies führte zum Wahrnehmen und Erkennen bestimmter Wesen. Jetzt werde ich von unterschiedlichen Wesen ausgehen, um von da aus allmählich zu den Erfahrungen überzugehen. Zum Teil werden sich die beiden Ansätze überschneiden.
Die Einteilung, der ich folgen werde, beruht auf der Art und Weise, wie ich die sieben Verführer beschreibe. In der christlichen Tradition spricht man von den »sieben Todsünden«. Seit einigen Jahren scheinen sie wieder mehr Aufmerksamkeit zu gewinnen. Ich bezeichne sie als *Verführer*. Diese Wesen verführen uns zur Habsucht oder zur Unersättlichkeit. Oder sie erwecken Wut und Ärger in uns. Sie verführen uns dazu, Dinge zu tun, die wir möglicherweise gar nicht wollten oder die wir später bereuen. Sie lassen uns gerne Dinge tun, die nicht zu unserem eigentlichen Ich gehören.

In der Bibel werden die Verführer als eine Manifestation des Bösen bezeichnet. Wenn ich in unserem Zusammenhang auf Begriffe zurückgreife, die früher gebräuchlich waren, will das nicht heißen, dass ich auch auf die Art und Weise zurückgreife, wie damals Gut und Böse erlebt wurden. Das Gute kam von Gott, das Böse kam vom Teufel. Wenn man etwas Böses tat, kam man in die Hölle, wenn man Gutes tat, gelangte man in den Himmel. So einfach sehe ich die Sache nicht. In meiner Arbeit mit Menschen habe ich mir ein anderes Bild der Wirkung von Gut und Böse und damit der Verführer erworben. Ich sehe sie nun vor allem als Kräfte, die uns Widerstand entgegensetzen. Und durch Widerstand entsteht Wärme; das ist ein Naturgesetz. Durch den Widerstand, den die Verführer uns entgegensetzen, kann Wärme, kann Bewusstsein entstehen.

Doch zuvor noch etwas über die Entstehung der Verführer und ihre Funktion. Wie hat man im Lauf der Geschichte darüber gedacht?

In der Bibel wird beschrieben, wie das Böse entstanden ist. Als der Mensch durch das Wirken der schaffenden Gottheit entstanden war, lebte er in Harmonie mit der Natur. Harmonie war in ihm und in den Beziehungen zwischen den Menschen. Es war ein wahrhaft paradiesisches Dasein. Der Mensch hatte jedoch kein Wissen über die Welt, in welcher er lebte, und kein Bewusstsein seiner selbst. Als er damit begann, die Welt zu erforschen, und sich das Selbstbewusstsein entwickelte, gelangte er auch zur Erkenntnis von Gut und Böse. Im Bild gesprochen hieß das: Er aß von den Früchten des Baumes der Erkenntnis von Gut und Böse. In diesem Moment wurde er verführbar, und er zertrennte die Verbindung mit dem Paradies. So entstand das Böse.

Ein schönes Bild dieses Vorgangs können wir bei dem niederländischen Barockdichter Joost van den Vondel (1587–1679) antreffen. In seinem Drama *Lucifer* (1654) beschreibt er, wie sich ein Kampf im Himmel erhob. Gott hatte den Menschen in der Absicht geschaffen, dass er sich entwickle und schließlich einen Platz zu seiner Rechten einnehmen sollte. Er bat die Engel, sich als Diener der Entwicklung des Menschen zu verhalten. Die meisten Engel waren ohne Weiteres dazu bereit. Doch einige von ihnen weigerten sich; sie revoltierten. Der Aufstand stand unter der Führung des Erzengels Luzifer. Er hatte den höchsten Rang in der himmlischen Hierarchie, und sein Platz sollte später von Menschen eingenommen werden. Doch sein Stolz hinderte ihn daran, der Bitte des Schöpfergottes Gehör zu schenken. In dem Kampf, der jetzt entbrannte, wurde er vom Erzengel Michael aus dem Himmel gestoßen. Der Dichter lässt in seinem Stück den Erzengel Uriel als Augenzeugen auftreten, der vom Fall Luzifers berichtet. Uriel beschreibt, wie die strahlende Gestalt Luzifers herabstürzt und in sieben Einzelgestalten mit unterschiedlichen Eigenschaften zerfällt: den Löwen mit seinem Stolz und seiner Eitelkeit, den Drachen mit seinem Groll und seiner Eifersucht, das Nilpferd mit seiner Aggressivität, den Affen mit seiner Geilheit und Wollust, den Wolf mit seiner Habgier, das Schwein mit seiner Unersättlichkeit und Unmäßigkeit und den Esel mit seiner Faulheit. Sie bilden daraufhin zusammen ein unterirdisches Reich, von dem aus sie den Menschen attackieren.

Zur selben Zeit (1667) schreibt der Engländer John Milton sein bekanntes Versepos *Das verlorene Paradies.* Milton beschreibt ebenfalls den Fall Luzifers. Außerdem beschreibt er, wie Luzifer sich ein unterirdisches Reich erschafft und sich später ins Paradies schleicht, um dort den Menschen zu verführen. Dann folgt die bekannte Geschichte von der Schlange, in deren Gestalt er die Menschenfrau dazu verführt, von der Frucht am Baum der Erkenntnis von Gut und Böse zu essen. Damit ist der Sündenfall vollzogen. Der Mensch beginnt einen Entwicklungsweg, auf dem er sich nach und nach zu einem selbstständigen schöpferischen Wesen entwickelt.

In diesen Bildern geht es um die Rolle von Gut und Böse. Es gibt Kräfte, die an der Menschheitsentwicklung mitwirken, und Kräfte, die ihr entgegenwirken. Dies lädt dazu ein, das Böse zu vermeiden und das Gute zu tun.

Wenn wir diese Geschichte unter dem Gesichtspunkt der Entwicklung betrachten, so können wir uns fragen: Kann man das sogenannte Böse auch als eine Kraft ansehen, die zu mehr Bewusstsein führt? Dann hätte es eine Funktion, durch die es indirekt Entwicklung ermöglicht. Es bietet uns den Widerstand, an dem wir aufwachen. Es erfordert Mut, diesen Widerstand zu akzeptieren und sich mit ihm auseinanderzusetzen, ihn zu überwinden. Das Resultat besteht darin, dass wir stärker werden können und zu einem erhöhten Bewusstsein dessen gelangen, wie wir selbst und das Leben beschaffen sind.

In der üblichen Sicht ist der Verführer das Wesen, durch dessen Kraft wir unfrei werden. Aber andererseits ist es auch so: Je unfreier wir werden, desto stärker kann in uns die Sehnsucht nach Freiheit aufkeimen. Je dunkler und kälter es um uns herum wird, umso größer kann die Sehnsucht nach Licht und Wärme werden.

Dies lässt auch das Bild vom Kampf im Himmel in einem anderen Licht erscheinen. Vondel beschreibt ihn als einen Kampf, bei dem das Böse vom Guten aus dem Himmel geworfen wurde. Wir können die Sache jedoch auch anders sehen:

Gott hat den Menschen als ein Wesen geschaffen, das in Freiheit Erkenntnis erlangen und Liebe entwickeln soll. Die Liebe zu sich selbst und zu seinem Nächsten; Liebe zur Natur und zur geistigen Welt. Die Entwicklung dieser Liebe und dieser Freiheit beinhaltet, dass diese Kräfte nicht länger aus der Instinktsphäre heraus wirken durften, sondern zunächst vergessen werden mussten, um später vom Menschen selbst aufs Neue entwickelt zu werden. Dies war etwas Neues, es wurde dem Menschen nicht von der geistigen Welt geschenkt, sondern aus eigener Kraft erworben.

Um diese Entwicklung zurücklegen zu können, war es notwendig, dass der Mensch Widerständen begegnete. Dieser Widerstand wurde ihnen durch eine Reihe geistiger Wesen geboten, die unter der Führung Luzifers bereit waren, ihr Dasein innerhalb der Harmonie der geistigen Welt aufzugeben und eine neue Welt zu bilden – die sogenannte Unterwelt. Sie brachten also eigentlich ein Opfer, indem sie nicht nur die Rolle des Bösen spielten, sondern dieses Böse selbst verkörperten. Ich erlebe das so, dass irgendwo tief in diesen Wesen eine Sehnsucht lebt, wieder in die Harmonie der Welt des Geistes zurückkehren zu können. Doch dies wird ihnen nur möglich sein, wenn sie ihre Funktion ganz erfüllt haben werden.

In ihren sieben unterschiedlichen Erscheinungsformen wirken die Verführer auf uns ein. Sie versuchen in unsere Seele einzudringen, sie kriechen in uns hinein und werden dann zu einem Teil von uns. Dann werden wir faul, habgierig oder eifersüchtig. Wenn wir es mit Begriffen ausdrücken, die der Seelenwelt gemäß sind: Wir befinden uns in der Auseinandersetzung mit einem Dämon, der uns zur Faulheit, zu Habgier oder zur Eifersucht verführt. Es ist etwas in uns eingetreten, das uns unserem eigentlichen Wesen entfremdet. Irgendwann kann der Moment kommen, in dem wir bemerken, wie unfrei wir dadurch geworden sind. Diese Unfreiheit möchten wir loswerden. Wir versuchen, uns zu ändern. Wir nehmen den Kampf auf und versuchen, eine bestimmte instinktive Verhaltensweise aktiv anzugehen. Wenn die Verwirrung, die diese Dämonen hervorrufen, zu groß wird, kann es sein, dass wir uns gelegentlich in Therapie begeben müssen. Doch wenn es gelingt, haben wir einen Teil unserer Seele zurückerobert, in dem zuvor ein Verführer hauste. Wir sind dadurch als Mensch reicher geworden, wir sind mehr Mensch geworden. Unsere innere Kraft ist durch das Angehen eines derartigen Wandlungsprozesses stärker geworden.

Allgemein Menschliches

Durch unsere Beobachtung verschiedener Grenzphänomene haben wir einen ersten Ansatzpunkt gefunden, wie wir Dämonen betrachten können. Es liegt eine gewisse Gesetzmäßigkeit in der Art und Weise, wie sie wirksam sind und in uns einzudringen versuchen. Diese Gesetzmäßigkeit gibt mir einen gewissen Halt. Ich bin kein Sonderfall, sondern alle Menschen – jeder auf seine ganz persönliche Weise – leiden darunter, dass diese Wesen immer wieder versuchen, ihren Einfluss auf uns geltend zu machen. Normalerweise kommt es dabei zu einer Reaktion, die immer derselben Gesetzmäßigkeit gehorcht: Scham, Verlegenheit, Verdrängung. Damit müssen wir dann umgehen. Und dies macht uns zu einer leichten Beute! Eines der Ziele dieses Buches besteht darin, die Wirkungsweise dieser Wesen gewissermaßen zu objektivieren, in der Hoffnung, dass wir dadurch im Umgang mit ihnen kreativer werden.

Die Dämonen bedienen sich der ›Löcher‹, die sie in der Seele wahrnehmen. Löcher, die wir nicht aus der Kraft unseres Selbstbewusstseins füllen. Wir wollen diese Löcher ein wenig genauer betrachten. Im Verlauf unserer Entdeckungsreise werden wir sehen, dass sich eine gewisse Systematik der unterschiedlichen Arten von Dämonen erkennen lässt. Diese unterschiedlichen Dämonen werden in den nächsten Kapiteln geschildert, wie auch ihre jeweilige Strategie. Ich beginne bei den *Verführern.* Auch die Verführer gehören zu den Dämonen.

2 Das Loch

Die Verführer versuchen in uns einzudringen, um sich einen Platz in unserer Seele zu erobern. Das gelingt ihnen, indem sie Löcher benutzen, die in der Seele existieren.

Ein Loch in der Seele ist häufig eine Stimmung oder ein Gefühl, mit dem wir nicht umgehen können. Gefühle, die wir nicht erkennen oder die viele von uns sich nicht auszuleben trauen, bilden Gebiete, in denen das Ich nicht lebt. Sie sind gewissermaßen Außenbezirke, die nicht unter der Kontrolle des Selbstbewusstseins stehen. Häufig sind es gerade jene Gefühle, die wir möglichst vermeiden möchten, wie zum Beispiel Einsamkeit, Verletztheit oder das Gefühl der Zurückweisung. Ebenso Schmerz oder Kummer. In diesen Seelengebieten stecken häufig sehr alte Bilder, die bereits in unserer frühen Jugend in uns entstanden sind. Und wenn wir von der Annahme ausgehen, dass wir öfter auf der Erde leben, dann sind diese Gefühle möglicherweise noch viel älter.

Von diesen Löchern also machen die Verführer gerne Gebrauch, dort schleichen sie sich in die Seele ein. Sie erwecken den Anschein, als würden sie uns von den Gefühlen ablenken, sodass wir sie wenigstens einen Moment lang nicht zu spüren brauchen und unser normales Leben fortsetzen können. Die Lösung, die sie uns anbieten, ist jedoch nur eine vorübergehende. Dazu ein Beispiel:

Ich fühle mich oft unzufrieden. Wenn ich von der Arbeit nach Hause komme, will ich mich eine Weile ausruhen, und eigentlich möchte ich mich dann nur mit mir selbst beschäftigen. Mich einfach einmal hinsetzen und alles loswerden. Aber das klappt meistens nicht. Es muss gekocht werden, die Kinder fordern meine Aufmerksamkeit. In solchen Momenten habe ich die Neigung, etwas zu naschen. Nüsse sind meine Favoriten.

Wo befindet sich hier das Loch? Es ist die Unzufriedenheit. Dahinter verbirgt sich das Bedürfnis nach Aufmerksamkeit. Dies ist hier das Entscheidende. Dieses Bedürfnis wird nicht anerkannt, nicht honoriert; es ist keine Zeit dafür vorhanden. Das Bedürfnis nach Aufmerksamkeit wird nicht bewusst gespürt und deswegen auf andere Weise gestillt. Auch wird die Erfüllung dieses Bedürfnisses nicht bewusst verschoben. Jetzt tritt der Verführer auf den Plan, und er bietet die Nüsse an. Wenn es nach ihm ginge, wäre es mehr ein In-sich-Hineinstopfen als ein Essen oder Naschen. Natürlich kann man Nüsse auch genüsslich und in aller Ruhe verzehren, in diesem Fall hat der Verführer keine Chance.
Wie können wir nun mit diesem Bedürfnis nach Aufmerksamkeit umgehen, wenn sich keine Möglichkeit bietet, es zu stillen? Häufig rate ich meinen Patienten, sich auf dem Heimweg eine kurze Pause zu gönnen, um zu sich zu kommen. Denn dann sind sie noch nicht zu Hause, und sie werden noch nicht anderweitig vereinnahmt. Halten Sie am Straßenrand an und schieben Sie den Fahrersitz nach hinten. Noch vermisst Sie niemand. Auf diese Weise können Sie das Bedürfnis nach Ruhe und Aufmerksamkeit einen Moment lang selbst lenken und gestalten.

Einsamkeit, die vom Ich nicht wahrgenommen wird, bildet ebenfalls ein Loch in der Seele. Es können im Laufe der Zeit viele solche Löcher in der Seele entstehen. Dies kommt daher, dass wir als Mensch immer in Entwicklung sind. Dies sind wir bereits durch die ganze Menschheitsentwicklung. Dass so viele solche Löcher in der Seele entstehen, liegt nicht etwa daran, dass wir als Menschen so dumm

wären. Im Gegenteil, wir haben als Mensch noch ein großes ungenutztes Potenzial. Solange dieses Potenzial nicht entwickelt ist, können sich solche Löcher bilden.
Ein kleines Kind kommt bereits mit Löchern in der Seele zur Welt. Diese kann es aus früheren Leben mitgebracht haben. Dann beginnt seine Entwicklung sofort mit der Begegnung mit existenziellen Lebensfragen. Die ersten Fragen, die es unbewusst an das Leben stellt, lauten: »Darf ich da sein?« Und: »Darf ich mich so darleben, wie ich eigentlich bin, so wie ich eigentlich sein will?« Es sind ganz wesentliche und existenzielle Fragen für das Kind. Fragen, auf die es keine verbalen Antworten gibt. Das Kind muss sie erfahren. Und je nach dem, was sich in seiner Umgebung abspielt, wird es daraus seine Schlussfolgerungen ziehen. Diese Schlussfolgerungen dringen aufgrund seines Alters meistens nicht in sein Bewusstsein.

Ich hatte einen älteren Bruder. Er war schwierig, jedenfalls fanden das meine Eltern. Sie hatten ganz schön mit ihm zu tun. Ich, als Zweiter, bekam von meiner Mutter zu hören: »Du bist wenigstens lieb!« Das habe ich mir gemerkt. Wenn ich heute auf mein Leben zurückblicke, sehe ich, dass ich daraus den Schluss zog: Es ist besser, wenn ich lieb bin, dann finden mich meine Eltern nett. So ist alles in Ordnung! Ich musste erst 40 Jahre alt werden, um einzusehen, dass ich überhaupt nicht so lieb bin und dass ich das auch gar nicht sein will. Es war noch ein hartes Stück Arbeit für mich, bis ich meine ›anderen Seiten‹ zu ihrem Recht kommen lassen konnte.

In diesem Beispiel sehen wir ein anderes Loch. In jedem Menschen lebt ein gewisses Bedürfnis, sich zu einem authentischen Menschen zu entwickeln. Authentisch zu werden, ist ein sensibler Prozess, der nur in einer sicheren Umgebung harmonisch verlaufen kann. In unserem Beispiel war diese Sicherheit nicht ohne Weiteres gegeben. Es entstand ein Überlebensmuster, das aus »Liebsein« bestand. An

der Stelle, wo sich eigentlich Authentizität hätte herausbilden sollen, entstand ein Loch.
Die Verführer machen sich bereits früh an die Arbeit. Bereits bei jungen Kindern sehen wir, wie sie versuchen, sich einen Platz zu erobern. Das junge Kind verfügt noch nicht über ein selbstbewusstes Ich, und so kann es sich nur schwer gegen die Eindringlinge behaupten.

Meine Kinder bettelten häufig um einen Keks oder Süßigkeiten. Eigentlich ärgerte mich das. Warum spielten sie nicht einfach! Aber dann hätte ich mich als Spielverderber empfunden. Also ließ ich ihnen häufig ihren Willen. In letzter Zeit bemerkte ich, dass sie eigentlich gar nicht mehr so froh darüber waren. Sie bettelten immer öfter um Süßigkeiten und kamen immer weniger zum Spielen. Ich fand, dass sie immer nerviger wurden. Da habe ich eingegriffen und die Regel eingeführt, dass sie nur zur Teezeit etwas Süßes bekommen. Zuerst erhob sich großer Protest. Doch als ich nicht nachgab, hörte das rasch auf. Es schien eher, als seien sie erleichtert. Als ob sie gar nicht wirklich benachteiligt würden ...

Vielleicht kamen die Kinder tatsächlich zu kurz, aber dann nicht in Bezug auf Süßigkeiten. Sie vermissten vielmehr den Schutz gegen den Verführer, der ihnen den Wunsch eingab, um Süßigkeiten zu betteln.

In der Zeit der Geschlechtsreife bilden sich wiederum andere Löcher. In diesem Lebensalter werden die Pubertätsgefühle frei. Können wir damit umgehen? Trauen wir uns, sie zu erleben? Und lässt unsere Umgebung dies zu, oder sagt sie (auch wenn es unausgesprochen bleibt): »Benimm dich doch normal und stell dich nicht so an.«
Stellen Sie sich einmal einen Menschen vor, der gelernt hat, seine Wut zu verdrängen, weil sie massiv verurteilt wurde. Nun entsteht an der Stelle, wo diese Wut ihren Ort haben sollte, ein Loch. Wut hilft uns, unsere Grenzen zu definieren. Wenn jemand uns zu nahe

kommt oder sich uns in unangemessener Weise nähert, ist es die Wut, die uns schützt. Fehlt diese Wut, kann ein solcher Mensch sich nicht verteidigen, ja, er wird dadurch sogar besonders verletzlich. Die Wut der Pubertät bildet die Grundlage für die Selbstsicherheit, die ein Mensch als Erwachsener entwickeln kann. Wenn in der Pubertät kein Raum für Wut da ist, wird es dem Betreffenden in einer späteren Lebensphase viel schwerer fallen, selbstsicher aufzutreten.

Ich sprach von sieben Verführern. Und ich habe versucht, mir ein imaginatives Bild davon zu machen, wie sie wirken: Ich sehe sie wie eine Gruppe von Geiern vor mir. Sie kommen angeflogen und lassen sich in meiner Nähe auf einem Ast nieder. Von dort aus beobachten sie die Lage, und überlegen sich, was sie tun werden, wie sie die Sache angehen sollen. Einer von ihnen ergreift die Initiative, wenn er der Meinung ist, dass er dem Opfer am meisten zu bieten vermag. Er fliegt auf und kriecht ins Innere. Dort versucht er sich nach und nach ein Plätzchen zu erobern. Mit Geduld und Ausdauer geht er ans Werk. Zunächst vorsichtig, und dann, nachdem er sich etwas breitgemacht hat, immer dreister. Immer tiefer greift er in unsere Seele und unseren Körper ein. Wenn er seinen Platz erobert hat, versucht er, für einen der anderen Geier Raum zu schaffen. So kann sich die ganze Reihe der Verführer nach und nach einnisten und uns immer unfreier machen. Im Folgenden werde ich versuchen, einige Charakterzüge und Strategien der verschiedenen Verführer zu beschreiben:

- Gier, im Sinne von Unmäßigkeit, Unersättlichkeit, Fresssucht
- Habsucht, Geiz
- Wut
- Groll, Eifersucht
- Wollust, Geilheit
- Eitelkeit, Stolz, Hochmut
- Faulheit, Trägheit

3 Gier

Gierig oder unersättlich zu sein bedeutet, dass wir ohne Maß zu halten essen und trinken wollen. Unersättlichkeit bezieht sich vor allem auf den Mund und in geringerem Maße auf den Magen, der gefüllt werden will, und zwar mit mehr, als wir eigentlich brauchen. Es geht dabei um das Füllen an sich, wobei das Genießen selbst in den Hintergrund rückt. Ein Mensch, der gierig isst, ist bereits mit dem nächsten Bissen beschäftigt, bevor der erste verschluckt ist. Maßlosigkeit gehört auch in diesen Bereich. Sich vollstopfen, bis nichts mehr hineinpasst.

Essen und trinken also. Die harmlose Gier (wir wollen im weiteren Verlauf diesen allgemeinen Terminus dafür benutzen) richtet sich auf das Naschen von Keksen, Schokolade, Lakritz oder Nüssen. Oder auch auf das normale Essen, wobei noch ordentlich angegeben wird, wie gut es schmeckt, während der Magen eigentlich schon längst nichts mehr braucht. Häufig kann man während des Verzehrens einer schmackhaften Mahlzeit genau den einen Bissen angeben, mit dem wir vom Essen aus Appetit zum Essen aus Gier übergehen. Wir fühlen, dass in diesem Moment die Begierde eine ausschlaggebende Rolle zu spielen beginnt. Es geht nicht mehr um die Nahrung, sondern um den Mund und den Gaumen, beziehungsweise um das angenehme Gefühl, abgefüllt zu sein.

Das Trinken von Alkohol geht noch einen Schritt weiter. Hier handelt es sich zum Teil um Gier, zum Teil um den Rausch, den der Alkohol vermittelt. Rauchen ist ein weiterer, ähnlich starker Verführer in dieser Familie.

Gier braucht nicht aufzufallen. Außerdem ist Gier gesellschaftlich einigermaßen akzeptiert.
Gier können wir auch beobachten, wenn wir durch einen Supermarkt gehen. Ich zählte neulich dort 53 unterschiedliche Arten Lakritz, 62 unterschiedliche Arten Chips und 112 verschiedene Arten von Süßigkeiten. Süßigkeiten sind besonders billig: Der Preis braucht kein Kaufhindernis darzustellen. Außerdem werden wir auch noch durch die reiche Auswahl verführt, die uns einlädt, wieder einmal etwas anderes zu probieren, das eventuell noch leckerer schmeckt. Wenn wir irgendwann die leckersten Chips gefunden haben, sind bereits wieder ein paar neue Sorten auf den Markt gekommen, und wir können aufs Neue weiterprobieren.
Doch werden wir davon glücklicher? Ich las vor Kurzem einen Zeitungsartikel über ein Forschungsprojekt zum Kaufverhalten von Kunden. Daraus ging hervor, dass Menschen immer weniger zufrieden waren, wenn die Auswahl größer war als drei Alternativen. Sie wurden also nicht glücklicher dadurch, die Entscheidung wurde immer schwieriger.
Ich stellte mir daraufhin vor, wie ein Supermarkt aussehen würde ohne den Faktor Maßlosigkeit: Ganze Regale mit Keksen und Süßigkeiten, mit Chips und mit einer großen Auswahl an Getränken, Mischgetränken und alkoholischen Getränken wären plötzlich stark ausgedünnt. Ähnlich wäre es bei den unterschiedlichen Arten von Pasta, Öl und usw.
Sowohl die Menge als auch die Vielfalt des Angebotes wären drastisch reduziert. Für den Kunden würde das bedeuten, dass es für ihn um einiges ruhiger würde, er hätte weniger die Qual der Wahl und weniger Versuchungen.
Doch was wäre mit der Wirtschaft? Sie floriert aufgrund unserer Unersättlichkeit. Vor allem deswegen, weil sie auf diese Weise besonders reibungslos mit anderen Verführern zusammenarbeiten kann, wie zum Beispiel der Habgier.

Wenn wir den Verführer besser kennenlernen wollen, können wir die Geste beobachten, die zu seiner Wirkung passt. Ich sehe dann einen Menschen vor mir, der mit seinen Händen aus dem Vollen schöpft und ganze Ladungen von Essen in seinen Mund hineinstopft. Es quillt ihm links und rechts aus dem Mund und besudelt sein Gesicht. Gieriges Grapschen und In-sich-Hineinschlingen. Das Wort »verschlingen« trifft den Sachverhalt sehr gut.

Wie stellt sich die Verführung vonseiten des Verführers selbst dar? Wenn wir dies ergründen wollen, können wir zunächst unser eigenes Verhalten betrachten, beispielsweise angesichts eines Essens-Verführers. Wir können uns dann folgende Fragen stellen:

- Bei welchem Verhalten begegnen wir ihm?
- In welche Gewohnheiten ist er hineingeschlüpft?
- In welchen Momenten beginnt er aktiv zu werden?
- Was bietet er uns letztendlich?

Als Beispiel, wie wir eine tiefere Sicht auf den Verführer gewinnen können, möchte ich hier das »Schokoladenwesen« anführen. In meinen Forschungen nach der Wirkungsweise von Gier und Unersättlichkeit entstand folgender Text. Er ließ sich leichter schreiben, sobald ich das Wesen selbst zu Wort kommen ließ. Der Schokoladen-Verführer berichtet:

Ich bin einer der vielen Verführer der Gier. Wir versuchen die Menschen so weit zu kriegen, dass sie zu viel essen und trinken und dass ihnen dies Unbehagen verursacht.
In der westlichen Welt haben wir uns sehr gut etablieren können. Ihr habt es gut. Jedenfalls denkt ihr das, aus unserer Perspektive sieht die Sache etwas anders aus ... Ihr verdient genug, sodass ihr euch keine Sorgen zu machen braucht. Essen und Trinken habt ihr

reichlich. Gerade dann, wenn ihr genug habt, treten wir auf: Wir arbeiten in die Richtung des »Zu-viel«. Und dafür steht uns viel Spielraum zur Verfügung. Wir achten auf die Löcher, die wir in eurer Seele erkennen. Die entstehen, wenn ihr unzufrieden seid oder wenn ihr Unbehagen oder Langeweile verspürt. Ihr langweilt euch durchaus häufiger und mehr als ihr denkt. Das schafft eine für uns sehr angenehme Leere. Früher, als ihr noch mit dem Fahrrad zu Arbeit fahren musstet oder als es noch üblich war, über eine Stunde zu Fuß zur Schule zu gehen, oder als ihr noch viel mit euren Händen arbeiten musstet, um euer täglich Brot zu verdienen, habt ihr damit viel Zeit verloren. Aber heute ist dies alles nicht mehr notwendig. Ihr fahrt mit dem Zug zur Arbeit. Dies bedeutet: sitzen. Ihr benötigt eine Viertelstunde zum Umsteigen. Was tut ihr in dieser Zeit? Ich sehe, wie in solchen Augenblicken bei vielen Menschen für kurze Momente eine innere Leere entsteht. Überall dort, wo kein Interesse, kein Engagement, kein kreativer Wille vorhanden ist, entstehen kleinere oder größere Hohlräume.

Leere verlangt danach, gefüllt zu werden, so ist es doch, oder? Und wenn ihr diese Leere nicht selber füllt, entsteht ein Unbehagen. Denn ihr wollt etwas, ihr wollt Er-Füllung. Und hier stehen wir bereit, die Verführer. Wie Raubvögel auf einem Ast, die auf ihre Beute warten. Denn die Beute liegt vor uns, wir warten nur noch einen kleinen Moment, um zu beobachten, wer von uns am besten die Initiative ergreifen kann.

Dann achten wir auf die Farbe der Seele. Wie sieht sie aus? Welche Farbe nimmt die Unzufriedenheit an? Wer sich ärgert, nimmt eine andere Farbe an als der, der traurig ist oder sich einsam fühlt. Ich persönlich liebe am meisten die Farbe der Unzufriedenheit und des Bedürfnisses nach Trost. Dann sehe ich, dass der oder die Betreffende die passende Beute für mich ist. Das mache ich mir zunutze. Ich flattere von meinem Ast und schleiche mich bei ihm ein.

Vorsichtig krieche ich in eine Ecke seiner Seele. Wir arbeiten gern

langsam, Schritt für Schritt. Wir haben Geduld. Wir wollen nicht nur für einen Moment in euch sein, nein, es geht uns um einen festen Ort. Der muss geduldig aufgebaut werden. Es sind Prozesse, die sich über einen längeren Zeitraum erstrecken. So bauen wir langsam aber sicher an einer Behausung für uns, innerhalb unserer Beute. Und so werden wir ein Teil von ihr.
Ausgangspunkt ist die Seele. Dort beginne ich. Ich verstärke ein wenig das Gefühl der Trostlosigkeit und lenke inzwischen die Aufmerksamkeit in Richtung der Schokolade. Der Betreffende bemerkt das kaum. Bei einem Geburtstagsfest zum Beispiel gibt es leckere Schokoladenpralinen. Ich lenke die Aufmerksamkeit darauf. Oder ich inspiriere jemanden, ihm mit ein wenig Nachdruck Pralinen anzubieten, um ihn mit Schokolade zu verführen. Hmm, Schokolade schmeckt lecker. Ihr langsames Zerschmelzen im Mund vermittelt ein angenehmes Gefühl. Das Fett sorgt dafür, dass die Substanz länger im Mund bleibt, dadurch zieht der Zucker so schön langsam in die Schleimhaut des Gaumens ein. Und dann die Endorphine, die Schokolade im Kopf erzeugt und die ein leichtes Gefühl des Trostes und der Freude hervorrufen. Es ist eine angenehme Erfahrung!
Der Betreffende geht dann mit diesem angenehmen Gefühl nach Hause. Er glaubt, dass es von der netten Party kommt. Und bis zu einem gewissen Grade stimmt das auch. Aber ich bin ebenfalls da, und das er hat nicht bemerkt.
Ich warte auf einen passenden Moment, in dem ich meinen Raum ein wenig vergrößern kann. Der Betreffende ist ein Bahnkunde, er ist häufig unterwegs. Günstig für mich, das bietet viele Gelegenheiten. Zum Beispiel auf einem Bahnhof, nach einem anstrengenden Tag. Der Zug hat Verspätung, und der Betreffende verpasst seinen Anschluss. Er hat einen stressigen Tag hinter sich. Ich lenke seine Aufmerksamkeit auf den Kiosk am Bahnsteig und rühre ein wenig in seiner Erinnerung an die angenehme Wirkung der Schokolade auf der Party. Ich sorge dafür, dass ich so weit wie möglich außerhalb

des Bereichs seines Bewusstseins bleibe. Darum unternehme ich auch immer nur kleine Schritte. Es ist Maßarbeit. Denn die heutigen Menschen haben auch die Norm verinnerlicht, dass sie nicht zu viel essen und naschen sollten. Wegen des Cholesterins usw. Es erfordert etwas mehr Geduld, diese Normen unbemerkt zu umgehen oder sie etwas zu dehnen.

Wenn es auf dem Bahnhof geklappt hat und ich mit dem, was ich ihm vorgespielt habe, Erfolg hatte, sodass er mit einem behaglicheren Gefühl im Magen in den nächsten Zug steigt, habe ich mir wieder ein kleines Stückchen hinzuerobert. In ihm lebt eine neue Erinnerung, er weiß jetzt, dass er, wenn er auf einem Bahnhof länger warten muss und sich unzufrieden fühlt, dies durch ein Stück Schokolade kompensieren kann. Und er weiß dann auch gleich, wo er den Kiosk finden kann, wo es diese Schokolade gibt. Und wenn er sich dann einmal längere Zeit nicht ganz wohl fühlt, etwas zu müde ist und so weiter, entsteht allmählich die Gewohnheit, sich Schokolade zu kaufen.

Ich baue das langsam aus, indem ich weitere Gewohnheiten einführe. Zum Beispiel indem ich dafür sorge, dass er auch zu Hause Schokolade zu sich nimmt. Wir beginnen zu differenzieren: Welche Schokoladensorten sind lecker und welche sind weniger lecker? Er wird wählerischer und sucht nach seiner Lieblingsmarke. Dafür muss er manchmal in einen anderen Laden gehen, weil der Laden um die Ecke diese Marke nicht führt. Das kostet zusätzliche Zeit und Aufmerksamkeit. Und die gehört mir!

Langsam dringe ich in eine tiefere Schicht in seinem Körper ein. Ich habe in seiner Seele angefangen. Später bin ich in seine Gewohnheiten vorgedrungen. Der nächste Schritt besteht darin, tiefer in seinen Stoffwechsel zu gelangen. Was meine ich damit? Wenn jemand Schokolade isst, produziert er mehr Speichel. Das wird durch den süßen Geschmack bewirkt, und er wird benötigt, um die Schokolade zu verdauen. Nach einiger Zeit wird der Betreffende, wenn er Schokolade sieht, rascher Speichel produzieren, und das verstärkt wiederum die Lust auf Schokolade. So bekomme ich auch ein Plätzchen in seinen Körperprozessen.

In seiner Seele versuche ich mehr Raum zu gewinnen, indem ich weitere Gewohnheiten rund um die Schokolade entwickle. An seinem Arbeitsplatz, zwischendurch, unterwegs, zu Hause. Eine andere Möglichkeit, wobei ich allerdings sehr vorsichtig vorgehe, sind die Gewohnheiten zwischen Menschen. Wenn sich mehr Menschen über bestimmte Marken unterhalten oder einander etwas schenken, bilden sich weitere Gewohnheiten, wodurch ich wiederum Land gewinne.

Ich finde es auch nett, wenn ich jemanden so weit kriege, dass er wirklich zu fressen beginnt. Das erste Stück Schokolade schmeckt bereits nach dem nächsten. Der Betreffende schmeckt gar nicht mehr richtig, er genießt nicht mehr, sondern er vertilgt unersättlich ein Stück Schokolade nach dem anderen. Das ist erst wahre Genusssucht!

Auch in Richtung des Körpers arbeite ich weiter. Der Betreffende gewöhnt sich immer stärker an kleine Zwischenmahlzeiten. Ich stimme seinen Körper immer stärker darauf ein. Wenn er ein paar Stunden lang nichts gegessen hat, sorge ich dafür, dass er etwas mehr Speichel produziert. Er spürt dadurch seinen leeren Magen etwas früher, weil ich dort die Magensäfte etwas stärker zum Fließen bringe. Das ist ein unangenehmes Gefühl, und es ist deutlich, wie dem Abhilfe geschaffen werden kann!

Das Angenehme für mich ist, dass ich den Betreffenden, sobald ich etwas tiefer in seinem Körper angekommen bin, durch diesen Kanal auch unmittelbar verführen kann. Ich sorge dann für etwas mehr Magensaft oder Speichel, und sofort fügt der Betreffende dem das Bild einer süßen Köstlichkeit hinzu. Dann begibt er sich wie von selbst auf die Suche nach etwas Leckerem!

Das letzte Gebiet, das ich erobern kann, um ihn seinem eigentlichen

Wesen noch weiter zu entfremden, hängt damit zusammen, dass ich seinen eigentlichen Körper zu zerstören beginne. Er wird dicker. All die überflüssigen Dinge, die er gegessen hat, müssen irgendwohin. Der Körper verbrennt sie nicht mehr und speichert sie irgendwo. Jetzt kommen die Speckröllchen. Das Übermaß an Nahrung beginnt auch die Körperfunktionen zu beeinträchtigen und führt bei Menschen, die in dieser Beziehung eine gewisse Schwäche haben, zu einer verstärkten Neigung zu Entzündungen, zum Beispiel im Halsbereich oder in Form von Pickeln; auch die Darmfunktion kann beeinträchtigt sein, es besteht eine Neigung zur Schimmelbildung. Langfristig trägt das alles natürlich auch dazu bei, dass man bestimmte Krankheiten entwickelt, zum Beispiel Diabetes. Bei all diesen Dingen spielen wir eine Rolle. Unsichtbar, also aus einer ziemlich sicheren Position heraus. Und so verstärken wir immer mehr den Zugriff auf ›unseren‹ Menschen. Und dieser Mensch verliert immer mehr von seiner Individualität.
Es ist auch nett, ihm dabei zuzusehen, wie er in diesem ganzen Prozess ein Gefühl des Unbehagens entwickelt. Er wird etwas unzufriedener in Bezug auf sich selbst, weil er etwas tut, was er eigentlich nicht will. So wird er auf allen Ebenen seiner Persönlichkeit zerstört. Mein Griff wird immer fester: Er umklammert seine Aufmerksamkeit, seine Gewohnheiten, seinen Stoffwechsel, seinen Körper.
Wenn Probleme auftauchen, bitten wir andere Wesen um Hilfe. Solche Probleme entstehen beispielsweise, wenn er meine Anwesenheit bemerkt. Dann wird er wach, dann realisiert er, dass er zu viel nascht. Das ist unangenehm für mich. Da muss ich kurz Hilfe herbeirufen. Ich rufe dann zum Beispiel ein Gespenst zu Hilfe. In solchen Fällen ist häufig ein Schuldwesen hilfreich. Das flüstert ihm ein, dass er schwach ist, dass es schlecht ist, dass er so viel nascht. »Das passt doch nicht zu dir!«, flüstert es ihm zu. Das macht ihn extra klein, weil er sich schuldig fühlt, wenn er nascht. Er bemerkt kaum, dass er sich nach dem Genuss von Schokolade gar nicht mehr so wohl

fühlt, wie es anfangs der Fall war. Es bleibt nur noch ein Gefühl der Unzufriedenheit zurück.
Eigentlich ist alles, was wir zu tun versuchen, eine Art Dressur. Wir entwickeln ein automatisches Verhalten, und je besser die Dressur gelungen ist, umso mehr Macht haben wir.
Wenn ich dies so beschreibe, klingt das so, als ob ich alleine aktiv wäre. Doch wir Verführer arbeiten gern mit anderen Verführern zusammen, die aus anderen Familien stammen. Das gibt uns mehr Kraft und führt zu mehr Macht und Energie für uns. Ich selber bin nur ein ganz kleines Licht unter den Verführen, weil mein Gebiet kein besonders wichtiges ist. Genau so wie bei den Lakritz-, Chips- und Erdnussverführern. Jeder von uns Verführern hat einen eigenen Ansatz. So haben die Chips- und Erdnuss-Verführer viel stärker die Neigung, jemanden immerzu an etwas knabbern zu lassen, wobei die echte Gier etwas stärker im Mittelpunkt steht. Ich, als der Schokoladenverführer, gehe die Sache ein bisschen ruhiger an. Aber auf diese Weise beschäftigen wir eine ganze Menge von Menschen über lange Zeit. Sie fühlen sich unfrei, und wir halten auf angenehmste Weise eine ganze Reihe von Fäden in den Händen.
Andere Mitglieder meiner Familie haben häufig einen größeren Wirkungskreis: zum Beispiel die Rauch- und Alkoholverführer. Sie haben viel mehr Macht als ich. Ich kann zwar ein wenig auf den Körper einwirken, aber sie sind darin richtig gut. Sie können jemanden so gut wie vollständig ruinieren, und dies auf eine Art und Weise, dass keinerlei Freiheit für den betreffenden Menschen übrig bleibt. Auch sie nutzen ein Loch aus, das sie in der Seele entdecken. In dieses Loch kriechen sie. Sie bieten jemandem eine Lösung für dieses Loch in seiner Seele, und wenn ihre Beute in die Falle tappt, machen sie weiter. Sie nehmen allen Raum in der Seele ein, sodass jemand an fast nichts anderes mehr denken kann als an das Mittel, das ihm vorgehalten wird. Dann sieht man, wie der Verführer seine Stelle eingenommen hat. Allmählich erweitert er seinen Wirkungsbereich in einer Weise

auf den Körper, dass dieser nicht mehr ohne ihn auskommt. Er versetzt die Körperprozesse dermaßen in einen anderen Zustand, dass der Betreffende gar nicht mehr ohne sie leben kann, schon allein körperlich nicht. Der Mensch selbst wurde dann größtenteils verdrängt, zuerst aus seiner Seele, dann auch aus seinem Körper. Auf diese Weise bleibt immer weniger von diesem Menschen übrig.

So weit das Schokoladenwesen. Es beschreibt einen Teil seiner Strategie. Wir können seine Wirkungsweise schematisch in einer Reihe von Schritten zusammenfassen:

- Zuerst versucht es, einzudringen; dabei macht es sich ein Loch zunutze, das in der Seele vorhanden ist (Unfriede).
- Dann versucht es, dafür zu sorgen, dass sich das Verhalten, zu dem es verführt, wiederholt (häufiger Schokolade essen).
- Danach versucht es, dafür zu sorgen, dass feste Gewohnheiten entstehen, in denen es sich auslebt; feste Rhythmen, in denen es zum Zuge kommt (ein Stückchen Schokolade zum Kaffee ...).
- Außerdem möchte es gern einen Ort in den Körperfunktionen erobern. Der Körper passt sich seiner Wirkung an. (Rechtzeitig wieder Lust auf einen kleinen »Happen zwischendurch« bekommen. Man bemerkt das am Appetit und am vermehrten Speichelfluss).
- Das körperliche Unbehagen, wenn nicht genascht wird, ist ein Ausdruck der Tatsache, dass die Verführer einen stärkeren Zugriff auf den Körper errungen haben.
- Schließlich können sie so tief einwirken, dass sie die gesunden Körperfunktionen zerstören und Krankheiten verursachen.

Was wir hier beschreiben, ist eine Gesetzmäßigkeit, die nicht nur für das Naschen von Schokolade gilt, sondern für viele andere Verführer ebenfalls.

Die Verführer, die mit dem Rauchen und Alkohol zusammenhängen, sind in ihrer Wirkung viel dramatischer als die Schokolade-

Verführer. Ihre Strategie unterscheidet sich jedoch kaum von deren Strategie, auch der Zigaretten-Verführer erobert sich in einer Reihe von Schritten einen Platz in unserem Körper:

- Zuerst ist es nett oder angenehm, »es« einmal zu probieren.
- Allmählich entsteht ein Muster. Wann rauchst du, mit wem? Und was? Das Rauchen beginnt einen festen Ort im Leben einzunehmen.
- Nun beginnt es sich stärker in den Körper einzuprägen. Wenn du nicht rauchst, beginnt es dir zu fehlen. Du hast dich an das Nikotin gewöhnt. Sowohl dein Körper als auch deine Seele haben sich an das Rauchen gewöhnt.
- Wenn der Körper im Laufe der Zeit darunter zu leiden beginnt, muss er versuchen, den Schaden, den er genommen hat, zu korrigieren. Das äußert sich zum Beispiel in chronischem Husten.
- Der Verführer ist dann völlig im Körper gelandet, wenn bleibende Schäden auftreten. Das ist dann der Fall, wenn die sogenannte Raucherlunge auftritt, eine chronische Form der Atemnot und der Schleimproduktion, die mit Energieverlust einhergeht sowie mit einer drastischen Reduzierung der Möglichkeiten, aktiv zu sein. Selbst dann erweist es sich noch als sehr schwierig, sich von der Sucht des Rauchens zu lösen.

Verschiedene Verführer beschädigen schließlich die Organe des Körpers. So wie Rauchen am Ende die Lungen zerstört, so zerstört Alkohol vor allem die Leber. Und dies gilt eigentlich für alle Suchtmittel. Wenn wir dann einen Punkt setzen und nicht mehr gewillt sind, auf die Verführer einzugehen, begegnen wir den geschilderten Ebenen aufs Neue. Körperlich müssen wir dann bereit sein, das Unbehagen zu ertragen, das heißt, auf Entzug gehen. Nach dem Loslassen der festen Gewohnheiten, deren Entstehung wir zugelassen haben, geht es jetzt darum, neue Gewohnheiten zu bilden oder in unserem Kör-

per einen neuen Rhythmus herauszubilden. Und schließlich werden wir dann die Leere, durch die die Verführer in uns eingedrungen sind, in einer essenzielleren Weise füllen müssen als durch Naschen, Rauchen oder Trinken.
Wenn Letzteres gelingt, haben die Verführer verspielt. Dann haben sie, weil sie in uns eingedrungen sind, verraten, dass es an dieser Stelle ein Loch gibt. Wenn sie eindringen, machen sie uns unfrei. Wenn wir diese Unfreiheit bemerken, können wir darauf reagieren, indem wir unsere Freiheit zurückerobern. So sind wir durch das Unfrei-Werden letztendlich freier geworden. Ist dies nicht der eigentliche Sinn der Verführung, des Bösen?

Den absoluten Gipfel der Genusssucht beobachten wir in der Bulimie, der Esssucht. Es sind mehr Frauen als Männer, die unter dieser Krankheit leiden. Menschen mit einer krankhaften Esssucht fressen. Sie bekommen einen Ess- oder Naschanfall und fressen sich voll. Es ist ein höchst unangenehmes Gefühl, so voll zu sein. Es fühlt sich einfach nicht gut an im Bauch. Und auch die Vorstellung, so viel zu essen und dadurch dick zu werden, ist ein Hindernis. Die Lösung des Problems besteht darin, zu erbrechen. Dann ist die Nahrung wieder ausgeschieden.
Hier ist die Gier besonders mächtig geworden. Wenn sie sich einen festen Platz erworben hat, macht sich mancher sein Verhalten bewusst. Jetzt kann ein anderer Störsender aktiviert werden, der Verwirrung schafft: der Abscheu, der Ekel vor sich selbst. Und dann natürlich wiederum die Urteile! So wie sie zusammenarbeiten, wirken diese Wesen lähmend auf den Menschen, in dem sie eine Stätte gefunden haben.
Bis hierhin haben wir vor allem von den Dämonen gesprochen, die wir in unserem eigenen Innern antreffen können. Wir begegnen ihnen auch in aller Drastik bei anderen. Wir kennen vielleicht die Berichte über Menschen, die mit Alkoholkranken zu tun haben. Ein

Partner oder ein Elternteil mit einer Alkoholsucht bedeutet, dass wir uns der Tatsache nicht entziehen können, dass diese Verführer in unserer nächsten Umgebung existieren. Wir müssen eine Beziehung zu ihnen suchen. Dabei kann es leicht geschehen, dass wir wieder einem anderen Verführer zum Opfer fallen, nämlich dem des Grolls, der Rache – weil der andere keine Rücksicht auf uns nimmt – oder der Wut. Oder aber auch in gewissem Sinne der Faulheit, nämlich dann, wenn wir das Problem bagatellisieren.

4 Eitelkeit und Stolz

In dem Film *Im Auftrag des Teufels* (The Devil's Advocate, 1997; Regie: Taylor Hackford) sehen wir den jungen fanatischen Rechtsanwalt Kevin Lomax, gespielt von Keanu Reeves. Er ist ein brillanter Kopf, und er hat noch nie einen Prozess verloren. Doch in dem Prozess, mit der der Film beginnt, scheint er zum ersten Mal den Kürzeren zu ziehen. Kurz bevor er mit seinem Plädoyer beginnen möchte, erkennt er in aller Deutlichkeit, dass sein Klient, ein Sexualstraftäter, schuldig ist. Er kann dieser Einsicht nicht ausweichen und gerät durcheinander. In einer Prozessunterbrechung spricht ihn ein Journalist an und sagt, dies würde wohl der erste Prozess werden, in dem er unterliegt. Schade, aber es könne ja auch nicht immer klappen. Diese Bemerkung reizt Kevin außerordentlich. Er fühlt sich in seiner Ehre herausgefordert. Seine Eitelkeit meldet sich und übertönt sein Wahrheitsgefühl. Durch besonders insinuierende Fragen gelingt es ihm, den wichtigsten Zeugen zu verunsichern. Auf diese Weise erreicht er einen Freispruch seines Klienten und verhindert so, dass er den Prozess verliert.
Dann erhält er ein Angebot von einer großen Anwaltskanzlei in New York. Sein Stern steigt immer weiter, noch immer verliert er keinen einzigen Prozess. Jedenfalls nicht im Gerichtssaal. Sein Privatleben vernachlässigt er sträflich. Seine Frau bekommt eine Psychose, doch er hat keine Zeit für sie, denn schon wieder wartet ein neuer Prozess auf ihn. Moralisch ist er zu immer mehr Konzessionen bereit.
Allmählich wird die Rolle, die sein charismatischer Chef John Milton (Al Pacino) spielt, immer deutlicher. Dieser ist ein besonders schlau-

er Mann, der, wie sich herausstellt, vieles weiß, was er eigentlich gar nicht wissen kann. Hinzu kommen die vielen Sprachen, die er beherrscht! Der Film zeigt ihn immer deutlicher in Gestalt des Teufels. In kurzen Einblendungen trägt Milton sogar Hörner. Es wird sichtbar, wie er Kevin schrittweise und mit äußerster Schlauheit mittels seiner Hauptschwäche, der Eitelkeit, verführt hat. Es dreht sich bei Kevin schließlich nur noch um Kevin selbst und um seine Ehre. Die Sache ist schlau eingefädelt. Doch beim letzten Schritt, den der Teufel unternimmt, wird er enttarnt: Er zeigt sein wahres Gesicht, und Kevin durchschaut ihn.

In der letzten Einstellung des Films sind wir wieder im Gerichtssaal, wo der Film auch begann, und erleben nochmals jenen Moment, wo ein Journalist Kevin anspricht, dass dies seine erste Niederlage werden wird. Diesmal entscheidet Kevin sich für ein anderes Szenario, er legt sein Mandat nieder. Auf diese Weise kann er vor sich selbst bestehen und verliert seine Ehre nicht. Doch dann sehen wir, wie der Verführer ein anderes Kaninchen aus dem Hut zaubert und an Kevins Eitelkeit appelliert. Die Szene endet wieder mit den Worten: »Vanity is my favourite sin! – Eitelkeit, eindeutig meine Lieblingssünde!«

Der Film zeigt auf seine Weise, dass man dem Verführer nicht einfach so entgehen kann. Er gehört zum Leben dazu. Die Herausforderung besteht nicht nur darin, dass wir die richtigen Entscheidungen treffen. Denn der Verführer versucht, ganz gleich, wofür wir uns entscheiden, in uns einzudringen und uns zu verwirren. Letzten Endes geht es darum, dass wir eine Antwort auf seine Attacken finden und ihm nicht aus dem Weg gehen.

Eitelkeit lässt die Brust schwellen. Unsere Energie wird hinaufgezogen und verleiht uns imaginativ eine Löwengestalt – ein männlicher Löwe mit einer Mähne, die er aufplustert, um sich auf diese Weise in Szene zu setzen. Wir fühlen uns geschmeichelt, wir erleben uns als stark. Wir wollen sichtbar sein, im Mittelpunkt stehen. Doch dies ist ein egoistisches Gefühl. Unsere Kraft erfüllt uns nicht mit Freude, wir sind nicht dankbar für die Chancen, die sich uns bieten, sondern wir haben vor allem ein starkes Ich-Gefühl. Es geht nicht um die Sache, es geht vielmehr darum, uns selbst zu produzieren. Und genau das macht den Verführer so stark.

Ein weiterer Begriff, der zum Verführer gehört, ist der *Stolz*. Wieder so ein Wort, das auf das Ego hindeutet. Wir begegneten ihm bereits, als wir über die Entstehung des Bösen, also auch der Verführer, und Luzifer sprachen. Dieser ist das Urbild des Stolzes. Stolz auf die eigene Position, die er um jeden Preis behalten möchte. Dies führt ihn dazu, zu revoltieren, wenn von ihm Gehorsam verlangt wird.

Eitelkeit macht uns größer, als wir eigentlich sind. Im Innern sind wir eigentlich klein. Im deutschen Wörterbuch finden wir neben der Definition der Eitelkeit im Sinne von Prunk- und Prahlsucht auch die Definition als »Nichtigkeit«, »Leere«. In alten Texten findet sich häufig die Formulierung: »Alles ist eitel«. Oder wir sprechen von »eitler Mühe«, wenn etwas von vornherein vergebens, sinnlos ist. Trifft dies vielleicht den eigentlichen Kern der Sache, und ist die Prunksucht nur deren Außenseite, die Verpackung?

Der Eitelkeit in der Mythologie begegnen wir in der Mythe von Narziss. Dieser schöne Jüngling verschmähte die Liebe einer jungen Frau. Sie betet zu Aphrodite, der Göttin der Liebe, und fleht sie an, sich an ihrer statt an dem jungen Mann zu rächen. Das tut die Göttin. Eines Tages befindet sich der Jüngling auf der Jagd im Wald. Als er müde wird, gelangt er an einen Teich. Dort will er vom Wasser trinken. Doch als er sich vornüber beugt, um seinen Durst zu stillen, erblickt er unter der Wasseroberfläche das Antlitz einer wunderschönen Nymphe. Sofort entbrennt er in heißer Liebe zu ihr. Er will nach ihr greifen, doch immer, wenn er das Wasser berührt, verschwindet das Bild. Dies wiederholt sich einige Male, viele Tage bleibt er dort und versucht, die Unerreichbare zu erreichen, doch immer, wenn er ihr nahe kommt, verschwindet sie. Er vergisst zu essen und zu trinken, und schließlich stirbt er durch seine Obsession für sein eigenes Spiegelbild.

Von außen betrachtet kann Eitelkeit sich auch in der Gestalt von Arroganz zeigen. Dies ist der Fall, wenn jemand in seinem Verhalten die starke Neigung zeigt, viel Raum einzunehmen und sich selbst in den Vordergrund zu rücken. Jemand, der arrogant ist, hört sich gerne reden und interessiert sich nicht für das, was ein anderer zu sagen hat. Er hat die Neigung, andere leicht beiseite zu schieben.
Besserwisserei ist eine andere Ausprägung der Eitelkeit. Sie geht mit deutlich mehr Worten einher: In Gesprächen muss der Betreffende immer wieder zeigen, dass die Dinge sich anders darstellen und dass er es besser weiß. Er benutzt das, was andere sagen, dazu, selbst zu punkten. Auf diese Weise ist er eigentlich von dem abhängig, was die anderen ins Gespräch einbringen.
Auf einer etwas subtileren Ebene kann die Eitelkeit sich in unser Denken oder unsere Fantasie einnisten. Dann lebt sie in unserem Inneren und äußert sich weniger in unserem Verhalten. In seiner Fantasie sieht ein Mensch sich als groß und wichtig oder als besonders mutig. Er ist der Held seiner eigenen Geschichten, und er schwelgt darin. Häufig beobachten wir dieses Phänomen gerade bei Menschen, die anscheinend das genaue Gegenteil darstellen:

Wenn ich Streit mit meinem Partner habe, bemerke ich, dass ich im Stillen in meinem Innern Vergleiche anstelle. Ich beurteile ihn dann und klopfte mir selbst dafür auf die Schulter, wie gut ich doch bin, dass ich bestimmte Dinge besser kann als er. Das ist durchaus ein angenehmes Gefühl. Die Kehrseite der Sache ist, dass es mir den Blick auf die Sache selbst versperrt, mit dem ich meine eigene Rolle in dem Problem wahrnehme. Denn wenn ich das täte, müsste ich mein Gefühl, im Recht zu sein, aufgeben. Und das wäre schade! Von außen sieht man mir das nicht an. Ich mache eher einen verlegenen und etwas stillen Eindruck. Es ist ein bisschen so etwas wie mein Geheimnis.

Wenn Eitelkeit oder Stolz eine dominante Rolle in einem Menschen spielen, bezeichnet man das in der Psychiatrie als »Narzissmus«.
Auch das äußere Erscheinungsbild ist ein wunderbares Feld, auf dem sich die Eitelkeit betätigen kann. Dann möchten wir schön sein und so die Aufmerksamkeit auf uns ziehen. Oder wir wollen durch unser Haus oder dessen Einrichtung auffallen, wobei es gar nicht um das Haus oder die Einrichtung als solche geht. Um uns zu produzieren und diese Aufmerksamkeit zu bekommen, können wir durchaus etwas investieren, findet der Eitelkeits-Verführer. Diesbezüglich hat er einiges im Angebot: Schmuck aus immer kostspieligerem Material, ein goldenes Collier, Ohrringe und vieles andere. Wir können denselben Effekt auch erzielen, indem wir unseren Körper etwas anpassen: Wir kaufen uns einen größeren Busen (oder einen kleineren), wir können unsere Gesichtsfalten oder die Haut unserer Schenkel straffen lassen ... Diese Beispiele beziehen sich mehr auf Frauen. Wir Männer sind eher anfällig für neue Autos, die noch schöner glänzen und noch mehr technische Spielereien bieten. Oder eine Rolex, die uns zu etwas ganz Besonderem macht.
Eitelkeit kann sich auch eines Paradoxes bedienen: In einer Umgebung, die sehr auf äußeren Effekt gerichtet ist, ist es häufig schwierig, noch aufzufallen. Wie können wir da dennoch unsere Eitelkeit ausleben? Beispielsweise indem wir in verschlissenen Jeans mit Löchern herumlaufen. Das fällt durchaus auf, und wir werden wahrgenommen. Nun können wir uns innerlich erhaben fühlen und in dem Gedanken sonnen, dass wir all den äußeren Schein nicht mehr brauchen. »Nein, wo denkst du hin, ich stehe längst da drüber, so etwas bedeutet mir nichts mehr!«
Arroganz ist eine Form von Eitelkeit, bei der ein Mensch sich in einer ziemlich deutlichen Weise über einen anderen stellt und die Neigung entwickelt, den anderen herabzustufen und zu demütigen. Dies kann sich in ganz subtilen Gesten ausdrücken, zum Beispiel wenn wir jemandem anerkennend auf die Schulter klopfen, auch

wenn er eine nur mittelmäßige Leistung erbracht hat. Oder indem wir jemanden geringschätzig und herabsetzend ansprechen, zum Beispiel mit »junger Mann« oder »Fräulein«.

Falsche Bescheidenheit hängt ebenfalls mit Eitelkeit zusammen. Dabei betont jemand, das, was er tut, sei doch »ganz normal«. Doch die Art und Weise, *wie* er es tut, wirkt übertrieben, denn es handelt sich eben um falsche Bescheidenheit. So kann man sich über andere erheben, indem man sich besonders »normal« gibt.

Tritt ein Mensch besonders leutselig und gönnerhaft auf, nimmt die Eitelkeit eine Form an, bei der wir den anderen so klein finden, dass er uns kaum eines Blickes wert ist.

Immer wenn es sich um Prahlen und Angeben dreht, oder darum, dass wir uns hervortun, um auf diese Weise die Aufmerksamkeit auf uns zu ziehen, ist der Verführer im Spiel. Manchmal treten Situationen auf, in denen wir besonders aufmerksam unterscheiden müssen, ob in der jeweiligen Situation tatsächlich ein Verführer im Spiel ist, oder ob jemand vielmehr über einen besonders kultivierten Geschmack verfügt, der bestimmte äußere Formen verlangt. Wir können das häufig an der Art und Weise wahrnehmen, wie der andere darüber spricht.

Im Jahr 2008 erschien das Buch *The Hubris Syndrome: Bush, Blair and the Intoxication of Power* des Briten David Owen. Lord Owen hatte ursprünglich Neurologie studiert, später ging er in die Politik, leitete eine eigene Partei und war von 1977 bis 1979 Außenminister unter Premierminister Callaghan. In seinem Buch plädiert er für die Anerkennung des Krankheitsbilds des Hochmutes (ich betrachte Hochmut als eine Form von Eitelkeit). Er beschreibt, wie viele politische Führer, wenn sie einmal in die leitende Position in ihrem Land gelangt sind, in die Falle des Hochmutes geraten. Das Erlebnis der Macht, die Bewunderung, die ihnen aus der Bevölkerung oder von ihren Mitarbeitern entgegengebracht wird, führt dazu, dass sie stark von sich eingenommen sind und die Fähigkeit zur Selbstkritik verloren geht. Charakteristisch für den Hochmut ist der Verlust des großen Überblicks. Die eigene Wirklichkeit, das eigene Erleben werden zunehmend bestimmend. Menschen mit Hochmut verlieren die Fähigkeit, sich gemeinsam mit anderen um Lösungen zu bemühen und deren Meinung ernst zu nehmen. Sie möchten im Zentrum der Aufmerksamkeit stehen, und dieser Wunsch ist wichtiger als die Sache, um die es geht. Im Allgemeinen führt dies unabwendbar zum Abstieg.

Owen beschreibt, wie Adolf Hitler mit Beginn des Krieges in die Falle des Hochmuts geriet. Bis Kriegsbeginn etwa war er noch in der Lage, langfristige politische Konzeptionen zu überblicken und zu verfolgen. Dann kommt es zu Ereignissen, durch die er seine Fähigkeit, zu planen und die Übersicht zu behalten, verliert. Sein Hochmut führt ihn in die Verblendung.

5 Das Grollwesen

Der Drache ist das Symbol für den Groll und die Eifersucht. Ich hatte lange ein falsches Bild von der Rolle, die der Groll spielen kann, und habe seine Kraft sehr unterschätzt. Dennoch ist diese Kraft sehr groß, und sie spielt eine wichtige Rolle.

Seine Macht kannte schon das Altertum. Nicht ohne Grund handelt eines der ältesten Bücher, das wir kennen und das auch heute noch gelesen wird, vom Groll. Dieses Buch ist die *Ilias* von Homer, verfasst etwa 750 vor Christus. Zusammen mit der Geschichte der Irrfahrten des Odysseus ist dies das älteste griechische Heldenepos.

Ich war lange der Meinung, dass die *Ilias* das Buch sei, das vom Kampf um Troja handelte. Tatsächlich wird dieser Kampf viele Kapitel lang beschrieben, doch wenn wir uns den ersten Satz anschauen – Singe mir, Muse, vom Groll des Peleïaden Achilleus –, ist das Thema sofort angesprochen: das Buch handelt vom Groll.

Alles beginnt mit der Fehde zwischen Achilles, dem großen Helden der Griechen, und dem Oberbefehlshaber des griechischen Heeres, Agamemnon. Beide haben im Kampf eine schöne Frau aus Troja als Sklavin erbeutet. Die Sklavin Agamemnons wird von deren Vater zurückgefordert, der ein wichtiger trojanischer Priester war. Nach vielem Hin und Her wird sie tatsächlich zurückgegeben, doch Agamemnon hat jetzt das Gefühl, dass er als Anführer des Heeres an Ansehen verloren hat. Und ein derartiger Statusverlust lässt sich mit seiner Eitelkeit nicht vereinbaren. Als Genugtuung fordert er die Sklavin des Achilles. Dieser muss ihm als Untergebener gehorchen, doch er ist tief verletzt. Er entscheidet sich, nicht mehr am Kampf

teilzunehmen. Das ist ein schwerer Schlag für das griechische Heer: Er ist der wichtigste Held und Kämpfer!
Und dann, viele Kapitel lang, sitzt Achilles grollend vor seinem Zelt. Der Kampf entwickelt sich schlecht ohne seine Teilnahme, doch dies kümmert ihn nicht – er grollt.
Nach vielen Rückschlägen fällt sein bester Freund, Patroklos. Aus Rache greift Achilles wieder zu den Waffen, und beginnt einen erbarmungslosen Kampf mit Hektor, demjenigen, der Patroklos im ehrlichen Zweikampf getötet hat. Mithilfe der Göttin Athene besiegt er Hektor und tötet ihn. Doch seine Rachlust ist noch immer nicht abgekühlt: Er schleppt die Leiche des gefallenen Hektor an seinen Karren gebunden viermal um die feindliche Stadt herum. Dann lässt er sie vor seinem Zelt liegen, ohne dem Toten die letzte Ehre eines rituellen Begräbnisses zu gönnen.
Sein Groll kommt erst dann zur Ruhe, als der Vater des Besiegten, König Priamos, als Bittsteller zu seinem Zelt kommt und ihm klarmacht, dass auch Achilles einen Vater hat, der trauern würde, wenn sein Sohn gefallen wäre. Auch sein Vater würde ihm die letzte Ehre erweisen wollen. Erst jetzt endet Achilles' Groll, und er gesteht Priamos die Leiche seines Sohnes zu. Aus seinem Groll entsteht Mitleid im Anblick des Leidens eines anderen Menschen.
Nach dieser Szene endet das Buch. Der Kampf um Troja ist noch nicht entschieden. Der Ausgang dieses Kampfes wird uns erst in dem Buch über Odysseus berichtet.

Groll: Das Gefühl, das Opfer eines Menschen oder einer Instanz zu sein, gegen die wir nichts ausrichten können. Wir haben erlebt, dass etwas oder jemand uns einen Nachteil zugefügt hat. Wir fühlen uns ohnmächtig, dies sofort auszugleichen, und so bleibt das Gefühl bestehen. Die Erinnerung kehrt immer wieder in unsere Gedanken zurück. Immer wieder aufs Neue erleben wir das Gefühl, benachteiligt worden zu sein. Damit wird dem Grollwesen der erste Angriffspunkt

geboten. Es erzählt uns ständig aufs Neue, dass wir der Dumme sind, und dass es nicht ehrlich ist, was man uns angetan hat. Wenn das Grollwesen noch stärker Fuß gefasst hat, versucht es, andere Erinnerungen damit zu verbinden, Erinnerungen an Momente, in denen wir uns ebenfalls ungerecht behandelt fühlten. Auf diese Weise wird das Bauwerk der Grollgefühle immer weiter ausgebaut.
Als nächstes kann es versuchen, unseren Blick zur verengen, sodass wir mehr darauf achten, ob wir tatsächlich nicht zurückgesetzt werden, weil man es wieder einmal auf uns abgesehen hat. Oder dass wir schon von vornherein die Situation kommen sehen, dass wieder etwas Ähnliches geschehen wird. Auch wenn dann nichts Derartiges geschieht, ist uns die Freude bereits vergällt. Im Innern sind wir bereits wütend auf das, was geschehen könnte, während noch überhaupt nichts geschehen ist. Immer mehr fühlen wir, dass wir zum Opfer werden, und wir sehen immer mehr Täter oder potenzielle Täter um uns herum. So erhält das Grollwesen ein immer größeres Wirkungsgebiet. Nicht wir sind es, die denken, sondern es bestimmt unsere Gedanken und selektiert unsere Wahrnehmungen.

Und wie steht es mit der Rache? Groll ist die Kraft, die stark nach innen geht, sich jedoch nicht in eine Handlung ergießt. Groll charakterisiert sich gerade durch das Nichthandeln, so wie Achilles vor seinem Zelt sitzt und schmollend auf Genugtuung wartet. Rache verhält sich anders. Bei der Rache tritt der Groll nach außen, er kommt zur Äußerung. Die Wut verbindet sich damit. Häufig ist dann bereits einige Zeit vergangen, bevor es zur Handlung kommt. Der Groll gärt im Inneren, bis sich endlich die Möglichkeit zur Rache bietet, sei es aus Berechnung oder nicht.
Heute werden wir ab und zu mit einer Form von Rache konfrontiert, die für uns westliche Menschen nicht mehr selbstverständlich ist, der Ehrenrache. Dieses Phänomen spielt vor allem in traditionsgebundenen Kulturen eine Rolle, wo die Familienehre eine wichtige

Sache ist. Das ist überall dort der Fall, wo Menschen sich stark mit ihrer Familie identifizieren und sich selbst weniger als selbstständiges Individuum erleben.

Immer wieder liest man in der Zeitung von sogenannten Ehrenmorden. Ein Beispiel: Ein Mädchen hatte sich in einen Jungen verliebt, der etwa gleichaltrig war. Sie war jedoch bereits einem älteren Mann zur Ehe versprochen worden, den sie gar nicht kannte. Ihre Eltern hatten ihn für sie ausgesucht. Sie war zusammen mit ihrem Freund in die Großstadt geflüchtet und versuchte dort ein eigenes Leben aufzubauen. Das war eine Schande für die Familie. Das Mädchen hatte sich nicht an die Familienregeln gehalten. Die Familie kam hinter ihre Adresse und ließ sie in einem unbeobachteten Moment erschießen. Auf diese Weise war die Schande gerächt und die Familienehre wieder hergestellt.

In seinem Film *Das Mädchen, das die Seiten umblättert* (*La Tourneuse de pages*, 2006) erzählt Regisseur Denis Dercourt die Geschichte einer jungen Frau, die sich auf ganz subtile Weise an einer Frau rächt, die vor vielen Jahren ihre Karriere als Pianistin zu verhindern gewusst hatte.

Auch den Groll können wir wieder als ein Wesen betrachten, das uns bedrängt. Wenn wir einmal versuchen, innerlich zu verfolgen, wie das Grollwesen auf unseren Körper wirkt, so können wir wahrnehmen, wie es zum Beispiel eine gewisse Kälte und eine Verkrampfung in unserem Brustbereich und im oberen Bauchbereich erzeugt. Dann ist seine Wirkung im Körper angekommen. Ein zarter Strudel von Gedanken steigt daraus auf, er steigt in unseren Kopf, wo er sich leise immerzu weiterdreht. Man sagt dann: »Die Gedanken mahlen.« Solche Gedanken nehmen rasch einen zwanghaften Charakter an und lassen nur noch wenig Freiraum für andere Gedanken.

Wenn Groll sich in Rache umsetzt, nimmt er zunehmend Handlungscharakter an. Die Stauung der Energie im Brust- und Magenbe-

reich verlagert sich in die Gliedmaßen und führt zu einer Handlung. Für das Gefühl des Grolls bedeutet es eine Lösung, eine Entspannung, wenn es in Rache übergehen kann. Vom sozialen Blickwinkel aus stellt sich dies natürlich anders dar.
Es beeinträchtigt den Körper, wenn Groll sich zu stark aufstaut. Er führt zu einem weniger dynamischen Stoffwechsel, was natürlich wiederum Einfluss auf die allgemeine Stimmung des Menschen hat.

In psychotherapeutischen Sitzungen treffen wir häufig Verletzungen an, die Menschen in ihrer Jugendzeit durchlebt haben. Dies kann noch lange nachwirken, manchmal bis ins Erwachsenenalter. Wenn zum Beispiel die Enttäuschung gegenüber den Eltern und Erfahrungen aus der Jugend nicht aufgelöst werden, kann dies zu Vorwürfen führen. Auch sie sind eine Form von Groll. Auch hier erzeugt Groll Ohnmachtsgefühle. Als ein Kind mit Grollgefühlen bleiben wir in gewisser Weise immer in der Rolle des Kindes gefangen. »Es ist ihre Schuld. Ich bin zu kurz gekommen. Hätten sie anders gehandelt, wäre jetzt alles einfacher.«
Eltern können in ihre eigenen Fallgruben stürzen. Diese können einerseits die Leugnung dessen sein, was das Kind erfahren hat – was wiederum den Groll verstärkt –, andererseits aber auch Schuldgefühle. Dann akzeptieren sie mehr oder weniger ihre Täterrolle. Doch das bringt den Groll nicht zum Verschwinden, denn zu einem Täter passt ein Opfer. Dadurch kann es gut sein, dass diese Rolle noch verstärkt wird.
Wenn wir nun unter dem Aspekt der *Wesen* auf diesen Mechanismus blicken, so sehen wir, wie der eine Part dem Grollwesen verfällt. Der andere schafft den Raum, in den er dann das Schuldwesen in sich einlässt. Bei beiden gerät das eigentlich Menschliche unter Druck.
Es bedarf von beiden Seiten einer Aktion – sowohl bei den Eltern wie auch beim Kind –, um sich selbst daraus zu befreien. So können sie

dem anderen dabei helfen, sich selbst zu befreien. Das bedeutet: Man muss Konfrontation mit dem ›inneren Besatzer‹ angehen und ihn in die Schranken weisen.

Hier kann das alte Ritual der Vergebung eine Lösung bieten. Vergeben ist ein altes Wort. Vergeben bedeutet: reinigen. Die Beziehung, die zwischen mir, als dem Opfer, und dem Täter besteht, wird durch die Vergebung befreit und gereinigt.

Der Täter fügt dem Opfer etwas zu. Das tut diesem weh. Beim Opfer geschehen jetzt zwei Dinge: Ihm wird eine Verletzung zugefügt, und diese schmerzt; wenn der Schmerz nicht akzeptiert wird, entsteht Groll. Wenn wir dem anderen vergeben wollen, ist es notwendig, dass der Groll verarbeitet und losgelassen wird. Der Schmerz und das Gefühl des Verletztseins sind damit keineswegs verschwunden! Sie sind sogar noch stärker gegenwärtig, weil sie nicht mehr vom Groll zugedeckt sind. Wenn der Schmerz akzeptiert wird als etwas, das zu uns gehört, weil er uns eben zugefügt wurde, kann der Groll losgelassen werden, und wir können dem anderen vergeben.

Wenn wir um Vergebung bitten, sagen wir damit: »Ich erkenne an, dass ich falsch gehandelt habe. Ich akzeptiere die Folgen meines Handelns, soweit ich sie tragen kann. Kannst du mich moralisch von meiner Tat freisprechen?« So können wir die Schuld ablegen und unser Haupt wieder erheben. Wir können wieder aufrecht stehen, weil wir anerkennen, was geschehen ist. Wir erhalten unser Daseinsrecht wieder zurück, weil wir nichts zu verbergen haben.

Um Vergebung bitten und Vergebung schenken sind Taten, die Freiheit schaffen, durch die beide Beteiligte in ihrem Dasein wieder weiterkommen können.

Ein Vorstadium des Grolls ist der *Unmut*. Unmut ist eine mehr momentgebundene Stimmung, die aufgrund eines Ereignisses oder einer Begegnung auftreten kann. Wenn uns etwas nicht angenehm ist, entsteht ein Unbehagen, und dies ist der Unmut. In unserem Inneren sagt etwas Nein. Nach dem auslösenden Ereignis kann der Unmut einer anderen Stimmung Platz machen, er löst sich auf. Wenn der Unmut sich aber vertieft und festsetzt, wird er zum Groll.

Ein anderer Aspekt des Grollwesens, des Drachens, ist die *Eifersucht*. Wenn wir eifersüchtig sind, haben wir den starken Drang, etwas zu haben, was ein anderer hat, oder so zu sein, wie ein anderer ist. Oder aber wir haben Angst, dass das, was wir haben, uns von einem anderen genommen wird. Eifersucht hat ebenso wie Groll etwas Passives: Wenn wir das haben wollen, was ein anderer hat, können wir uns bemühen, es zu erwerben. Dann ist auch die Eifersucht geringer.
Früher gab es ein bekanntes Lied von Max Woiski, das dies gut beschrieb:

Und du bist immer noch nicht glücklich mit einer schönen Frau.
Du fragst dich ständig: Ist sie mir wohl treu?
Und wenn sie dann endlich in deinen Armen liegt,
tauchen schon wieder Konkurrenten am Horizont auf.

Eine üble Sache also. Unsere ganze Aufmerksamkeit wird in Anspruch genommen durch die Drohung, dass sie oder er mit einem oder einer anderen durchgeht.

Normalerweise finde ich es nett, abends auszugehen. Meine Freundin mag das auch, wenn wir uns nach einer Arbeitswoche ein wenig amüsieren. Aber wenn wir eine Weile unterwegs sind, beschleicht mich ein unruhiges Gefühl. Dann beginne ich darauf zu achten, ob möglicherweise andere nach ihr schauen oder irgendetwas von ihr wollen. Oder ob sie nach anderen Männern guckt. Wenn ich etwas getrunken habe, wird das noch schlimmer. Ich störe mich immer mehr an ihrem freizügigen Verhalten, und meistens kommt es dann auf dem Heimweg zum Streit. Eigentlich fühle ich mich schrecklich verletzlich und auch ein wenig abhängig. Es sieht so aus, als könnte ich nur schwer ohne sie leben. Aber das stimmt nicht, ich kann sehr gut eine ganze Weile für mich allein sein. Es ist fast so, als lebten Vorstellungen in mir, die dann wie ein Film ablaufen. Dann sehe ich sie, wie sie andere küsst oder mit anderen intim ist, und ich drehe durch. Obwohl sie mir doch ganz treu ist!

Ein gutes Beispiel für die Wirkung der Eifersucht treffen wir in *Othello* an, dem Drama, das Shakespeare im Jahr 1604 schrieb. Othello ist ein König. Er wird auch als der Mohrenkönig bezeichnet, weil er schwarz ist. Zu Beginn des Stückes kehrt er gerade aus dem Krieg zurück. Er ist der gefeierte Fürst, der einen wichtigen Krieg gewonnen hat. An seiner Seite sehen wir Desdemona, die schöne weiße Königin. Glück und Wohlstand scheinen überall zu herrschen.
Aber wir haben Jago vergessen. Jago ist einer seiner Offiziere. Bei einer Beförderung ist er übergangen worden, seine Position fiel Cassio zu. Dies erzeugt böses Blut bei Jago. Er sieht die Größe Othellos, und er spürt im Grunde, dass die nicht erfolgte Beförderung auch mit den Grenzen seiner Fähigkeiten zusammenhängt. Dennoch kann er sich dies nicht eingestehen. Er ist eifersüchtig auf die Fähigkeiten Othellos und seine Ehe mit dieser schönen Frau. Er wird das Opfer seiner eigenen Eifersucht und ruht nicht eher, als bis er das Objekt seiner Eifersucht zu Grunde gerichtet hat.
Shakespeare beschreibt wunderbar, wie Jago durch Verdächtigungen und Beleidigungen allmählich Eifersucht bei Othello weckt. Er erweckt bei ihm die Vermutung, dass Desdemona einem anderen Mann zugetan ist. Es sind keine echten Beschuldigungen, die Jago äußert, sondern unbestimmte Anspielungen, wobei er mit seinen Worten häufig das genaue Gegenteil dessen sagt, was er meint. Doch damit setzt er Othello auf eine bestimmte Gedankenspur.

Am Ende des Stücks triumphiert die Wut. Die schlummernde Eifersucht entlädt sich in Wut, und Othello ermordet seine Frau. Als er erkennt, was er getan hat, stürzt er sich in sein Schwert.
Eifersucht ist tödlich. Eifersucht tötet unser höheres Selbst, und sie trägt die Tendenz in sich, auch das Objekt der Eifersucht zu vernichten. »Wenn ich es nicht bekommen kann, dann muss es eben sterben!«

Relativieren

Es wird Zeit, einige relativierende Bemerkungen zu machen. Denn man könnte die Empfindung bekommen, es handle sich darum, ständig darauf zu achten, was in der eigenen Innenwelt geschielt, und wir müssten ständig verkrampft herumlaufen angesichts all dessen, worauf wir in der Seelenwelt achten müssen. Auch kann es so aussehen, als seien die Verführer immer nur »schlecht«.
Die Löcher in der Seele entstehen häufig bereits in jungen Jahren. Und viele dieser Löcher haben wir bereits aus unserer karmischen Vergangenheit mitgebracht. Als Kind können wir noch nicht damit umgehen. Und als Eltern sehen wir häufig nicht, was da eigentlich genau im Innern des kleinen Kindes geschieht. Es ist nur logisch, dass sich dann ein Raum auftut, durch den sich ein Verführer einschleichen kann. Beobachten Sie dann, was sich in der Innenwelt abspielt, so bietet uns der Verführer, gerade *weil* er in uns eindringt, die Möglichkeit, zu überleben. Ohne ihn wäre der Schaden viel größer. Bei einer ganzen Reihe von Beispielen, die ich bisher angeführt habe, können wir erkennen, dass es sich dabei um Dinge handelt, die mit der Notwendigkeit zu überleben zusammenhängen. Auch dabei helfen uns die Dämonen. Darum ist häufig auch ein gewisser Respekt vor dem angebracht, was sie für uns getan haben. Denn durch die Tatsache, dass sie uns ein Überlebensverhalten ermöglicht haben, das sich auf der einen Seite hemmend auf die Entwicklung unserer Authentizität auswirkte, konnte ein anderer Teil unserer Persönlichkeit umso mehr an Reife gewinnen. Ohne ihre Hilfe wäre dies nicht möglich gewesen.

Wenn das Selbstbewusstsein groß genug geworden ist, wird der Verführer, der bis dahin hilfreich war, als Hemmnis erlebt. Dann wird es Zeit, damit anzufangen, ihn zu ergründen, ihn zu erkennen und ihm einen anderen Ort zuzuweisen.
Angst vor den Verführern ist jedoch ein schlechter Ratgeber. Denn auch sie ist etwas, was uns schwächer macht. Solche Ängste können dazu führen, dass wir ein zwanghaftes Verhalten entwickeln, damit nur ja keine Löcher entstehen, die den Dämonen eine Chance geben. So folgen wir einem sehr schmalen Weg durchs Leben, um möglichst unversehrt die Zielgerade zu erreichen. Doch dies ist nicht der Sinn der Sache!

Dazu fiel mir folgende Parabel ein:
Drei Verstorbene kommen an die Himmelstür. Petrus empfängt sie und fragt: »Was habt Ihr mit eurem Leben angefangen?«
Der erste sagt: »Wer bist du? Was geht das dich an?«
Petrus erklärt, dass er der Himmelswächter sei, der die Menschen empfange und gemeinsam mit ihnen auf ihr Leben zurückblicke, bevor sie weiter in den Himmel wandern.
»Darauf habe ich keine Lust. Alle diese nebulösen und abgehobenen Sachen habe ich bereits mein ganzes Leben lang gehört, lass mich damit in Frieden!« Und der Mann dreht sich um und geht weg.
Der zweite Mann berichtet Petrus, er habe ein gutes Leben gehabt. Er habe nicht gesündigt, nicht gestohlen, nicht gelogen und auch noch viele andere Sünden vermieden. Das sei zwar sehr mühsam gewesen, doch jetzt sei er froh, dass es ihm gelungen sei.
»Aber was hast du denn darüber hinaus getan?«, fragt Petrus. »Welche Abenteuer hast du erlebt, welche neuen Dinge hast du entwickelt?«
Der Mann schaut Petrus verständnislos an, und Petrus verliert schnell das Interesse an ihm.
»Dann geh eben weiter«, sagt er und zuckt mit den Achseln.

Der dritte Mann erzählt auf die Frage des Petrus, er habe alles Mögliche erlebt. So sei er beispielsweise längere Zeit dem Alkohol verfallen gewesen. Dies sei für ihn eine schwere Zeit gewesen, die ihm viele Probleme bereitet habe. »Ich habe also ziemlich viel gesündigt.«
»Und dann?«, fragt Petrus. »Was hast du dann gemacht?«
»Es war ein richtiger Kampf. Aber irgendwann habe ich erkannt, worum es wirklich geht. Ich brauchte das Zeug, um den Schein aufrechtzuerhalten, dass ich allem gewachsen sei, obwohl ich häufig eigentlich nur Angst hatte. Das hielt ich nicht aus, und dann begann ich zu trinken. Der Alkohol half mir zu überleben. Aber schließlich ist es mir gelungen, mich aus diesem Kampf zu befreien und meine Angst zu überwinden. Es war ein hartes Stück Arbeit.«
Voller Interesse hat Petrus ihm zugehört. Er findet es immer besonders fesselnd, zu vernehmen, welche Abenteuer Menschen in ihrem irdischen Leben durchmachen, um immer mehr Mensch zu werden.

●●●

6 Faulheit

Das Wesen der Faulheit kennt genau wie die anderen Verführer unterschiedliche Ebenen, auf denen es sich betätigt. Die erste ist die unmittelbar sichtbare Ebene. Der Betreffende ist faul, er tut wenig. Er liegt lang ausgestreckt im Bett, steht spät auf. Tagsüber hängt er ein wenig in seinem Stuhl herum, schaut etwas Fernsehen, sitzt eine Weile hinter dem Computer. Und so verstreicht der ganze Tag. Wenn ich dies so niederschreibe, wirkt es wie die Beschreibung eines Jugendlichen in der Pubertät. Was zu tun ist, kann auch später noch erledigt werden. Das Handeln wird aufgeschoben, bis es gar nicht mehr anders geht. Vermeidungs- und Hinauszögerungsverhalten sind eine Form von Faulheit.

Gestern Abend kam ich etwa um sieben Uhr nach Hause. Ich war ziemlich erledigt wegen einer langen Besprechung, die an diesem Tag stattgefunden hatte. Viele Stunden hatten wir geredet, vor allem über technische Dinge. Dabei war wenig Konkretes herausgekommen. Ich werde immer schrecklich benommen von solchen Versammlungen, wo jeder etwas zu sagen hat, und am Schluss doch nichts dabei herauskommt. Nach dem Essen habe ich es mir vor meinem Fernseher gemütlich gemacht und den ganzen Abend lang herumgezappt. Es lief nichts, was mich wirklich fesselte, und so verfloss der Abend. Ich weiß eigentlich, dass ich am Ende eines solchen Abends genauso fertig bin, wie als ich nach Hause kam, aber trotzdem passiert es mir immer wieder. Wenn ich an einem solchen Abend Sport treibe oder eine Runde mit dem Hund drehe, regeneriere ich mich wieder sehr schnell. Doch ich lasse mich häufig allzu leicht zum Rumhängen verführen. Eigentlich sehr unbefriedigend.

In diesem Beispiel hat der Betreffende hart gearbeitet. Er hat durchaus seine Ruhe verdient. Was ist dagegen einzuwenden, einen Abend vor dem Fernseher zu verbringen? Die Faulheit liegt darin, dass der Betreffende eigentlich aus Erfahrung weiß, dass er sich viel besser fühlen würde, wenn er an einem solchen Abend irgendetwas Aktives täte, doch dann die Energie dazu nicht aufbringt. Auch dies ist eine Form von Faulheit.

In anderer Weise wird die Wirkung der Faulheit sichtbar, der wir auf offener Straße begegnen. Ein Beispiel: Jemand läuft auf dem Gehweg. Er holt ein Stück Schokolade aus der Hosentasche, entfernt die Verpackung und lässt sie achtlos auf den Gehweg fallen. Zehn Schritte weiter steht ein Mülleimer, doch er sieht ihn nicht einmal. Die Aufmerksamkeit hört auf, wenn der Vorgang seinen unmittelbaren Gesichtskreis überschreitet. So sehen wir, wenn wir durch die Straßen einer Stadt laufen, die Auswirkungen des Faulheitsverführers überall um uns herum auf dem Boden liegen. Der ist nicht nur in den Menschen wirksam, die ihre Abfälle auf die Straße werfen, sondern auch in den anderen, die sich nicht die Mühe machen, sie aufzuräumen.

Die Faulheit – oder die Trägheit, wie sie früher zumeist genannt wurde – kann sich in diesem Fall in verschiedenen Bereichen der Seele eingenistet haben. Wenn wir stark in unserem Kopf leben, werden wir schlecht wahrnehmen; wir verweilen nicht bei den Dingen, die unser Auge erblickt. Beim Beispiel der Verschmutzung der Straßen sehen wir den Dreck auf der Straße, doch das ruft in uns keine Regung hervor. Es ist nämlich etwas ganz Normales und hat nichts mit uns zu tun.

Die Faulheit kann sich auch in unseren Gliedmaßen breitgemacht haben. Dann sehen wir zwar, dass etwas geschehen muss, doch wir

kommen nicht weiter als bis zu einem Vorsatz. Der Gedanke kommt nicht weiter als bis zum Kopf, er geht nicht in Arme und Beine über. Vor kurzem sah ich eine Reportage zu diesem Thema im Fernsehen. Der Filmemacher hatte in einer wichtigen Einkaufsstraße ein Fahrrad quer auf den Gehweg gelegt. Es lag so, dass es den Leuten Mühe bereitete, daran vorbeizulaufen. Dann wurde mit versteckter Kamera gefilmt, wie die Menschen darauf reagierten. Die meisten warfen verärgerte Blicke darauf und bemühten sich, schnell daran vorbeizukommen. Die zwanzigste Person, die vorbeikam, hob das Fahrrad auf und lehnte es an eine Mauer. Ein Stück weiter, außerhalb des direkten Blicks auf das Fahrrad, wurden die Menschen von dem Filmemacher befragt:
»Was sagen Sie zu dem Fahrrad auf dem Gehweg?«
Die Antwort: »Es stört! Dass die Leute einfach so ihr Fahrrad auf der Straße liegen lassen! So kommt man als Fußgänger doch gar nicht durch.«
»Warum heben Sie es dann nicht auf und stellen es zur Seite, dann kämen Sie bequemer daran vorbei?«
»Das ist doch nicht *meine* Aufgabe, es ist schließlich nicht mein Fahrrad!«
Offenbar fühlten die Menschen sich nicht für den Gehweg verantwortlich, selbst wenn es ein Bereich in ihrer eigenen Stadt ist, den sie gerne benutzen möchten. Lieber passen sie sich an die Unbequemlichkeit an und stören sich an ihr. Auch machen sie sich nicht klar, dass nach ihnen weitere Menschen vorbeikommen werden, die das Fahrrad ebenfalls behindert. Wenn wir diesen Vorgang aus der Perspektive der Verführer betrachten, so sehen wir hier die Wirkung des Faulheitsverführers in Zusammenhang mit dem des Grolls und dem des Ärgers.

Langeweile ist ein anderes Gesicht der Faulheit. Langeweile ist etwas anderes als Ruhe. Wenn wir uns langweilen, wissen wir nicht, was wir tun sollen. Das erzeugt ein Gefühl des Unbehagens. Wir tun nichts, doch eigentlich wollen wir dennoch etwas anderes. Auch wenn wir uns entspannen, tun wir nichts, doch hierbei entsteht Wohlbehagen. Sich langweilen bedeutet, dass man in der eigenen Seele eine gewisse Leere bemerkt und es einem nur unvollkommen gelingt, mit dem Bewusstsein eine Verbindung zu dem Gefühl des Wohlbehagens oder der Herausforderung, etwas zu tun, herzustellen. Wir haben gewissermaßen die Verbindung mit unserem Lebensgefühl verloren.

Ich erinnere mich noch gut, dass meine Kinder manchmal richtige Anfälle von Langeweile haben konnten: »Papa, ich langweile mich so!« Ich höre noch den Klang der Stimme, die dazugehört: ein etwas träger, nöliger Ton, der an sich schon Langeweile ausdrückt. Als Vater möchte man dann mit allerlei Ideen anrücken, was die Kinder alles tun könnten. Doch die Antwort lautet stereotyp: »Dazu hab ich keine Lust!« Der Verführer sitzt fest im Sattel, er lässt sich nicht einfach so durch gute Ideen und Vorschläge vertreiben. Er macht deutlich, dass die Faulheit an die Stelle der Lust, etwas zu tun, getreten ist. Der Betreffende schafft es nicht mehr, zu seinen eigenen Antrieben zu vorzustoßen.

Schließlich ergab sich eine ganz einfache Lösung: »Ich kann mir etwas für euch ausdenken, aber dann müsst ihr es auch *tun*!« Da wurden sie misstrauisch, und vor lauter Angst, dass ich mir vielleicht etwas für sie Unangenehmes ausdenken könnte, suchten sie rasch etwas, was sie tun konnten. Auf diese Weise kehrte die Lust zurück.

Als Erzieher haben wir es in solchen Momenten nicht nur mit dem Kind zu tun, sondern auch mit dem Verführer. Wie umgehen wir ihn, ohne selbst in den Bereich der Verführer zu geraten, indem wir beispielsweise ärgerlich oder wütend werden? Wir werden für einen kurzen Moment Zeuge eines kleinen Dramas: der Kampf eines Kindes gegen einen Verführer, wobei der Verführer vorübergehend die Oberhand gewinnt. Dann ist unsere Hilfe beim Besiegen und Verbannen dieses Dämons gefragt. Das Kind will gar nicht unbedingt wissen, was es tun soll, es bittet eigentlich: Befreie mich von meiner Unfreiheit.

Wenn der Mensch sich langweilt, entsteht auch eine Öffnung für den nächsten Verführer. Vielleicht bildet sich ein Freiraum für die Gier oder die Wut. Dann beginnt jemand aus Langeweile zu naschen, zu trinken oder Streit zu suchen. Auch dann ist die Langeweile für eine gewisse Zeit verschwunden! Aber diese Lösung ist natürlich keine Verbesserung der Situation und schon gar kein Zeichen von Authentizität.

Gestern sah ich im Fernseher vor den Nachrichten die Werbung. Dabei fiel mir auf, dass hier die Faulheit wiederum in anderer Weise am Werk war. Dabei werden wir in unserer Neigung zur Bequemlichkeit angesprochen. Bequemlichkeit ist eine andere Variante der Faulheit: Wir werden dazu verführt, etwas mit so wenig Anstrengung wie möglich zu erledigen. In der Werbung wirkt – neben den Informationen, die übermittelt werden sollen – die Verführung zum Leckeren, Bequemen, Billigen und Angenehmen. Dahinter stecken die Verführer der Faulheit, der Habgier und der Eitelkeit. Natürlich können viele Dinge, die erledigt werden müssen, durch technische Mittel vereinfacht werden. Wir reden dann von Optimierung. Wollen wir es darüber hinaus noch einfacher haben, so geht dies auf Kosten von etwas anderem. »Ihre Abendmahlzeit wird noch einfacher mit einer Soße von XX. Im Handumdrehen die Packung öffnen, den Inhalt in eine Schüssel mit Wasser geben, dann in die Mikrowelle, und schon ist die herrliche Soße zu ihrer Pasta fertig. Kinderleicht!« Über die Vorbereitungen in der Fabrik und die Zutaten, die dafür entwickelt wurden, wird geschwiegen. Was alles dafür notwendig ist, damit der Vorgang für Sie so leicht und bequem wird, und wie sich dadurch die Qualität der Nahrung schließlich verändert, darüber spricht die Reklame nicht.

Der Verführer der Faulheit hat nichts mit dem Verantwortungsbewusstsein für das Ganze und den Zusammenhang der Dinge am Hut. Er betrachtet nur einen kleinen Teil, er appelliert an die Bequemlichkeit und trübt den Blick für die Konsequenzen. Und eigentlich gilt dies genauso für die anderen Verführer: Sie spiegeln immer nur einen Teil der Wirklichkeit und verschleiern den großen Zusammenhang der Dinge.

Auch in der Sprache hat sich die Faulheit einen Platz erobert. Im modernen Sprachgebrauch schleicht sich schnell die Gewohnheit ein, etwas durch glatte und griffige Wörter verkürzt auszudrücken. Bei Begriffen wie »geil« oder »bekloppt« verschwinden die Ausdrucksnuancen. Es steht uns heute eine große Vielfalt von Worten zur Verfügung, die unterschiedliche Gefühlsabstufungen zum Ausdruck bringen können. Etwas kann schön oder angenehm sein, uns berühren oder erschüttern. Immer ist es eine andere Saite, die in der Seele berührt wird. Um dies zu spüren, müssen wir uns stärker mit unseren Gefühlen identifizieren. Wir müssen nachempfinden, wie etwas genau beschaffen ist. Und dann gleichsam *schmecken*, welches Wort hierzu am besten passt. Dies verlangt eine gewisse Anstrengung. Diese Anstrengung bewirkt, dass die Gefühlswelt nuancierter und reicher wird. Faulheit beim Gebrauchen der Sprache, wenn es darum geht, Emotionen auszudrücken, erlebe ich auch in der Gewohnheit, lieber über das zu sprechen, was uns an bestimmten Dingen *nicht* gefällt, anstatt auszudrücken, was uns daran gefällt. »Das fand ich nicht nett«, äußerte kürzlich eine Frau, der sich durch die Bemerkung einer Freundin auf den Arm genommen fühlte. Auf die Frage, was sie wirklich erlebt hatte, antwortete sie: »Ich empfand das Ganze als ausgesprochen peinlich.«

Es besteht ein riesengroßer Unterschied zwischen »nicht nett« und »ausgesprochen peinlich«. Im letzteren Fall betreten wir die Ebene der Gefühle, im ersten deuten wir sie nur an, und wir überlassen die Interpretation den Zuhörern.

Der Dämon der Faulheit kann auf einer noch tiefer liegenden Ebene auf uns einwirken, wenn er sich in Angelegenheiten einmischt, die für uns von wesentlicher Bedeutung sind. Das ist dann eine Form geistiger Faulheit. Nach außen hin sieht es so aus, als wären wir besonders aktiv. Doch im Innern kann deutlich werden, dass all die äußeren Tätigkeiten nur dazu dienen, gerade die wesentlichen Dinge nicht tun zu müssen. Wenn wir nicht so weit kommen, uns die Frage zu stellen, was wir eigentlich wirklich wollen, und es dann auch umsetzen, können wir dies hinter einem Übermaß an praktischen Aktivitäten verbergen. Doch dann tun wir nicht das, was für uns in diesem Leben wesentlich ist. So berichtete mir ein Klient einmal Folgendes:

Es gibt Dinge, mit denen ich Schwierigkeiten habe. Anrufe zu erledigen finde ich zum Beispiel sehr unangenehm. Ich habe dann Angst, dass ich jemanden störe, und das finde ich unangenehm. Ich weiß zwar, dass es irgendwann doch passieren muss, aber wenn ich mir vornehme: Jetzt rufst du endlich an, kommt sofort etwas dazwischen, etwa in der Art: Erst muss ich noch kurz meinen Schreibtisch aufräumen, zuerst noch schnell den Abwasch erledigen. Ich habe also ein Problem mit meinem Vermeidungsverhalten. Häufig sind die Dinge, die ich stattdessen tue, ebenfalls sehr nützlich und notwendig, aber trotzdem ... Oft verliere ich mich dann in anderen Tätigkeiten, und aus dem Anruf wird wieder nichts.

Der Computer und der Fernseher sind ebenfalls gute ›Helfer‹, wenn wir uns von den wesentlichen Dingen ablenken wollen. Wir bleiben vor dem Fernseher hängen, bis die nächste Sendung beginnt. Oder wir wollen noch ein letztes Mal unsere E-Mails abrufen. Und dann all das angenehme Surfen im Internet, um nachzusehen, ob es noch irgendetwas Interessantes gibt, vielleicht ein nettes Onlinespiel.
Die entscheidende Frage lautet aber: Was wollen wir *eigentlich*? Ein anderer Klient schilderte dazu Folgendes:

Ich nahm an einem Meditationskurs teil. Wenn ich mir dann vornahm, zu Hause zu meditieren, sorgte ich zuerst dafür, dass die äußeren Umstände ideal waren. Ich räumte mein Zimmer auf und ordnete noch alle möglichen Gegenstände auf meinem Schreibtisch. Ich fand es auch schön, noch eine Kerze anzuzünden, denn das verbesserte die Atmosphäre und machte die Meditation leichter. Aber ich war so damit beschäftigt, die Rahmenbedingungen zu verbessern, dass ich am Ende die Meditation vergaß. Und schon war die Zeit um, und ich musste wieder mit meinen anderen Dingen weitermachen.

Ich erlebe, dass hier das Faulheitswesen, der Esel, am Werke ist. Wir haben einen Vorsatz. Dieser Vorsatz hat mit unserer eigentlichen Individualität zu tun. Dann taucht plötzlich der Esel auf und erteilt allerlei gute Ratschläge, aber diese Ratschläge dienen nur der Ablenkung. Dies ist eine Form von »Ich-Faulheit«. Von außen her gesehen scheint jemand aktiv zu sein, doch diese Aktivitäten lenken ihn nur von dem ab, worum es wirklich geht.
Wie können wir beurteilen, worum es wirklich geht? Dies kann jeder nur für sich selbst ausmachen. Wenn jemand sich vornimmt, Anrufe zu erledigen, sich aber davon ablenken lässt, so ist der Faulheitsverführer an dieser Stelle aktiv. Wir sind dann hinterher unzufrieden mit dem, was wir getan haben. Wir haben (wieder) eine Chance verpasst.
»Aber wenn ich vergesse, was ich eigentlich will und mich ablenken lasse, dann bin ich das doch auch selbst?« Wenn wir die Realität der Seelenwelt genauer betrachten, müssen wir feststellen, dass dies nicht der Fall ist. Hier können wir unterscheiden zwischen dem, was wesentlich zu uns selbst gehört, und dem, was zwar in uns wirksam ist, aber eben gerade nicht zu unserem Wesen gehört. Im Alltagsbewusstsein hat es den Anschein, als sei ich es selbst, der gerade nicht das tut, was er eigentlich tun will. In der Realität der Seelenwelt stellt sich dies anders dar. Da sind es die Dämonen, die in mich hineinkriechen, um mich mir selbst zu entfremden.

Faulheit schafft Leere. Sie sorgt dafür, dass bestimmte Dinge gerade nicht geschehen. Wo die anderen Verführer häufig für deren »Füllung« sorgen, also für eine gewisse Aktivität, da sorgt der Faulheitsverführer für Stillstand. Diese Leere kann auf verschiedenen Ebenen der Persönlichkeit hergestellt werden. Sie kann sich unserer Handlungen bemächtigen: Jemand hört auf, etwas zu tun. In diesem Fall kann die Faulheit äußerlich sichtbar werden. Doch sie kann auch tiefer in der Seele wirksam sein. Dann verlieren wir unser Interesse, oder wir beginnen uns zu langweilen. Wir begnügen uns mit oberflächlichen Meinungen und Urteilen. Und dann kann der Verführer auch seine Hand nach unseren wesentlichen Motiven ausstrecken. Wir tun dann zwar viel, doch wir verlieren währenddessen die Verbindung mit dem, was wirklich zählt.

Oblomow

Um die Mitte des 19. Jahrhunderts schrieb der Russe Iwan Gontscharow (1812–1891) den Roman *Oblomow*. Darin beschreibt er das Leben eines russischen Adligen. Im Jahre 1968 wurde der Roman durch den Österreicher Franz Xaver Kroetz als Bühnenstück eingerichtet. Oblomow liegt fast während des ganzen Stücks im Bett. Er hat keine Lust aufzustehen und freut sich schon morgens auf den Mittagsschlaf. So verstreichen die meisten seiner Tage. Sein Diener Sachar ist bereits genauso faul und wenig geneigt, Dinge zu unternehmen, wie er selbst. Faulheit ist offenbar ansteckend. Oblomow lebt von den Erträgnissen seines Guts Oblomowka, wo er sich im Übrigen nie blicken lässt.

Freunde kommen vorbei und stimulieren ihn, sein Gut aufzusuchen und dort nach dem Rechten zu sehen. Doch immer wieder findet er Gründe, dies nicht zu tun. Man stelle sich vor, dass dort alles anders ist, als er es noch vor Augen hat? Nein, da bleibt er

doch lieber in seiner Fantasiewelt. Er begnügt sich mit dem flachen Rhythmus des Alltags.
Oblomow wird als ein typischer Adliger seiner Zeit beschrieben: ein Mensch mit wenig Interesse für das, was auf seinen Gütern geschieht und was die Menschen dort durchmachen. Zusammen mit den Bewohnern dort zu leben und deren Situation zu verbessern, das liegt nicht in den Intentionen dieser Menschen: Sie leben in Sankt Petersburg oder Moskau, und sie amüsieren sich auf Festen und Empfängen, wo sie Neuigkeiten besprechen und über das tratschen, was an Beziehungen unter ihnen spielt. Wer wird wen als nächstes heiraten?
Oblomow ist das Urbild eines Faulpelzes. Er verlässt sein Bett nicht, er interessiert sich nicht für die Feste, die in seiner Umgebung stattfinden, er hat kein Interesse an seinem Landgut oder daran, wie sein Leben weitergehen soll. Er ist einfach leer.

7 Habgier und Geiz

Dieser Verführer ist natürlich in unserer Zeit besonders aktiv. Ihm geht es darum, uns zum Kaufen und zum Besitzenwollen von Dingen zu verführen, auch wenn wir sie gar nicht wirklich brauchen. Es geht um das Besitzen an sich, nicht um den Nutzen der Dinge. Habgier versucht die Illusion zu verstärken, wir würden durch all diesen Besitz glücklicher.

Ein großer Teil unserer Wirtschaft ist abhängig von der Habgier. Eine der Grundmaximen unserer Zeit lautet, dass die Wirtschaft wachsen muss. Doch was soll geschehen, wenn irgendwann von allem genug vorhanden ist? Wenn wir genügend Dinge haben und nichts mehr brauchen? Dann würde die Wirtschaft stagnieren. Also muss die Habgier weiter stimuliert werden.

Habgier zieht unsere Aufmerksamkeit nach außen, auf die Dinge, die ›nett‹ sind und die man deswegen haben möchte. Im Innern wird unsere Begierde geweckt. Hier entsteht eine Geste, mit der wir die Dinge zu uns hinziehen wollen – und wenn wir sie dann besitzen, der Drang, sie zu behalten. Es würde natürlich eine völlig andere Qualität von uns erfordern, die Gegenstände, die wir besitzen, auch zu pflegen und sie zu verwenden. Doch damit ist der Habgier nicht gedient.

Wie die ›normale‹ Gier das Loch in der Seele beispielsweise dadurch zu füllen versucht, dass wir viel essen, so versucht die Habgier dieses Loch zu füllen, indem sie uns dazu bringt, Güter in unserer Umgebung zu sammeln. Aber auch damit lässt sich das Loch nicht wirklich stopfen.

Habgier ist mit Geiz verbunden. Menschen, die geizig sind, besitzen Gegenstände oder Geld. Sie verwenden viel Aufmerksamkeit darauf, das, was sie haben, zu behalten. Es geht nicht mehr darum, dass all das Geld, das sie besitzen, sinnvoll genutzt wird – für sie selbst und für andere –, sondern nur noch um das Haben an sich. Geiz kann eine argwöhnische Grundhaltung nach sich ziehen, die aus der Angst stammt, dass es Menschen geben könnte, die uns das, was wir erworben haben, wegnehmen könnten.

Besitz kann Halt bieten, Sicherheit verleihen. Das sehen wir an Menschen, die an irgendeiner Form von Sammelzwang leiden. Sie heben beispielsweise alte Zeitungen oder Zeitschriften auf, weil sie sie noch nicht ganz ausgelesen haben, und die Angst haben, etwas zu verpassen:

Ich hebe all diese Zeitschriften auch für meine Kinder auf. Stellen Sie sich vor, dass sie einen Aufsatz schreiben müssen und dafür genau die Informationen benötigen, die da drin stehen. Dann wäre es doch schade, wenn ich sie gerade weggeworfen hätte!

Diese Folgerung klingt sehr logisch, doch die Rechnung geht nicht auf, wenn die Zeitschriften über Jahre hinweg an den Wänden entlang bis zur Decke aufgestapelt werden.

Auch Werbung wirkt stark auf die Habgier. Wir werden ständig eingeladen, etwas Neues zu kaufen. Es werden unendlich viele Varianten von Gütern hergestellt, um uns doch noch etwas Neues anzudrehen. Neue Modelle eines Produkts, wieder eine neue Anwendungsform und so weiter.

Meine Tochter hatte seit drei Monaten ein neues Handy. Dazu gehörte ein höheres Freikontingent, und mit dem Farbdisplay machte sie Eindruck bei ihren Mitschülern. Dieses Exemplar war viel schöner als ihr voriges. Das war noch so ein altmodisches Riesenteil! Alle bewunderten es, aber es war auch ein wenig Eifersucht im Spiel. Als dann eine ihrer Freundinnen das allerneueste Modell mitbrachte, mit dem sie nicht nur Fotos machen konnte, sondern mit dem sie auch Internetzugang hatte, stand plötzlich *sie* mit ihrem brandneuen Teil im Mittelpunkt. Da stand nun meine Tochter, die Freude über ihr neues Handy war zusammengeschrumpft. Und das Verlangen, ebenfalls so ein neues Teil zu besitzen, meldete sich bereits.

In diesem Beispiel sind verschiedene Verführer am Werk. Das Loch wird häufig durch Unsicherheit geschaffen. Wenn wir daran zweifeln, ob wir selbst etwas bedeuten, können wir diese Sicherheit durch Besitz erzeugen – in diesem Falle also durch das neue Handy. Die Bewunderung für das neue Gerät strahlt auf seinen Eigentümer aus. Wenn die Verführer von ihrem Ast herunterschauen, sehen sie garantiert bei einigen Freundinnen ein kleines Loch, das sie durch Eifersucht füllen können. Darauf antwortet wiederum in die Habgier: Ich will auch so ein Handy!
Die Habgier geht häufig mit Unzufriedenheit einher. Wir wollen immer mehr, wie im Märchen vom *Fischer und syner Fru*. In dem Beispiel oben war die Tochter eine ganze Weile mit ihrem Gerät zufrieden. Aber weil die Freundin ein schöneres hatte, schlug die Unzufriedenheit zu. Die Freude über etwas Neues ist nur von kurzer Dauer, sobald wieder ein neueres, schöneres oder noch praktischeres Gerät angeboten wird.

Neugier ist eine weitere Form der Habgier. Auch hier haben wir im Wort selber den Bestandteil *Gier*. Nun handelt es sich nicht um Gegenstände, sondern die Habgier richtet sich auf Informationen, auf Neuigkeiten. Nicht Interesse ist hier die Triebfeder, sondern nur der Wunsch, etwas zu wissen und darüber sprechen zu können. Auch der Tratsch gehört in diesen Kreislauf. Was gewinnen wir dabei? Aufmerksamkeit, die ein Loch der Unsicherheit füllt.

Einer der bekanntesten Geizkragen der Welt ist *Dagobert Duck*. In jeder neuen Folge macht er sich Sorgen um sein Geld. Jeder Groschen ist für ihn wertvoll. Alles andere ist von untergeordneter Bedeutung. Ein weiteres bekanntes Beispiel für den Geiz finden wir in dem Theaterstück *Der Geizige* von Molière (ca. 1622–1673). Die Hauptperson dieses Stückes ist Harpagon. Der ist ein echter Geizkragen, Geld bedeutet für ihn das höchste Glück. Deswegen hat er auch eine große Geldsumme heimlich in seinem Garten vergraben. Er lässt sich in seinem Tun und Lassen vor allem von seiner Habgier leiten. Seine beiden Kinder – ein Sohn und eine Tochter – sind verliebt. Er in ein armes Mädchen, sie in einen jungen Mann, beide von weit niedrigerem Stand. Wie in vielen Theaterstücken dieser Zeit gibt es viele Missverständnisse und Kommunikationspannen. Der Vater hat andere gute Partien für seine Kinder im Auge, vor allem solche, die einen großen Brautschatz beinhalten. Die für seinen Sohn vorgesehene Braut ist eine gute Partie; sie ist freundlich und hilfsbereit. Doch das Motiv des Vaters ist nicht Liebe, es geht ihm um seinen eigenen Nutzen. Als sie zum Kennenlernen zum Essen eingeladen wird, wird der Koch angewiesen, beim Essen unbedingt zu sparen. Einen guten Eindruck hinterlassen durch großzügige Gastfreundschaft? So etwas kennt Harpagon nicht.
Schließlich, nach vielen Wirrungen und Auseinandersetzungen, stiehlt der Diener des Sohns das Geld Harpagons aus dem Garten. Das ist für den alten Geizkragen eine große Katastrophe. Der Sohn ist nur dann bereit, das Geld zurückzugeben, wenn der Vater ihm seine Erlaubnis gibt, seine wahre Geliebte zu heiraten. Ende gut, alles gut: der Sohn heiratet seine Liebste, und der Vater bekommt sein Liebstes zurück: Sein Geld!

Das Wesen der Habgier nistet sich in unsere Aufmerksamkeit ein. Es will, dass wir uns bei allem ständig fragen, worin dessen Nutzen besteht. Es spiegelt uns Strategien vor, wie wir unsere Lage zu unserem

Vorteil verbessern und wie wir unseren Besitz vermehren können. Welche Geste lebt in der Habgier? Wie bereits geschildert, ist es eine Geste, mit der wir etwas aus unserer Umgebung an uns heranziehen. Die Pflege dessen, was wir auf diese Weise ergattert haben, bleibt dabei auf der Strecke. Es bildet sich ein saugender Energiestrom, der aus der Umgebung heraus Dinge zu uns hinzieht. Wir ziehen Energie und zusammen mit dieser Energie Dinge oder Informationen an uns heran. Dieser saugende Energiestrom versucht, anderen etwas wegzunehmen. Wenn diese nichts dafür zurückbekommen, ruft das bei ihnen ein Gefühl hervor, als ob sie ausgesaugt würden. Der Verführer sorgt dafür, dass wir uns etwas nehmen, wodurch ein anderer etwas verliert. Wenn der andere uns etwas geben könnte und wir es auch annehmen könnten, hätte der Verführer keine Chance, sich einzumischen.

Wenn wir etwas geschenkt bekommen, erzeugt das Dankbarkeit. Schenken kann Befriedigung erzeugen, sowohl beim Schenkenden wie auch beim Empfangenden. Habgier dagegen kennt keine Befriedigung. Sie erfüllt uns nicht. Weil das, was wir durch sie bekommen, nicht geschenkt wird, bleiben wir eigentlich leer. Und das wiederum verstärkt den Griff der Habgier. Im heutigen Sprachgebrauch sprechen wir dann von einer »Grabschkultur«.

Während ich dieses Kapitel niederschrieb, war das Thema der Habgier aufgrund der Finanzkrise weltweit besonders aktuell. Jeden Tag überschlugen sich die Meldungen über zusammenbrechende Banken und Versicherungsgesellschaften, die ins Wanken gerieten, die lahmende Wirtschaft und die gefährdete Altersversorgung. Die amerikanische Regierung stand vor einer Herausforderung, die möglicherweise noch anspruchsvoller war als die des Irakkriegs. Damals titelte eine führende niederländische Tageszeitung mit der Schlagzeile: »Bos sieht mit der Krise das Ende der Habgier gekommen.« Dem niederländischen Finanzminister Wouter Bos zufolge handelte es sich

»um den definitiven Abschied von einem System, das auf Habgier, diversen Belohnungen und nicht verantwortbaren Risiken basiert«. Es sieht tatsächlich so aus, als drohe hier die Habgier vor dem Fall zu kommen. Die Habgier war es, die bereits seit längerer Zeit viele Amerikaner dazu verführt hatte, eine Hypothek aufzunehmen und ein eigenes Haus zu kaufen. Man spiegelte den Kunden vor, Zinssätze und Tilgung würden erst nach einigen Jahren erhöht, wenn ihr Einkommen gestiegen sei. Menschen wurden durch schöne Versprechungen in die Falle gelockt. Auf diese Weise wurden viele Hypotheken an Käufer vergeben, die die monatlichen Belastungen eigentlich gar nicht tragen konnten. Damit gingen die Hypothekenbanken hohe Risiken ein. Worin bestand ihr Vorteil? Natürlich im Gewinn, und in der Folge natürlich in der höheren Rendite für die Aktionäre. Ließe diese Rendite nach, würden die Aktionäre ihr Geld an anderer Stelle anlegen. Dadurch kommt es zu einem Dominoeffekt. Das ganze System lebt von dem Ziel, einfach und schnell viel Geld zu verdienen. Sind wir nicht alle in irgendeiner Weise daran beteiligt? Auch meine Rentenversicherung zieht ihre Vorteile daraus. Das Geld, das ich für meine Altersversorgung zurückgelegt habe, hat sich durch dieses Anlageprinzip beträchtlich vermehrt.
Doch der Optimismus erwies sich als zu groß. Viel zu viele Menschen konnten die netten, attraktiven Hypotheken-Sonderangebote schließlich doch nicht finanzieren. Sie gingen bankrott und mussten ihre Häuser räumen. Dadurch kam es zu einer Welle von Verkäufen. Die Immobilienpreise stürzten ab, wodurch die Hypothekenbanken wiederum in Bedrängnis gerieten. Viele von ihnen gingen ebenfalls bankrott, Aktionäre zogen sich zurück und so weiter. Das Kartenhaus geriet ins Wanken. Die Habgier war, zumindest für einige Zeit, an ihre Grenzen gekommen.
Was wir daraus vielleicht lernen können ist, dass ein Finanzsystem, das allzu stark auf der Habgier beruht und zu wenig auf dem Prinzip der Verantwortung, deutliche Grenzen aufweist.

Hatte der Minister recht, als er diese Krise als das Ende der Habgier pries? Ich bezweifle es. Habgier lebt in der menschlichen Seele. Dort hat sie sich einen Stammplatz erworben. Sie ist kulturell allgemein akzeptiert. Wir können natürlich neue Regeln aufstellen, durch die bestimmte Anlageformen und der Handel mit bestimmten Derivaten verboten werden. Aber solange die Habgier in der Seele lebt und wir ihr dort nicht entgegentreten und sie verwandeln, wird sie sich immer wieder aufs Neue ihren Weg bahnen.

Der Vampir

Im Zusammenhang mit der Habgier möchte ich besonders auf das Wesen des Vampirs eingehen. Er ist ein Wesen, das die Energie aus uns heraussaugen kann. Für mich ist auch er eine Ausprägung der Habgier.

Der Vampir ist ein allgemein bekannter Dämon. Viele Filme und Bücher sind ihm gewidmet. Der bekannteste ist sicher Graf Dracula. Er weist alle klassischen Merkmale des Vampirs auf: die adelige Abstammung, er ist bereits verstorben, leichenblass und schwarz gekleidet. Er lebt und wirkt hauptsächlich im Dunkeln, nachts. Er kann sich charmant und verführerisch geben; das macht ihn so besonders gefährlich! Das Urbild des Vampirs ist die Fledermaus, ebenfalls ein Nachttier. Man hört sie nicht, sie fliegt und jagt im Stillen. Die Vampirfledermaus lebt vom Blut anderer Wesen.

Was tut der Vampir? Er beißt einen Menschen in den Hals und trinkt dessen Blut. Der Mensch wird dadurch infiziert und ebenfalls zum Vampir. Wenn wir den Vampir nicht als rein physische Realität auffassen, sondern vielmehr als Bild für eine seelische Wirklichkeit, erkennen wir in ihm ein Wesen, das uns Energie absaugt. Das Blut ist ein Bild für die Lebensenergie. Wir kennen dies wahrscheinlich alle: Wir begegnen jemandem, und der Betreffende beginnt auf uns einzureden. Er redet und redet immer weiter und kann gar nicht mehr aufhören. Wir versuchen einen guten Moment zu erwischen, in dem wir das Gespräch abbrechen und uns wiederum unseren eigenen Angelegenheiten zuwenden können, aber es ist wie verhext, dieser Moment will einfach nicht kommen. Die betreffende Person hält uns mit ihrem Redeschwall gewissermaßen ständig in ihrem Bann. Wenn es uns dann irgendwann gelungen ist, uns zu verabschieden, fühlen wir uns leer. Unsere Energie ist wie verschwunden und wir fühlen uns erschöpft.

Ein solcher Mensch kann uns dadurch festhalten, dass er uns gewissermaßen keinen Raum lässt. Dies gelingt ihm, indem er nicht am Ende eines Satzes Atem holt, sondern nach einem Komma. Oder indem er am Satzende mit seiner Stimme nicht nach unten geht, sondern nach oben; dann bleibt der Satz quasi unvollendet in der Luft hängen. Wir müssen dann fast unhöflich werden und einen solchen Menschen mitten im Satz unterbrechen. Dies ist die einzige Möglichkeit, sich ihm zu widersetzen.

So etwas kann als Vampirverhalten bezeichnet werden. Der Betreffende redet nicht mit uns, um uns etwas zu berichten oder Kontakt mit uns herzustellen, sondern um Aufmerksamkeit zu erhalten. Diese Aufmerksamkeit verleiht ihm die Energie, die er uns kostet. Ein solcher Mensch kann im Innern das Gefühl haben, dass ihm in seinem Leben zu wenig Aufmerksamkeit zuteil wurde, was zu einem permanenten Aufmerksamkeitsbedürfnis führen kann. Diese Aufmerksamkeit kann er sich nicht ohne Weiteres selbst schenken, und offenbar sind seine Lebensumstände auch nicht so beschaffen, dass er von anderer Seite genügend davon bekommt. Dennoch: Wenn jemand die Aufmerksamkeit, die er erhält, nicht empfangen kann, bleibt er ebenfalls im Innern leer. Es ist auch schwer, jemandem Aufmerksamkeit zu schenken, wenn diese sofort ›abgezapft‹ wird. Es ist schwierig, mit einem Vampir umzugehen, weil er zwar Aufmerksamkeit heischt, sie jedoch nicht annehmen kann. Dies kann sich rasch zu einer bodenlosen Spirale entwickeln. Traurig für einen solchen Menschen, der sein Problem sogar noch verschlimmert, weil er Menschen durch sein Verhalten abstößt. Wie können wir einem Menschen dennoch die Aufmerksamkeit zuteil werden lassen, die er verdient, ohne selbst ›auszulaufen‹?

Eine andere Art von Vampiren erlebe ich häufig in bürokratischen Zusammenhängen. Zum Beispiel immer dann, wenn von Menschen immer mehr Zeit gefordert wird, in der sie die Dinge, die sie tun, dokumentieren müssen. Auf dieses übermäßige Dokumentationsbedürfnis werde ich später noch eingehen. Hier möchte ich darauf hinweisen, dass dies dazu führt, dass die Zeit und die Aufmerksamkeit, die ein Mensch normalerweise – insbesondere im Sozialen und im Gesundheitsbereich – dafür aufwendet, sich z. B. einem Patienten zu widmen, von etwas geraubt wird, das gar nichts mit seiner eigentlichen Aufgabe zu tun hat. Wenn dieses Übermaß an Verwaltungsvorgängen lediglich dem Zweck einer besseren Kontrolle dient, führt dies rasch zu einer ›Vampirerfahrung‹.
Dasselbe erleben Menschen, die immer wieder mit innerbetrieblichen Umstrukturierungen konfrontiert werden. Jede solche Reorganisation verlangt wieder Zeit, um neue Gewohnheiten und Abläufe einzuführen. Die Gefahr besteht darin, dass die Aufmerksamkeit für die eigentliche Kernarbeit vernachlässigt wird. Auch so etwas kann als eine Vampirwirkung erlebt werden.
In der amerikanischen Fernsehserie *Buffy, im Bann der Dämonen* ist die Hauptperson eine junge High-School-Schülerin von etwa 17 Jahren. Sie ist die wichtige Vampirkämpferin. Ihr Leben wird von dem nie nachlassenden Kampf mit allerlei Monstern, insbesondere Vampiren, bestimmt, denen sie auf ihrem Weg begegnet. Auf den ersten Blick sind diese Vampire ganz normale Menschen, die gar nicht als Vampire erkennbar sind. Doch in bestimmten Situationen erwacht in ihnen der Vampir. Dann sehen wir: Ihre Gesichter ver-

zerren sich, sie bekommen spitz hervorstehende Eckzähne und einen wollüstigen, aggressiven Blick. Und dann begeben sie sich auf die Jagd nach Menschenblut. Buffy, die Vampirkillerin, hat einen Blick für sie. Sie erkennt sie rasch, und dann begibt sie sich in einen Kampf mit ihnen, um sie zu töten. Wir haben hier im Gewand einer populären Fernsehserie ein Bild für den Kampf des Guten mit dem Bösen vor uns.

Betrachtet man dieses Thema unter dem Aspekt der Wirkungsweise von Dämonen, so sehen wir ein immer wieder erkennbares Muster: Es gibt Menschen, in denen eine saugende, destruktive Kraft lebt. Diese kann sich über lange Zeit hinweg völlig ruhig verhalten, doch plötzlich bricht sie durch. Wir können das einem Menschen ansehen. Sein Blick verändert sich so, dass er zu dem Dämon passt, der sich in ihm erhebt. Handelt es sich um Wut, werden die Augen stechend, die Stimme scharf, die Haltung drohend. Diese Symptome können auf einen Schlag wieder verschwinden, wenn der Anlass nicht mehr gegeben ist. Handelt es sich um Habgier, erscheint ein besitzergreifender Blick in den Augen.

8 Wut und Aggression

Ein gutes Beispiel für das Wesen der Wut lässt sich in dem Film *Hulk* aus dem Jahr 2003 finden. Bruce Banner ist von seinem besessenen Vater, einem fanatischen Wissenschaftler, genetisch manipuliert worden. Dies führt dazu, dass er sich, wenn ihn etwas emotional aufwühlt und er wütend wird, in ein grünes Monster verwandelt. Bruce wird riesengroß, bekommt breite Schultern und ist ungeheuer stark. Andere versuchen ihn mit immer radikaleren Methoden auszuschalten. Doch Kugeln prallen an ihm ab, Maschinengewehrfeuer kümmert ihn nicht. Je schwerer das Geschütz ist, das aufgefahren wird, desto stärker und unverletzbarer wird er. Sogar Hubschrauber, Panzer und Flugzeuge besiegt er durch die in ihm geweckte Riesenkraft. Doch wenn man ihm freundlich mit Respekt und Anteilnahme entgegentritt, schrumpft er wieder auf menschliche Größe. Dann ist er auch besonders empfänglich für die liebevolle Zuwendung seiner Kollegin Betty.

Als Monster sagt er über sich selbst: »Ich bin unheimlich stark und spüre meine Freiheit. Und ich genieße sie.« Doch dieses Genießen ist kein echtes, freudiges Genießen. Es hat mehr den Charakter eines negativen Schwelgens in dem Kick, den ihm seine Kraft verleiht. Darin lässt sich wieder die Wirkung des Verführers erkennen.

Diese Figur bringt bildhaft zum Ausdruck, wie die Kraft der Wut in ihr lebt. Ich habe den Eindruck, dass hier die Aura, die Seelenkonfiguration dieses Menschen sichtbar gemacht wird. Unsere Aura wächst, wenn wir wirklich wütend sind. Dadurch fühlen wir uns tatsächlich stärker, und wir machen mehr Eindruck auf andere Menschen. Wir fühlen uns unverletzbar. Doch sie wächst sich rasch zu einer Gestalt aus, die sich der Kontrolle des Selbstbewusstseins entzieht. Wenn das Ich angesprochen wird, schrumpft die Aura wieder auf ihre menschliche Dimension zurück.

Wenn wir wütend werden, wendet sich die Energie nach außen, so wie sie beim Groll nach innen geht. Ein Mensch, der grollt, fühlt sich häufig als Opfer, ein Mensch in Wut wird eher zum Täter. Doch keiner von beiden verhält sich in diesem Moment authentisch. So können Menschen in ein Muster geraten, das in der Psychologie als das »Dramadreieck« bezeichnet wird. In diesem Dramadreieck haben wir ein fixes Muster vor uns, in welches Menschen sich in ihrer Kommunikation verstricken. In diesem Dreieck gibt es folgende Positionen: Täter, Opfer und Retter. Der Täter ist derjenige, der sich anderen gegenüber unangenehm oder drohend verhält. Häufig ist das wiederum eine Äußerung von Unsicherheit. Der Täter sucht sich unbewusst ein Opfer, jemanden, der daran gewöhnt ist, sich im Falle einer Bedrohung zurückzuziehen und sich verletzlich zu geben. Die beiden ergänzen einander also hervorragend, allerdings in einer ungesunden Weise. Die dritte Rolle wird durch den Retter verkörpert. Dieser ergreift Partei für das Opfer, dem er hilft und das er tröstet. Damit bestätigt der Retter das Opfer in seiner verwundbaren Position.

Alle drei Rollen zeigen ein symbolisches Verhalten. Blicken wir nun auf die Wirkung der Verführer, so sehen wir drei unsichere Menschen. Der eine wird von der Wut verführt (Täter), der zweite vom Groll (das Opfer). Doch wie steht es mit dem Dritten, dem Retter? Bei ihm erkenne ich eine gewisse Eitelkeit. Der Helfer stellt sich nicht über den Konflikt, um den Beteiligten dabei zu helfen, sich aus ihrer Rolle zu lösen, sondern er wird selbst ein Bestandteil des Musters. Charakteristisch für ein derartiges Muster ist die Neigung zur Wiederholung. So sehen wir beispielsweise in Schulen, wie sich das

Dramadreieck beim Mobbing abzeichnet. Für die Pädagogen stellt es eine Herausforderung dar, nicht in die Helferrolle zu verfallen, sondern das zugrunde liegende Muster als solches aufzulösen.

Wut ist in erster Linie auch ein Angriff, doch häufig hat dieser Angriff die Bedeutung einer Verteidigung. Angriff ist ja, wie wir wissen, die beste Verteidigung! Warum werden wir wütend? Das geschieht immer dann, wenn wir verletzt werden oder das Gefühl haben, dass wir zu kurz gekommen sind. Hier kann wiederum von einem Loch gesprochen werden, das sich in Situationen auftut, die uns Schmerz bereiten oder traurig machen könnten. Wenn wir diese Gefühle nicht zulassen wollen, kann uns Wut ergreifen. Statt unseren Schmerz zu reflektieren, richten wir unsere Energie auf den anderen, der uns dieses Gefühl zugefügt hat. Wir sehen in ihm einen Täter. Doch in der Wut werden wir ebenfalls zum Täter, und wir versuchen dem anderen dadurch beizukommen, dass wir ihn zum Opfer machen. Eine bekannte Strategie also. Wenn wir uns entscheiden müssen, ob wir Opfer sein oder Täter werden wollen, entscheiden sich viele Menschen, insbesondere Männer, für die Täterschaft.

Ich bemerke, dass ich mich eigentlich oft viel verwundbarer fühle, als ich mir im betreffenden Moment selber eingestehe. Ich kann nur schlecht mit diesem Gefühl umgehen: Ich fühle mich dann so, als würde ich ganz klein! Meistens reagiere ich sofort, indem ich zurückschlage. Ich bemerke, wie meine Worte schärfer werden und dass ich sehr rasch spüre, wo die Schwachstellen des anderen liegen, und dann versuche ich, ihn dort so richtig zu treffen. Mein Denken läuft dann beschleunigt ab, ich werde richtig gemein. Natürlich führt das letztlich zu gar nichts. Außer, dass ich meine eigene Verwundbarkeit einen Moment lang nicht spüre. Offenbar kompensiert das die unangenehmen Auseinandersetzungen, die dadurch entstehen.

Wut bewirkt, dass wir uns stärker fühlen. Sie verführt uns dazu, uns dort stark zu fühlen, wo wir eigentlich das genaue Gegenteil erleben! Für jemanden, der großes Interesse daran hat, den Eindruck der Stärke zu hinterlassen, ist die Wutreaktion durchaus erwünscht.
Eine spezielle Form der Wut ist der Wutanfall. Wir sehen dies beispielsweise bei Menschen, bei denen Groll ein besonderes Thema ist, insbesondere bei Menschen mit einem melancholischen Temperament. Sind wir empfindlich und fühlen uns leicht angegriffen, werden wir viele kleine Verwundungen ansammeln. Wenn wir uns daran gewöhnt haben, sie herunterzuschlucken, können wir im Alltagsleben ganz gut damit umgehen. Doch irgendwann ist das Maß voll. Wenn dann etwas eintritt, das den letzten Tropfen bedeutet, kann sich auf einen Schlag der ganze Eimer voller Wut entleeren. Derjenige, der den Anlass dafür bildete, bekommt den gesamten Inhalt über sich ausgeleert. Im Prinzip ist das für denjenigen, der den Anfall hat, ganz angenehm: Auf diese Weise wird eine Menge Spannung entladen. Doch normalerweise reagiert darauf ein anderer Verführer: das Gespenst des Schuldgefühls. Dieses flüstert uns zu: »Das hättest du nicht tun dürfen! Schau nur, was du jetzt wieder angerichtet hast!« In solchen Fällen macht sich der Betreffende nicht klar, dass es besser gewesen wäre, er hätte sich rechtzeitig um die kleinen Mengen gekümmert, die in ihrer Gesamtheit den Eimer schließlich zum Überlaufen brachten.
Es gibt auch Menschen, die ihre Wut in den Körper ableiten. Die Wut darf bei ihnen nicht in der Seele bleiben, denn dafür sind sie zu kultiviert. Die Verwundung wird verdrängt und gewissermaßen im Körper ›geparkt‹. Der Körper kann diese Ladung auf andere Weise loswerden: Dann kommt es zum Beispiel zu einem Migräneanfall. Hier findet auf der physischen Ebene eine Entladung statt, die sich sonst auf der seelischen Ebene abspielt. Der ›Vorteil‹ besteht hier darin, dass der Betreffende der Begegnung mit dem Wutwesen aus dem Wege gehen kann.

Die Geste der Wut ist der Angriff: schlagen, zustechen oder treten; sie zielt darauf ab, den anderen zu schädigen. Dadurch entsteht ein Raum, in dem wir selbst sicher sind. Diese Geste braucht sich nicht vollständig auszuleben, sie kann beispielsweise auch nur in der Stimme hörbar werden. Dann reden wir mit erhobener Stimme, so als wollten wir den anderen auf diese Weise von uns wegschieben. Dieselbe Geste kann auch im Blick liegen. Nicht ohne Grund sagt der Volksmund: Wenn Blicke töten könnten ...

Im täglichen Leben hat Wut meistens eine Verteidigungsfunktion, die eigene Verletzbarkeit wird verhüllt. Es gibt aber auch noch eine weitere Form der Wut: die moralische Entrüstung. Sie lebt in einem anderen Bereich der Seele. Menschen, die bestimmte Werte oder Ideale verteidigen möchten, kennen das. Wenn irgendetwas passiert, wodurch sie sich in ihren Werten verletzt fühlen, ist dies etwas ganz anderes als persönliche Verletztheit. Hier geht es nicht um die »kleine Seele«, um ein Loch in der eigenen Persönlichkeit, sondern um ein tieferes moralisches Engagiertsein. Mehr dazu später in dem Kapitel über die einzelnen Inspiratoren.

Was für eine Gestalt bildet die Wut in uns? Sie ballt unsere Seele in einen explosiven Zustand zusammen. Sie verengt unsere Aufmerksamkeit auf einen einzigen Punkt, einen einzigen Gegenstand. Wir wollen dieses ›Andere‹ schädigen, wenn es sich lediglich darum handelt, unseren Mut abzukühlen. Wenn sich die Wut allerdings zum echten *Hass* verdichtet, wollen wir es sogar vernichten. Alle sonstigen Gefühle werden an den Rand der Seele gedrängt, so wie wir selbst als Wesen durch die Wut verdrängt werden.

Im Körper sorgt Wut dafür, dass der Adrenalinspiegel steigt, jenes Hormon, das dafür sorgt, dass wir wacher werden und unsere Kraft zunimmt. Wir werden aktiv. Unser Blick wird schärfer, und auch unsere Denkenergie beginnt voll auf Touren zu kommen. Allerdings in einer solchen Weise, dass vor allem die zerstörerischen und verletzenden Gedanken mobilisiert werden.

9 Wollust

Die Wollust ist der Verführer, der sich des Gebietes der Sexualität zu bemächtigen versucht. In der griechischen Kultur war es Dionysos, der die Menschen zum Aufwachen im Bereich ihrer Emotionen brachte. Er verführte die Menschen zum ungezügelten Genuss von Alkohol und Sex und stimulierte den Rauschzustand, in dem sich alle Empfindungen ohne jegliche Zurückhaltung entfalten. Er war ein Gott, kein Dämon. Seine Aufgabe bestand darin, die Menschen seiner Zeit in ihrem Emotionsleben aufzuwecken und sie dadurch der geistigen Welt immer stärker zu entfremden. Dadurch band er sie stärker an ihren Körper und an die Erde. Dies war ein notwendiges Stadium in der Entwicklung der Menschheit. Auf diese Weise verband sich der Mensch stärker mit der Erde, er wurde wacher und kam mehr zu sich selbst. Die Wirkung des Dionysos entsprach in ihrem Charakter der des Zeitgeistes, worauf ich später noch eingehen werde.

Der Dichter Joost van den Vondel bezeichnete den Affen als das Symbol für den Verführer in der Sexualität. Der Affe ist der Verführer, der uns aus den Bahnhofskiosken oder aus dem Internet zuruft. Wenn wir unter seinen Einfluss geraten, geraten wir leicht auf die schiefe Bahn. Dieser Verführer nistet sich als Trieb oder Begierde in dem Teil unserer Seele ein, wo unsere Emotionen und Gefühle beheimatet sind. Von dort aus versucht er einen Teil unseres Bewusstseins und unseres Verhaltens in Besitz zu nehmen. Er lenkt die Gedanken in die Richtung der Sexualität. Aus allen Eindrücken, die wir über unsere Sinne empfangen, filtert er vor allem das heraus, was seinen Absichten entspricht. So wirkt er in der *Wahrnehmung*. Wenn er in unserem *Denken* wirksam ist, setzt er dort Fantasien in Gang. Und in unser *Handeln* versucht er dadurch einzudringen, dass er uns beispielsweise zum Kauf von Illustrierten anregt, zum Surfen im Internet, zur Masturbation, oder dazu, Frauen oder Männern nachzustellen und sie zu verführen. Auch dieser Verführer wird versuchen, immer mehr feste Muster in unserem Denken, unseren Emotionen und unserem Handeln zu verankern.

So versucht der Verführer die schöne Seite der Sexualität, die mit der Intimität und dem Spiel der Erotik zusammenhängt, hinunterzuziehen in die Sphäre der Begierden und des Triebes. Auf diese Weise verschiebt sich der Charakter der Sexualität in der Beziehung.

Wenn das Ich aus der Warte des Bewusstseins dieser Entwicklung keinen Halt gebietet und sich seine Gestaltungskraft in Bezug auf einen Teil der Seele aus den Händen nehmen lässt, entsteht dadurch Raum für einen weiteren Verführer. Dieser arbeitet auch gerne mit anderen zusammen, beispielsweise dem Verführer der Gier. Er ist derjenige, der uns zu einem Verhalten anregt, das von Heimlichkeiten bestimmt ist. Er inspiriert uns, Dinge zu tun, die nicht in den Wahrnehmungsbereich anderer fallen, und er sorgt dafür, dass die Illusion intakt bleibt, alles sei nicht so schlimm, beziehungsweise das Verhalten, zu dem er uns verführt, existiere gar nicht wirklich. Ich bezeichne ihn als *Sneaky*.

Sneaky trennt einen Teil der Seele vom Rest ab und baut eine Art Schattengestalt auf, die nicht in die Sichtbarkeit des sonstigen Daseins fällt. Er bewirkt, dass die Begierde wenigstens teilweise ihren Willen bekommt, während wir nach außen unser verantwortungsbewusstes Selbstbild aufrechterhalten können. Dennoch wird das Eigenwertgefühl immer schwächer.

Auch dies weiß sich die Scham immer wieder zunutze zu machen. Wenn jemand uns beispielsweise ein Kompliment macht oder etwas sagt, wodurch wir uns bestätigt fühlen, flüstert sie uns rasch im Innern zu: »Wenn die wüssten!« So kommt es zu einem weiteren Verlust des Eigenwertgefühls.

Wir sehen hier eine häufig vorkommende Kette lästiger Doppelgänger: der Verführer, das von Heimlichkeiten geprägte Verhalten, das Urteil darüber, die Scham. Auf diese Weise wird das Netz, in dem wir uns verfangen, immer komplizierter. Es fällt dem Ich immer schwerer, einen Ausweg zu finden.

Die Geste, die ich bei diesem Verführer erkenne, ist folgende: etwas zu sich hinziehen, es gebrauchen und es wieder wegwerfen. Man kann nicht mehr von einem Austausch zwischen Menschen sprechen oder einer Geste des gemeinsamen Teilens einer Erfahrung. Auch dieser Verführer sorgt dafür, dass wir immer selbstbezogener werden.

Hier ist eine kleine Zwischenbemerkung notwendig: Heißt das, dass man immer versuchen sollte, sich krampfhaft aus dem Einflussbereich der Verführer herauszuhalten? Ich meine, nein. Es geht vielmehr darum, dass wir mit unserem Selbstbewusstsein dabeibleiben. Dann kann es sein, dass wir auf dem Gebiet, wo die Verführer wirksam sind, auch ganz besonderen Kräften – Wesen also – begegnen. Wir werden in dem Kapitel über »Mächtige Wesen in der Sexualität« noch näher darauf eingehen.

Männer leben stärker in ihrem Körper als Frauen. Das bedeutet, dass sie auf dem Gebiet der Sexualität leichter durch den Affen verführbar sind. Deswegen gibt es viel mehr Pornografie für Männer als für Frauen. Den Typus der weiter oben beschriebenen massiven Verführer aus der Unterwelt beobachten wir eher bei Frauen, die früh in ihrer Sexualität traumatisiert worden sind, zum Beispiel Menschen mit einer dissoziativen Persönlichkeit oder einer Borderline-Problematik.

Bei Frauen zeigt der Verführer häufig ein ganz anderes Gesicht. Sie lädt er dazu ein, gefallen zu wollen. Eine besondere Facette dieses Gefallenwollens führt zur Anpassung, zum Aufgeben der Persönlichkeit und der Unterordnung unter die Erwartungen des anderen. Auf diese Weise kann eine Frau ihre persönliche sexuelle Identität verlieren.

Eines der Seelenlöcher, die sich der Affe gern zunutze macht, ist die Unsicherheit. Als Lösung dieses Problems bietet er uns Scheinsicherheit. So kann bei Männern das Gefühl, jemanden erobert zu haben, eine solche Scheinsicherheit bieten.

Ein anderes Loch ist der Drang nach Aufmerksamkeit, der Drang, umsorgt und geliebt zu werden. Auch da hat dieser Verführer wiederum seine Scheinlösung im Angebot. Zumindest bis zum Erwachen am nächsten Morgen ...

Sexualität ist zumeist eine Begegnung von männlichen und weiblichen Qualitäten. Der Verführer verstärkt diese unterschiedlichen Qualitäten, sodass sie zu Karikaturen werden. Er überzeichnet das männliche Element in übertriebener Weise. So bekommen wir das Machoverhalten: Die Brust nach vorn, die Arme etwas vom Körper abgewinkelt und große Reden halten. Ein wenig angeben und sich größer machen, als man in Wirklichkeit ist. Raum einnehmen, indem man Krach macht: mit einem Moped ohne Auspuff oder in einem Auto mit offenen Fenstern und aufgedrehter Stereoanlage herumfahren. Doch der Schein trügt: Eigentlich machen wir uns im entscheidenden Wesensbereich just kleiner, denn der verbirgt sich hinter der Karikatur.

Den Frauen bieten diese Verführer das bereits geschilderte karikierende weibliche Verhalten, mit dem sie leicht punkten können. Verführerisches, sensuelles Gehabe oder eine Prise Erotik ergeben ein Verhalten, das bequem zu Sicherheit und Bestätigung führt, weil Männer dafür besonders anfällig sind.

Es beginnt bei der Kleidung: ein wenig mehr nackte Haut, ein unbedeckter Bauch, ein tiefer Ausschnitt, eine straffe Bluse oder Hose, wodurch die weiblichen Formen sich besser abzeichnen. Dann das entsprechende Make-up, wodurch Lippen und Augen besser zur Geltung kommen oder die Haut eine attraktivere Farbe bekommt.
Und dann gibt es all die netten Bewegungsmuster im Spielen mit dem Haar: Die Haare kurz aufmachen, sie dann wieder zu einem Knoten binden oder mit einer eleganten Kopfbewegung aus dem Gesicht schleudern, wonach sie sofort wieder in ihre alte Position zurückfallen. Neulich musste ich an der Kasse im Supermarkt warten und beobachtete, wie die Kassiererin in kürzester Zeit etwa fünfzehn Mal ihre Haare nach hinten warf. Das sah sehr nett aus, war jedoch, was die Haare betraf, so gut wie wirkungslos.
Stellt man diese beiden Karikaturen nebeneinander, die des männlichen und die des weiblichen Verhaltens, so erhalten wir ein bekanntes Bild. In der Verborgenheit der Seelenwelt können wir dann erkennen, dass es derselbe Verführer ist, der bei beiden Geschlechtern im Verborgenen an den Fäden zieht.
Bei den Vögeln bezeichnen wir dieses Verhalten als Balzverhalten, ein Muster, das sich in jedem Frühjahr wiederholt. Dieses verläuft nach festen Mustern, mit einem festen Ergebnis. Hier gibt es jedoch keinen Verführer, der die Fäden zieht, sondern es ist das Urwesen des Vogels, das diesem sein Verhaltensmuster eingeprägt hat. Hier zeigt sich die Schönheit der Natur, und die Authentizität, die einen Menschen gerade zu dem macht, der er seinem Wesen nach ist, bleibt nicht auf der Strecke. Der Mensch verliert schnell etwas von seiner Authentizität, wenn er sich in feste Muster pressen lässt.

Am Anfang der Pubertät war ich ein durchaus verlegenes Mädchen. Ich fand es schwierig, mit Jungen umzugehen. Ich fand, dass sie immer schlauer und stärker rüberkamen, als ich mich fühlte. Das änderte sich, als die Pubertät fortschritt. Ich habe entdeckt, dass Jungen leicht zu beeinflussen waren, wenn ich mich etwas sexy verhielt. Sie gehen sofort darauf ein, und dann fühle ich mich als die stärkere und nicht mehr wie früher, als ich sie zu den stärkeren machte. Ich wickelte sie einfach so um den Finger! Und das war ein angenehmes Gefühl. Es hatte allerdings auch einen großen Nachteil: Ich landete manchmal mit Männern im Bett, mit denen ich das überhaupt nicht wollte. Dann war ich zu weit gegangen. Als für mich die Nachteile dieses Verhaltens schwerer wogen als die Vorteile, kehrte die alte Unsicherheit wieder zurück. Ich musste mich wirklich um eine neue Art bemühen, mit Männern umzugehen. Irgendwann ist mir das dann gelungen.

Vor einiger Zeit stand ein Artikel in der Zeitung, der eine Studie zum Verhalten junger Mädchen in Amsterdam referierte. Darin wurde beschrieben, wie manche Mädchen im Tausch für modische Kleidung oder einen iPod Sex anbieten. Hier wirken die Verführer auf andere Art. Es geht hier nicht primär um Sex, sondern um die oben beschriebene Habgier. Sie ist das Primäre, das sich einschleicht. Meistens wird sie durch Werbung verstärkt sowie durch die Konkurrenz unter den Konsumenten. Wer hat das neueste GSM, wer den schönsten iPod? Wer hat die ausgefallenste Kleidung? Wenn die Habgier nicht erkannt und gezähmt wird, kann die Wollust zu Hilfe kommen: das Anbieten von Sex, um die Habgier zu befriedigen.

Bisher sprach ich vor allem von der Sexualität, wie sie in Beziehungen eine Rolle spielt. Es gibt aber noch einen weiteren Aspekt der Sexualität. Er hängt mit der Beziehung zum eigenen Körper zusammen und äußert sich im Umgang mit der eigenen Sexualität, beispielsweise im Masturbieren. Dieser Aspekt der Sexualität erwacht in der Pubertät. Das ist die richtige Zeit, zu experimentieren, um die eigene Sexualität kennenzulernen und sich den Körper auf andere Weise zu Eigen zu machen. In der Pubertät verändert sich auf körperlichem

Gebiet vieles, weil die Geschlechtsorgane reif werden und ihre Funktion aufnehmen. Dies ruft nach einem neuen Verhältnis zu diesem neuen Körper. Und dieses Verhältnis muss erforscht werden.
Auch später bleibt dieser Aspekt anwesend. Masturbation ist etwas, was die Energieverhältnisse im eigenen Körper beeinflusst. Viele Menschen benutzen sie, um die körperliche Spannung abzubauen oder eine zu starke einseitige Kopftätigkeit zu korrigieren.
Auch hier liegen die Verführer auf der Lauer, die sich der Sache bemächtigen wollen. Der Verführer der Pornografie, der die Sensation größer macht, der Verführer der Scham, und das Urteil, dass so etwas sich nicht gehört, beispielsweise wenn wir eine Beziehung haben. Und auch hier möchte Sneaky, der Anstifter zu heimlichem Verhalten, sich gerne einmischen!

In der Sexualität leben die schönen Kräfte der Intimität, die besondere Äußerungen der Liebe ermöglichen. Daneben gibt es die beschriebenen Verführer. Doch es gibt noch mehr. Es sind noch weitere, viel größere Wesen auf diesem Gebiet wirksam. Wir können sie finden, wenn wir uns auf die Suche nach dem begeben, was hinter dem eigentlichen Verlangen lebt und in der Begierde nur zum Ausdruck kommt.
Darauf werden wir ebenfalls in den Kapiteln über »Mächtige Wesen in der Sexualität« eingehen.

●●●

Staunen

Dies waren die Familien, in die sich die verführenden Dämonen einteilen lassen. Es gibt natürlich, wenn wir uns weiter umschauen, noch viele weitere Variationen. Mir geht es hier nicht um Vollständigkeit, sondern um eine gesteigerte Unterscheidungsfähigkeit. Wir können gemeinsam diese Analyse noch erweitern und vertiefen.

Wenn ich gemeinsam mit meinen Patienten dem nachspüre, wie die Verführer bei ihnen in der Seele wirken, kann es manchmal vorkommen, dass mich neben dem Schmerz und dem Mitleid, das ihre Verwirrung hervorruft, ein Gefühl der Verwunderung und des Erstaunens für die umfassende Größe des Lebens überfällt. Vor allem dann, wenn ich mir klarmache, wie es letztlich immer darum geht, dass wir als Menschen unsere unendlich großen Möglichkeiten entwickeln können.

●●●

10
Die Grenzen der Verführer

Die Verführer dürfen ruhig da sein. Doch sie müssen viel stärker als in früheren Zeiten damit rechnen, dass die Menschen, in denen sie wirksam sind, für ihre Aktivitäten aufwachen.
Dann werden sie genau das Gegenteil dessen tun, was der Verführer bezweckt. Das Selbstbewusstsein der Menschen der heutigen Zeit ist stärker geworden, und immer mehr Menschen fragen sich, wie weit man in moralischer Hinsicht bei bestimmten Dingen gehen darf.
C. S. Lewis beschreibt in seinem Buch *Dienstanweisung für einen Unterteufel* die Strategie, die die Verführer anwenden. Er lässt darin einen hochrangigen Dämon sehr detailliert schildern, wie man einen Menschen verführen kann. Dabei formuliert er Folgendes:

»Es stehen uns viele Möglichkeiten offen. Inzwischen muss ich dich dringend warnen, nicht zu viel Hoffnung auf den Krieg zu setzen. Natürlich bringt der Krieg Abwechslung. [...] Sehe ich die zeitlichen Leiden der Menschen, die uns zuletzt doch entrinnen, so ist es mir, wie wenn man mir erlaubte, vom ersten Gang eines Festmahls zu kosten, und mir den Rest vorenthielte. Das ist viel schlimmer, als überhaupt nicht davon zu kosten ... Andere sehen im Krieg eine herrliche Gelegenheit, den Glauben anzugreifen. Aber ich halte das für sehr übertrieben. Der Feind hat seinen Parteigängern klar heraus gesagt, dass Leiden ein wesentlicher Bestandteil dessen ist, was Er Erlösung nennt ...«

In diesem Zusammenhang ist auch die Metapher des Froschs von Bedeutung. Wenn wir einen Frosch in heißes Wasser werfen, wird er sofort versuchen, herauszuspringen und sich in Sicherheit zu bringen. Werfen wir ihn dagegen in kaltes Wasser und erhöhen dann langsam die Temperatur, kochen wir ihn zu Tode. Er macht keine Anstrengungen, sich zu retten.

Erkennen Sie das? Es scheint genau die Strategie zu sein, die die heutigen Verführer einsetzen. Es ist die ›Salamitaktik‹, das heißt: die Methode der kleinen Scheibchen.

11 Zusammenwirkende Verführer

Verführer oder Dämonen sind häufig nicht solistisch wirksam. Sie spielen einander gerne den Ball zu. So kann ein bestimmter Verführer in einem bestimmten Menschen wirksam sein, doch bei einem anderen Menschen einen anderen Verführer herbeirufen. Daraus entwickeln sich interessante zwischenmenschliche Umgangsweisen – Stoff für Machtspiele zuhauf.

Verführer können in einem Menschen auch nebeneinander arbeiten. Dasselbe gilt für Organisationen. Der eine Verführer öffnet gewissermaßen das Tor für den zweiten und den dritten. Ein Beispiel dafür zeigt uns der Film *Basic Instinct* von Paul Verhoeven (1992).

In diesem Film sehen wir die Wirkung von Aggression, Wollust und Eifersucht. Als ich ihn das erste Mal sah, betrachtete ich ihn als einen Krimi. Ein Mord hat sich ereignet. Die Hauptperson, ein Ermittler, hat zum ersten Mal wieder einen Fall übernommen, nachdem er in einem Schusswechsel mit einem Verbrecher einen unschuldigen Menschen getötet hat. In dieser Phase wird er von einer Psychologin begleitet, die versucht, ihm Einsicht in die Prozesse der Aggression zu verschaffen. Sie hat es geschafft, dass er nicht mehr trinkt und seinen gelegentlichen Kokaingebrauch beendet hat. Außerdem hatten die beiden einmal ein Verhältnis miteinander.

Die Mordverdächtige ist eine schöne, verführerische Frau, die sämtliche weibliche Verführungskünste zu beherrschen scheint. Zwischen der Verdächtigen und dem Ermittler entspinnt sich ein äußerst vielfältiges Spiel aus Macht, gegenseitiger Anziehung und dem Versuch, den anderen zu benutzen. In diesem Machtspiel, das die beiden miteinander spielen, ist nicht deutlich, wer eigentlich der Täter ist und wer das Opfer. Zwischen der Psychologin und der Verdächtigen läuft, wie sich zeigt, seit Jahren ein Spiel der Eifersucht. Jede versucht die andere zu benutzen und vor ihren persönlichen Karren zu spannen.

Blicken wir aus der Perspektive der Wirksamkeit der verschiedenen Verführer auf diese Geschichte, so erkennen wir hinter dem Krimi eine ganz andere Art von Film. Jetzt handelt er von drei Menschen, die alle einsam sind und bereits in jungen Jahren traumatisiert wurden. Sie werden mit dem Leben nicht wirklich fertig. Auch bei ihnen spielt sich ab, was in solchen Fällen fast immer geschieht: Wenn wir nicht wagen, unser Leben in authentischer Weise zu leben, laden wir Verführer ein. Sie bieten uns, was wir aus uns selbst heraus nicht besitzen. Der Ermittler wird von der Aggression, von Wut heimgesucht. Die Verdächtige durch den Affen der Wollust. Die Psychologin wird vom Drachen der Eifersucht erfasst. Die Verführer spielen ihr Spiel, indem sie den einen Mensch gegen den anderen aufhetzen, Verwirrung schaffen und ihr wahres Wesen immer mehr verschleiern.

Schließlich kommt es doch zu einer Wende. Zwei der Beteiligten finden einander in einer Art des Umgangs, in dem Angst und Schwäche zulässig sind. Wenn Angst und Schwäche zulässig sind, so können die Verführer die Löcher nicht mehr benutzen, um in uns einzudringen.

Wenn wir die Einsamkeit und die Angst vor uns selbst anerkennen und auch nach außen zu zeigen wagen, werden sie zu realen Qualitäten, an denen das Ich eine Herausforderung erlebt. Das ist echt, darin bin ich authentisch. Nimmt das Ich die Herausforderung an, die Angst zu überwinden oder die Einsamkeit zu ertragen, so sind Wachstum und Entwicklung möglich. Indem wir die Herausforderung annehmen, stellen wir uns mitten in die Realität des Lebens hinein. Tun wir dies nicht, sind wir offen für den Verführer. Später zeigt sich jedoch, dass dieser lediglich Ersatzlösungen, Surrogate anzubieten hat.

Wir wollen einen Versuch machen, die unterschiedlichen Welten, in denen sich diese Geschichte ereignet, deutlich voneinander zu unterscheiden. Der Film zeigt die Ereignisse, die in der sichtbaren Welt stattfinden. Wir sehen, wie Menschen miteinander umgehen, wir hören ihre Interaktionen und erleben ihre Intentionen.
Wenn wir auf diese Intentionen blicken, sehen wir, wie Menschen in ihrem Verhalten jeweils von Verführern bestimmt werden. Wir sehen, dass ein Machtkampf im Gange ist – beim einen auch von außen wahrnehmbar, beim anderen im Verborgenen. Wir sehen dies zwar nicht mit unseren Augen, doch aufgrund dessen, was wir mit den Augen wahrnehmen, begreifen wir mit unserem Denken und unserem Einfühlungsvermögen, dass diese Ebene existiert. Das erfordert eine gewisse Fähigkeit, sich von dem, was wir sehen, zu distanzieren. Nun fügen wir dem, was wir sehen, Begriffe hinzu. Diese Begriffe entstammen der Psychologie. Es sind Begriffe wie Verführung, Unsicherheit, Sublimierung usw.

Zusammenarbeit in einem Unternehmen

Jemand berichtete mir, wie er das Zusammenspiel zwischen Verführern aus unterschiedlichen ›Familien‹ erlebt hat.
Der Betreffende hatte eine mittelgroße Softwarefirma. Die Firma hatte ein neues Produkt entwickelt, das sich gut auf dem Markt etabliert hatte. Innerhalb kurzer Zeit wurde sehr viel Geld verdient. Auch die Presse schrieb viel über das neue Produkt. Immer wieder kamen Reporter vorbei für Interviews, die dann in Zeitschriften erschienen, was wiederum für zusätzliche Werbung sorgte. Dadurch stieg der Umsatz weiter. Es bedeutete harte Arbeit, dies alles zu bewältigen. Ständig mussten neue Mitarbeiter akquiriert werden, und diese neuen Kräfte mussten schnell eingearbeitet werden. Auf diese Weise wurde die Firma zur am schnellsten expandierenden Soft-

waremarke. Und dies führte zu weiterer Aufmerksamkeit in Presse und Medien. Neben der normalen Arbeit wurden die Abendstunden immer häufiger von den Medien besetzt.
Schnell kamen auch die Verführer herbei. Es waren sieben an der Zahl, die sich auf einem Ast neben der Firma niedergelassen hatten. Sie beobachteten, was sich da abspielte, und warteten ruhig ab, bis der Moment zum Eingreifen gekommen war. Immer mit der Ruhe, sie hatten keine Eile.
Die Faulheit hatte rasch erkannt, dass es für sie vorläufig nicht viel zu holen gab. Sie hatte den Schnabel in ihre Federn gesteckt und war rasch eingenickt.
Die Eitelkeit hingegen hatte bereits einige Zeit sehr wach hingeschaut. Sie hatte ihre Flügel ausgefahren, flatterte auf das Gebäude zu und flog unter dem neu angefertigten Firmenschild hindurch zur Tür hinein.
Drinnen fand sie Nahrung genug. Alle waren stolz auf ihre Firma. Alle arbeiteten hart und hatten es gut. Sie verdienten viel Geld und gaben es auch mit vollen Händen aus.
Neben der Arbeit, die enorm zugenommen hatte, hatten auch die gesellschaftlichen Verpflichtungen zugenommen. Wer hätte es nicht schön gefunden, am Ruhm und dem vielen Geld teilzuhaben, das verdient wurde? Noch eine Runde auf die Firma!
Indem sie sich so umschaute, gelang es der Eitelkeit immer wieder aufs Neue, Reporter und Redakteure zu inspirieren, führende Mitarbeiter für ihr Programm oder ihre Zeitschrift einzuladen. Auf diese Weise konnten sie es sich in ihrem Glück gut gehen lassen. Und außerdem durfte man doch nicht hinter seinen Konkurrenten zurückbleiben!
Die Mitarbeiter, vor allem die der ersten Stunde, bildeten eine Art von Familie miteinander. Sie hatten es geschafft! Sie hatten Erfolg, Fotos von ihnen zierten die Titelseiten. Und das gefiel ihnen.
Allmählich bildete sich ein Statusgefälle heraus zwischen den Pio-

nieren und den Mitarbeitern, die später eingetreten waren. Die Pioniere hatten das Produkt wirklich geschaffen und entwickelt, sie hatten die Ideen gehabt. Die anderen genossen die Früchte, doch eigentlich gehörten sie zur zweiten Garnitur. Und das spürten sie deutlich, dafür sorgten die Pioniere.

Allmählich löste sich der Groll von seinem Ast und erhob sich in die Luft. Vorsichtig flog auch er in das Gebäude hinein.

Nachdem der Erfolg eine ganze Weile angedauert hatte, begann die Müdigkeit zuzuschlagen, auch in der unmittelbaren Umgebung. Die Familien der erfolgreichen Figuren begannen diese zu vermissen, wenn sie wieder einmal abends irgendwo eine Präsentation halten mussten, wieder ein Interview oder wieder ein Geschäftsessen hatten oder eine Auslandsreise antreten mussten. Die anderen Mitarbeiter, die zwar ebenfalls hart arbeiteten, doch am Ruhm nicht teilhatten, reagierten zunehmend enttäuscht.

Und so fand der Groll manches Herz, in dem er sich einnisten konnte. Dies führte zu Murren und Klagen in den Wandelgängen und in der Mittagspause. Die Stimmung verschlechterte sich allmählich. Zwar nicht auffällig, doch wer gut hinschaute, konnte einen Wandel bemerken.

Auf dem Ast saßen jetzt noch fünf Verführer. Die Faulheit schlief noch immer ruhig weiter. Die Wollust fuhr gelegentlich mit auf Auslandsreisen oder Feierabendvergnügungen. Die Gier war manchmal mit von der Partie bei Geschäftsessen oder wenn es darum ging, zwischendurch, nach der harten Arbeit, einen wohlverdienten Imbiss an der Bar zu genießen. Und die Habgier hatte die Vorgänge, die mit dem Umsatz zusammenhingen, fest im Griff, ebenso die ›ehrliche‹ Aufteilung des Gewinns.

Und so verstrich einige Zeit. Die Vögel saßen auf ihrem Ast. Manchmal kam der Groll kurz bei ihnen vorbei, um zu berichten, dass alles gut lief, dass er jedoch in Kürze Hilfe benötigen würde beziehungsweise abgelöst werden wollte. Dasselbe galt für die Eitelkeit.

Als die Zeit reif war, flatterte die Wut ins Haus. Die Ehefrau eines der erfolgreichen Pioniere hatte eine ganze Zeit lang den Ruhm und die Aufmerksamkeit aus vollen Zügen mitgenossen. Und sie hatte auf ihren Mann verzichten müssen. Er war immer außer Haus, trat in der Öffentlichkeit auf und genoss alles, was geschah. Immer häufiger kam er spät nachts angeheitert nach Hause. Sie mochte das gar nicht, er selber fand sich ausgesprochen geistreich, sie dagegen fand, dass er sich nur aufspielte.
Die Wut kam angeflogen und nistete sich bei ihr ein. Sie sah sein Verhalten immer kritischer, begann Forderungen zu stellen und Streit zu suchen. Zwischen den Eheleuten kam es zu heftigen Auseinandersetzungen. Das war neu. So etwas hatte es früher nicht gegeben zwischen ihnen. Doch sie hatten sich auch noch nie so weit voneinander entfernt.
Auch im Betrieb kam es immer häufiger zu Auseinandersetzungen. Nicht alle waren dem rasanten Tempo gewachsen. Nicht jeder bejahte den Fortschritt. In den Direktionsmeetings ging es nun manchmal hoch her und die ehemaligen Partner standen sich plötzlich immer häufiger als Kampfhähne gegenüber.
Schließlich drohte alles, was einst so schön begonnen hatte, abhanden zu kommen. Der Schwung war verschwunden, die Kameradschaft war verschwunden. Und wie es häufig so geht: Nach einer gewissen Zeit bringt die Konkurrenz ein besseres Produkt auf den Markt. Und plötzlich gehen die Umsätze deutlich zurück.
Die Vögel schauten von ihrem Ast zufrieden auf die Arbeit herab, die sie geleistet hatten. Sie hatten wieder einmal einiges erreicht.

Es erweist sich als sehr schwer, sowohl im irdischen Geschehen aktiv tätig zu sein und die eigenen Möglichkeiten auszuschöpfen, als auch Ordnung und Disziplin in den Bereichen zu pflegen, die der Seelenwelt angehören. Doch beides ist von entscheidender Bedeutung.

12 Gespenster

Gespenster bilden eine andere Kategorie von Wesen als Dämonen. Bei den Dämonen haben wir beschrieben, wie sie im *Gefühls*leben wirksam sind. Gespenster haben einen anderen Angriffspunkt. Sie wirken in den Gedanken, im *Denken*. So wie die Dämonen feste, karikaturhafte Muster in unserem Gefühlsleben schaffen, so schaffen die Gespenster feste ›Programme‹ im Denken, an die wir mit unserem Bewusstsein nicht mehr herankommen und von denen wir glauben, sie seien ›normal‹.

Wenn ein Gespenst eine feste Struktur in unserem Denkmuster geschaffen hat, sprechen wir beispielsweise von Dogmen oder Normen. Diese beschreiben, wie etwas beschaffen ist oder wie sich etwas gehört. Der Hintergrund der Sache ist verschwunden, nur das Resultat ist übrig geblieben.

Der Wirkung der Gespenster in einer anderen Schicht des Denkens begegnen wir in dem inneren Dialog, den wir mit ihnen führen können. Sie sprechen im Innern mit uns, und sie kommentieren alles, was wir tun. Häufig handelt es sich um einen vernichtenden Kommentar.

Dogmen und Normen sind häufig kulturgebunden. Sie gelten für eine bestimmte Zeit und einen bestimmten Ort. Dann bieten sie uns Halt und können der Organisation der Gesellschaft und unserem Umgang miteinander eine gewisse Struktur verleihen. Auf diese Weise haben die kirchlichen Dogmen durch Jahrhunderte hindurch der Gesellschaft auf häufig sehr sinnvolle Weise Richtung und Hilfe verliehen.

Von Dogmen können wir sprechen, wenn Vereinbarung oder Erkenntnisse sich selbst überleben. Dann finden gesellschaftliche Entwicklungen bei großen Menschengruppen statt, die allmählich neue Denkweisen entwickelt haben, die nicht mehr mit den bestehenden Dogmen vereinbar sind. Die Folge sind Auseinandersetzungen. Diese können sehr heftig sein, bis hin zu Revolutionen.
Bevor die französische Revolution ausbrach, galt das Dogma, dass ausschließlich der König Gott Verantwortung schuldete. Er war von Gott gesandt, um das Land, das sein Eigentum war, zu regieren. Er brauchte sich gegenüber seinen Untertanen nicht zu rechtfertigen. Dieser Ausgangspunkt war Jahrtausende alt, und er hatte lange in sinnvoller Weise seinen Dienst erfüllt. Doch im 18. Jahrhundert gab es eine große Gruppe wohlhabender Bürger, die allmählich anders darüber dachten. Sie fanden es nicht mehr selbstverständlich, dass der König ihre Steuern einnahm und dass sie keinerlei Mitspracherecht hatten, was mit diesem Geld geschah. Inspiriert unter anderem durch das Gedankengut der Aufklärung, entwickelte sich das Bedürfnis nach Veränderung. Da es keiner der beiden Parteien gelang, sich der jeweils anderen anzunähern, führte das schließlich zur Revolution. In der Zeit der Revolution änderte sich eine ganze Reihe von Dogmen, was wiederum die Möglichkeit für neue Bewegungen schuf und zu neuen Staatsformen führte.
Auch die Kleidung, die Mode, ist ein Gebiet, auf dem viele Normen gelten. Es gab Zeiten, da musste man ordentlich in Jackett und mit Krawatte herumlaufen, und es gab Zeiten, in denen die Frauen, wollten sie anständig gekleidet sein, Röcke tragen mussten. Ich las einmal einen Artikel in einer historischen Zeitschrift, in dem das Aufsehen beschrieben wurde, das eine Frau erregte, die den Mut hatte, in einer Hose in den Zug zu steigen. Als sie in Amsterdam ankam, war ihr die Neuigkeit bereits vorausgeeilt, und sie wurde von einer großen Gruppe erstaunter Schaulustiger erwartet, die dieses seltsame Phänomen einmal mit eigenen Augen sehen wollten.

Die eigentliche Begründung dieser Normen ist – und das gilt für viele Normen – undeutlich. Die Gepflogenheiten sind eben so, wie sie nun einmal sind. Solche Gewohnheiten sind nicht unbedingt schlecht, denn sie geben uns eine Struktur. Doch wenn sie überholt sind oder wenn sie anderen Kulturen aufgezwungen werden, beginnen sie sich negativ auswirken, und sie werden zu Gespenstern. Gespenstern, denen wir nachjagen, um sie am Leben zu erhalten.
Vor kurzem sah ich den Film *American History X* (1998; Regie: Tony Kaye). Darin geht es um einen Jungen, der in den Bann rassistischer Auffassungen gerät, wie sie unter Skinheads leben. Es läuft einem kalt den Rücken herunter, wenn der Junge in einem bestimmten Moment in einen rasenden Wortschwall hineingerät und Urteile über den Freund seiner Mutter, einen Juden, von sich gibt. Die ganze Hasstirade ist eine einzige Aneinanderreihung von Vorurteilen, die ihm von anderen vorgesagt worden waren und die er kritiklos wiederholt. Sie beruhen nicht auf eigenen Erfahrungen, sondern sie finden in ihm aufgrund von bestimmten Enttäuschungen, die er in seinem Leben erlebt hat, einen guten Nährboden.
Wir kennen diese Art von Reden, die auf Vorurteilen beruhen, von Diskussionen über Rassen, Ausländer, Schwule – kurz, alles, was ein wenig anders ist als das sogenannte ›Normale‹.

Ein anderer Typ Gespenst ist jenes, das von innen heraus mit uns redet. Es hat ein festes Muster, dem folgend es uns gegenüber seine Bemerkungen macht, worauf wir häufig ebenfalls in stereotyper Weise reagieren. So entsteht ein festgelegter innerer Dialog, der uns gehörig zu untergraben vermag, wenn wir es mit einem Gespenst zu tun haben. Der »innere Kritiker« ist ein Beispiel dafür. Gespenster arbeiten häufig mit einem einzigen kleinen Satz oder ein paar kurzen Sätzen. Dadurch können sie ihre Absichten schnell deutlich machen. Diese Sätze können sie endlos wiederholen.
Charakteristisch für Gespenster ist ferner, dass sie lieblos sind. Sie

haben eine raffinierte Art, mit der Wahrheit umzugehen. Sie verengen die Wahrheit durch ihren einseitigen Blick auf den Vorgang. Sie haben eine verengte Perspektive und schließen andere Perspektiven aus. Ihnen fehlt die Fähigkeit, Situationen als neu oder als einzigartig zu betrachten. Wichtiger als das, was die jeweilig einzigartige Situation erfordert, ist für sie, wie etwas ›sich gehört‹.
Die Folge ist, dass sie danach streben, eine Art Roboter aus uns zu machen, der in festgelegter Weise reagiert. Oder, in einer umfassenderen Dimension: aus der Menschheit Roboter zu machen, die allesamt in ein und derselben Weise handeln.
Gespenster kennen das Geheimnis des Menschseins nicht. Sie wissen nicht, dass der Mensch auf der Erde ist, um sich in Freiheit zu entwickeln. Diese Entwicklung geht nie ohne Fehler vor sich. Es geht nicht darum, dass wir keine Fehler machen, es geht lediglich darum, dass wir am Ende daraus lernen. Diese Wirklichkeit kennen die Gespenster nicht.

Der Vorteil bei dem, was die Gespenster uns bieten ist, dass es etwas ist, womit wir die Wirklichkeit bewältigen können, wenn sie uns zu schwierig und unangenehm wird. Sie können die Unsicherheit verringern, wenn wir nicht wissen, wie wir etwas angehen sollen.
Wie können die Gespenster konkret zu unserer Entwicklung beitragen? Erstens bieten sie uns Halt in unsicheren Situationen. Hier können Normen und Dogmen hilfreich sein. Doch weil es sich immer um Teilwahrheiten handelt und um Wahrheiten, die nur in einer bestimmten Zeit und für eine bestimmte Gruppe wirksam sind, wird es nach einiger Zeit zu Reibungen kommen. Wenn wir nach anderen Normen als andere leben oder eine andere Auffassung einer bestimmten Situation vertreten, prallen die Meinungen aufeinander. Die Frage ist, was dann geschieht. Kommt es zu einer Begegnung zwischen zwei Menschen, die daran interessiert sind, sich auf die Suche nach einer übergreifenden Wahrheit zu begeben?

Oder beginnt eine Diskussion darüber, wer nun Recht hat, der eine oder der andere?
Wenn eine Begegnung stattgefunden hat, können wir sagen, dass die Auseinandersetzung zur Entwicklung beigetragen hat. Wenn eine Diskussion entsteht, in der es darum geht, wer Recht hat, leben die Gespenster auf und werden die Situation bestimmen. Der Konflikt wird so lange bestehen, bis ein neuer Weg gefunden wird. Dann erst ist das Gespenst besiegt.

Der Kritiker

Stellen Sie sich einmal vor: Ein Mensch leidet darunter, dass er schnell unsicher wird. In ihm erklingt eine Stimme, die ihn an allem zweifeln lässt. Wenn er etwas geleistet hat, ist er rasch mit dem Ergebnis unzufrieden. Er hat ständig das Gefühl, dass er nicht gut genug ist, dass er etwas hätte besser machen können. Wenn dieses Muster sich verstärkt, beispielsweise weil der Betreffende müde ist oder mehr Gegenwind als sonst erlebt hat, wirkt der Mechanismus so, dass seine innere Schwelle immer höher liegt, sodass er irgendwann überhaupt keinen Antrieb mehr hat, etwas anzugehen.
Fragen wir ihn, woher diese untergrabenden Äußerungen kommen, so wird er antworten: Das tue ich selbst. Wir stoßen hier wiederum auf die oben beschriebene Begriffsverwirrung in Bezug auf die Frage: Wer bin ich selbst? Wir haben uns bereits im Zusammenhang der Wirkung der Dämonen mit ihr beschäftigt. Dort unterschieden wir zwei Teile der Seele: den Teil, der unserer freien Verfügungsgewalt untersteht, und den Teil, in dem sich alles Mögliche abspielt, ohne dass wir es im Blick haben, und den wir daher auch nicht steuern können.
Bei der soeben geschilderten Person erklingt die innere Stimme aus einem Teil, der ihrer freien Entwicklung im Wege steht und den sie

eigentlich loswerden möchte. Dies ist also der Bereich der Seele, der noch nicht vom selbstbewussten Ich verwaltet wird und wo Gespenster und Dämonen ihre Wirkung entfalten können.

Wenn wir uns auf die Suche nach der Realität der Seelenwelt begeben, können wir den Betroffenen bitten, wiederum aus seinem eigenen Erleben heraus eine Beschreibung dieser untergrabenden Gestalt zu geben. »Wie sieht sie aus?« – »Es ist eine Art altmodischer Pfarrer, lang und dünn. Er blickt streng aus seinen Augen und sagt, dass es falsch ist, was ich getan habe. Manchmal braucht er mich nur mit seinen strengen Blick anzuschauen. Dann weiß ich schon genug.«
Setzen wir dies in einem Drama um, so sehen wir zwei Menschen: den Betroffenen und die geschilderte, ihn kritisierende Gestalt. Dieser Kritiker sagt etwas zu ihm, und als Reaktion sehen wir, dass der Betroffene etwas unsicher wird und gewissermaßen zusammenschrumpft. Dann sagt der Kritiker noch etwas, und der Betreffende wird tatsächlich kleiner. So wird der eine immer größer und der andere immer kleiner.
Es fällt auf, dass dem Kritiker in unserem Beispiel nicht widersprochen wird. Es ist, als würde der Betroffene sofort glauben, was der Kritiker ihm einflüstert. Er unterwirft sich der Kritik und gibt unbemerkt seine Autonomie auf.
Wenn er dennoch eine Antwort geben möchte, wird er sich selbst aus einer gewissen Distanz betrachten müssen, um sich klarzumachen, wie das Drama aussieht. Erst wenn das Ich dort wach ist und den Kampf als solchen erkennt, kann dem Gespenst zu Leibe gerückt werden. Dann kann der Betroffene dem Gespenst eine Antwort geben. So verliert es auch etwas von seiner Kraft und seiner Macht.
Darin besteht also der Clou: Der Betroffene widerspricht dem Kritiker nicht, sondern überlässt ihm den Sieg. Das Autoritätsverhältnis ist vertauscht. Dann lautet die Entwicklungsherausforderung: Dem Gespenst antworten, mit ihm reden, sich nicht von ihm über-

rumpeln lassen. Mehr darüber in dem Kapitel »Der Umgang mit Gespenstern«.
Würden wir ein kleines Theaterstück daraus machen, ergäbe sich folgender Dialog:

Der Kritiker: Du hast es vermasselt ...
Der Mann (erschrickt): O je, tatsächlich?
Der Kritiker: Ja, du hättest früher mit deiner Arbeit anfangen sollen. Du hast wieder viel Zeit vergeudet.
Der Mann (schuldbewusst): Du hast recht.
Der Kritiker: Und du hast es wieder gemacht, was? Ich habe es dir schon so oft gesagt, und trotzdem ...
Der Mann (sinkt ein wenig mehr in sich zusammen): Tja, du hast recht. Ich habe es wieder nicht geschafft.
Der Kritiker: Mit dir wird das nichts. Ich gebe den Mut auf. Immer wenn ich sage, was du tun sollst, machst du es doch nicht. Nein, aus dir wird nichts.
Der Mann (seufzt tief, während er kraftlos in sich zusammensinkt)
Der Kritiker (steht machtvoll über ihm und blickt triumphierend auf ihn herab)

In diesem Dramenfragment ist deutlich, wer in der Seele das Sagen hat. Es ist nicht das selbstbewusste Ich, sondern der Kritiker. Als nächstes müsste in diesem Drama der Auftritt des Helden kommen. Des Helden, der dem Kritiker kraftvoll widerspricht und ihm die entsprechenden Antworten gibt. Dann würde sich das Drama in der Seele auflösen.
In der hier beschriebenen Weise handelt es sich um ein Drama, das sich häufig endlos wiederholt. Das Thema, mit dem das Drama anhebt, kann wechseln, doch der Verlauf ist deutlich.
Der Kritiker ist das bekannteste Mitglied der Familie der Gespenster. Der Kritiker will uns untergraben. Zu diesem Zweck macht er unsere

Handlungen fortwährend schlecht und sorgt dafür, dass er durch seine Urteile unsere spontanen kreativen Fähigkeiten unter seiner Fuchtel behält. Er sagt dann, dass wir nichts taugen oder dass das, was wir getan haben, nicht gut ist. Seine grundsätzliche Botschaft lautet: Was du tust, taugt nichts, und du selbst taugst noch weniger!

Wir können zwei unterschiedliche Arten von Kritikern unterscheiden. Der eine ist ein großer, gestrenger Kritiker, der andere ist ein kleinerer, der ständig auf uns einredet.

Der große Kritiker wird meistens als eine große dunkle Gestalt beschrieben. Er blickt streng und hat einen kalten Blick. Manchmal sagt er etwas, häufig ist bereits sein Blick ausreichend. Manchmal hält er nur strafend oder drohend die Hand mit dem ausgestreckten Zeigefinger in die Luft. Es ist eine Art altmodischer Schulmeister, eine Gouvernante oder ein altmodischer Pfarrer.

Er kriecht in das Loch unserer Unsicherheit. Wenn wir etwas Unzureichendes tun, legt er den Finger in die Wunde. Wenn er sieht, dass er unsere Aufmerksamkeit gewonnen hat, geht er einen kleinen Schritt weiter. Er fügt eine Erinnerung hinzu, die dem heutigen Vorfall ähnelt und ebenfalls einen schlechten Verlauf nahm: »Es ist auch diesmal nicht gut ...« Vor allem in solchen Gedankensplittern liegt die Bedrohung! Wenn wir dann ein wenig zusammenschrumpfen, erkennt er, dass er uns im Griff hat und geht einen Schritt weiter. Er reagiert auf unseren Schrecken oder unsere Scham mit der folgenden Bemerkung: »Es taugt auch wirklich nie etwas, was du tust.« Und wenn wir irgendwann davon überzeugt sind, dass er recht hat, setzt er zum Endspurt an: »Du taugst einfach nichts, mit dir wird es niemals was!«

So verlieren wir unsere Energie, und er eignet sie sich an. Unser Ich hat sich entfernt oder kommt uns möglicherweise sogar vorübergehend abhanden. Seine Kraft liegt darin, dass er die Wahrheit benutzt, sie dabei jedoch aus ihrem Zusammenhang heraushebt. Er sieht lediglich einen Teil dessen, was geschieht, und vergrößert diesen. Andere Teile der Wirklichkeit sieht er nicht; er kennt sie nicht einmal.

Er wird nicht sehen, dass unsere Anstrengungen, etwas ordentlich und zufriedenstellend zustande zu bringen, aufrichtig sind. Oder dass das, was wir tun, im Vergleich zum letzten Mal immerhin eine Verbesserung darstellt. Nein, solange es nicht gut genug ist, wird er weiterhin seine Urteile fällen.

Der »kleine Kritiker« sieht wie ein Vogel aus, der auf unserer Schulter sitzt. Alles, was geschieht, wird kritisch kommentiert. Er mischt sich in alles ein, was wir tun, und ruft uns immer zu, was wir tun könnten oder tun (bzw. nicht tun) sollten. Wir schlendern beispielsweise durch die Straße und sehen jemanden, der sich bemüht, einen Kinderwagen durch die Tür eines Ladens zu bugsieren. »Du könntest ruhig mal helfen, benimm dich doch einmal ein bisschen sozial!« Oder aber, wenn Sie eher ein hilfsbereiter Mensch sind: »Schau her, musst du dich wieder unbedingt einmischen?« Wenn er sich dann irgendwann einen festen Platz in uns erobert hat, geht das den lieben langen Tag so weiter. Äußerst ermüdend!
Nach einiger Zeit werden wir uns an seinen Kommentar gewöhnt haben. Dann lauert bereits wieder die nächste Falle auf uns: Wir denken jetzt, wir seien selbst diese Stimme und es »gehöre sich einfach so«. Hier besteht die Herausforderung an das selbstbewusste Ich darin, dass es aufwacht und sich nicht mehr von den Bemerkungen dieses Kritikers gängeln und bestimmen lässt.

Es gibt in der Kategorie der Gespenster noch einige weitere Variationen des Kritikers. So zum Beispiel das Gespenst der Entmutigung. Auch dieses hat seine festen Bemerkungen und arbeitet mit festgelegten Mustern. Der Entmutiger wird uns, sobald wir uns etwas vornehmen, sofort darauf hinweisen, dass es uns sicher nicht gelingen wird. Wir sagen zum Beispiel: »Ich fange jetzt sofort mit meinen Hausaufgaben an.« Leise murmelt der Entmutiger: »Es wird dir wieder nicht gelingen. Du hattest dir das schon früher vorgenommen, weißt du noch ...?« Und schon rutscht uns all unser Mut in die Hosentasche. Auf diese Weise bekommt der Entmutiger häufig sogar Recht. Und je häufiger er Recht bekommt, umso häufiger wird er auch Recht behalten, denn es wird immer mehr Momente geben, auf die er verweisen kann.

Perfektionismus

Auch den Perfektionismus können wir als ein Gespenst betrachten. Perfektionismus ist wiederum ein abstrakter Begriff, hinter dem sich ein Wesen verbirgt. Dieses Wesen flüstert uns ein, dass wir in allem, was wir tun, äußerst gut sein müssen. »Denn wenn du nicht gut genug ist, passieren unangenehme Dinge. Sehr unangenehme Dinge!« Sobald Sie mit einer Sache beginnen, liegt sofort eine Spannung auf dem, was Sie tun. Die Spontaneität verliert sich und mit ihr ein Stück unserer Kreativität. Der Perfektionist zieht die Energie in den Kopf, von wo aus er urteilt.
Warum tut das Gespenst das? Wodurch erhält es Zugang zu unserem Denken? Es bietet uns eine Hilfe an, durch die wir einer drohenden Konsequenz entgehen können. Denn beim Perfektionismus steht immer eine Drohung im Hintergrund:

Ich musste eine Zusammenfassung schreiben. Ich beginne immer frühzeitig damit, Artikel zu lesen und mir im Internet Informationen zusammenzusuchen. Das macht alles noch Spaß. Dann beginne ich zu schreiben. Wenn der Zeitpunkt näherrückt, dass ich meine Arbeit abgeben muss, gerate ich allmählich in Panik, weil ich denke, dass sie noch nicht gut genug ist. Ich verbessere und ändere immer weiter und irgendwann verliere ich völlig den roten Faden. Dadurch kann es passieren, dass ich das Ganze zur Seite schiebe und einfach liegen lasse. Natürlich werde ich nach einiger Zeit darauf angesprochen ...

Was ist das für eine Angst, die hinter dem Perfektionismus steckt? Diese Angst ist offenbar so groß, dass sie dazu führt, dass eine Arbeit nicht zu Ende gebracht wird. Die Frage nach der entsprechenden Realität in der Seelenwelt lautet wiederum: »Was geschieht, wenn meine Arbeit ungenügend ist?«
Häufig handelt es sich dabei um die Angst, abgewiesen zu werden. Das Risiko bei der Zurückweisung liegt in dem, was dabei im Innern geschieht. Denn dadurch wird die innere Einsamkeit berührt. Dies kann dann wieder das erwähnte schwarze Loch sein oder jene kalte Wüste. Wenn dieses Dilemma bewältigt wurde, kann das Gespenst des Perfektionismus mit einem Dank für seine schützende Funktion aus seiner Aufgabe entlassen werden.

Der Zweifelsäer

Der Zweifelsäer ist wiederum eine andere Erscheinungsform auf dem Gebiet der Gespenster. Er verfolgt die Strategie, immer wieder die Frage zu stellen: »Bist du dir auch wirklich sicher?« Vor allem in Augenblicken, in denen wir etwas nicht genau wissen. Er ignoriert die Möglichkeit, dass wir bei vielen Dingen gar nicht wissen können, ob etwas wirklich wahr ist; vielmehr ist er der Meinung, dass wir etwas sicher wissen müssen, bevor wir uns dazu äußern oder gar handeln. Dadurch geht eine lähmende Wirkung von ihm aus. Der Zweifelsäer benutzt unsere Angst, Fehler zu machen oder ohne ausreichende Grundlage zu handeln.

Der Beschuldiger

Der Beschuldiger ist wiederum ein anderer Typ aus der Familie der Gespenster. Sobald etwas geschieht, was in der Seele zu Verwirrung führt, lenkt er die Aufmerksamkeit von dem Schmerz ab, indem er darauf schaut, wer an der Situation schuld ist. Derjenige, der die unangenehme Nachricht übermittelt, wird zum Schuldigen verdonnert. Und dann beginnen die Gedanken zu malen, oder das Gespräch dreht sich nur noch darum, dass der Betreffende etwas Falsches gesagt oder getan hat. Vorwürfe auf beiden Seiten. Wir kennen das: »Du hast gesagt, dass du ...« usw. »Nein, das habe ich überhaupt nicht gesagt, denn ...« Den Anschuldigungen folgen die Missverständnisse.

Das Ziel ist erreicht: Die Aufmerksamkeit ist vom Schmerz und der Verletzung abgelenkt.

Auch beim Zeitungslesen begegnen wir dem Schuldzuweiser in vielerlei Gestalt. Wenn etwas Schlimmes geschehen ist, sucht die gesamte Presse sofort nach einem Schuldigen, denn schlimme Dinge dürfen einfach nicht passieren!

Lebendig bewohnte Aura

Welch eine Vielfalt von Wesen, die in uns und um uns tätig sind! Weiter oben schilderte ich die unterschiedlichen Schichten der Aura, die in uns und um uns herum als abgestufte Energie wirksam sind. Da ist zunächst die eher körperliche Ebene der *Lebensenergie*, die sich auf den Aufbau des Körpers im engeren Sinne richtet. Dann folgt die Ebene der *emotionalen Energie*, die räumlich betrachtet etwas größer ist und sich als Energie über die vitale Schicht hinaus ausdehnt und mehr auf die Umgebung hin orientiert ist. Dann folgt die Schicht der *Denkenergie*, durch die wir mehr Distanz zu uns selbst aufbauen und aus deren Warte wir auf uns selbst blicken können. Und schließlich gibt es die *geistige Schicht* der Aura, die sehr fein ist und sich noch viel weiter nach außen erstreckt.

Wenn ich mir nun vorstelle, wie ich aussehe, wenn ich aus einer gewissen Entfernung auf mich selbst blicke und meine Aura sehe, so komme ich zu dem Schluss, dass ich nicht der Einzige bin, der in dieser Aura wohnt. Dort wohnen auch andere Wesen, die sich einen Platz erobert haben oder dies jedenfalls versuchen. In der emotionalen Schicht der Aura leben die Dämonen. Sie leben ihre verführerische Aktivität dort aus, und wenn sie festen Boden unter die Füße bekommen haben, finden sie hier eine Wohnstatt.
In dieser Schicht der Aura finden auch die beschriebenen Begegnungen zwischen den Verführern in uns statt. Insbesondere dann, wenn sie sich in stereotyper Weise abspielen.

Bis hierher habe ich vor allem über die *widersacherischen* Wesen in dieser Schicht gesprochen. Wenn wir im dritten Teil dieses Buches den Blick auf die *helfenden* Wesen richten, werden wir uns auch mit den subtileren Schichten der Aura beschäftigen. Diese Wesen können die Aura als Ganze wieder ins Gleichgewicht bringen.
Das Selbstbewusstsein bietet die Möglichkeit, uns freier durch die verschiedenen Schichten der Aura zu bewegen. Wenn wir sie kennen und erforscht haben, bietet uns das die Möglichkeit, von einer Qualität zu einer anderen überzugehen. So können wir den Bewohnern unserer Aura besser begegnen und ihnen allmählich einen Ort zuweisen, den sie einnehmen dürfen, ohne dass sie uns stören.

13 Gespenster und Dämonen im Sozialen

Aufgrund meines Berufes habe ich die Wirkung der Gespenster und Dämonen zunächst auf der individuellen Ebene erforscht. Doch auch auf der gesellschaftlichen Ebene lassen sie sich nicht weniger deutlich erkennen.

So sind zum Beispiel die Themen Übergewicht und Fettsucht jeden Tag in den Medien präsent. Das epidemische Auftreten dieser Krankheiten ist bis in das gesellschaftliche Bewusstsein vorgedrungen. Eine gewisse Ohnmacht in Bezug darauf, was hier an sinnvollen Maßnahmen möglich ist, hat sich breitgemacht. Viel zu viele Menschen werden viel zu dick. Dies führt zu ernsten körperlichen Beschwerden: die Wahrscheinlichkeit von Herz- und Gefäßkrankheiten steigt, auch das Risiko der Zuckerkrankheit ist erhöht, häufig treten auch Depressionen auf. Menschen werden schneller müde, bewegen sich aufgrund ihres Körpergewichts weniger und isolieren sich dadurch gesellschaftlich immer stärker. Kurz, diese Krankheiten sind zu einem großen gesellschaftlichen Problem geworden.

Welche Gespenster und Dämonen wirken hier im Hintergrund? Ich mache einen Versuch, etwas davon aufzudecken. Ich wurde durch den Film *Super Size Me* (2004; Regie: Morgan Spurlock) angeregt, mich wiederum mit diesem Thema zu befassen.

Der Regisseur zeigt in dieser Filmdokumentation, wie sich der Genuss von Fast Food bei ihm auswirkte. Er hatte beschlossen, einen Monat lang ausschließlich Produkte von McDonald's zu essen. Der Film handelt einerseits von seinen Esserfahrungen, zum anderen auch von seinen Recherchen in Bezug auf den Einfluss der unterschiedlichen Parteien im Bereich der Nahrungsindustrie.

Nach einem ausgiebigen Gesundheitstest bei einer Gastro-Enterologin, einem Kardiologen, seinem Hausarzt, einer Ernährungsberaterin und einem Fitnesstrainer beginnt er sein Experiment. All diese Fachleute stellen zu Beginn fest, dass Morgans Gesundheitszustand ausgezeichnet ist. Bei Zwischenkontrollen zeigt sich jedoch, dass immer mehr Magen- und Darmbeschwerden auftreten, dass er oft müde wird, seine Stimmung sich verschlechtert und es ihm immer schwerer fällt, sich zu etwas zu motivieren. Gleichzeitig bemerkt er, dass die Beschwerden nachlassen, sobald er etwas isst. Es wird deutlich, dass er süchtig ist.

Nach drei Wochen raten ihm sowohl der Kardiologe wie auch die Internistin dringend, sein Experiment abzubrechen. Es zeigen sich deutlich erschreckende Veränderungen in seinen Blutwerten. Morgan hat Störungen, die auf eine Leberschädigung hindeuten, sein Cholesterinspiegel ist stark erhöht, ebenso sein Blutdruck. Die Ärzte sind betroffen, wie schnell und heftig die Symptome auftreten.

Wir wollen zuerst betrachten, welche Dämonen hier wirksam sind. Zunächst einmal haben wir es mit dem Gier-Wesen zu tun. Das bringt die Menschen dazu, gern und viel zu essen. Es macht die Menschen allmählich süchtig, sodass sie immer mehr essen. Bequem, schmackhaft, mit viel Fett und viel Zucker. Die Nahrung ist so beschaffen, dass sie schnell aufgenommen wird, wodurch auch rasch wieder ein neues Hungergefühl oder Durst entstehen können. Es ist erschreckend, wie viel die Menschen, die sich mit Fast Food ernähren, trinken müssen. Viele Liter Limonade schütten sie hinunter, und zwar immer mit viel Zucker. Das schmeckt zwar angenehm, belastet den Körper jedoch stark. Der gesamte Insulinstoffwechsel wird dadurch gestört.

Die *Gier* führt zur Sucht. Menschen denken an nichts anderes mehr als an Essen. So hat die Gier sich einen festen Platz in unserer westlichen Gesellschaft erobert.
Woher kommt all dieses Essen? Wer stellt es her, und wer sorgt für all die Gelegenheiten, wo wir es zu uns nehmen können? Hier taucht der andere Verführer auf: die *Habgier*. An all dem Essen wird viel Geld verdient. Die großen Unternehmen, die diese Ware produzieren, wie McDonald's, Burger King und wie sie alle heißen, wie auch die Limonadenindustrie (zum Beispiel Coca-Cola) oder die Fabrikanten von süßen Riegeln für zwischendurch (Mars, Twix) verdienen ganz hervorragend daran. Dadurch werden wiederum Arbeitsplätze für viele Menschen geschaffen. Habgier sorgt für unternehmerische Impulse. Habgier kennt keine moralischen Grenzen. Wenn sich mehr Geld damit verdienen lässt, jungen Kindern bereits solche Nahrung anzubieten, so wird das auch getan. Die Schulkantine ist deshalb ein interessanter Ort, an dem Kinder früh an solche Nahrung gewöhnt werden können. Bekanntlich werden bereits kleinere Kinder zu McDonald's hingezogen durch Clowns, die sie dort empfangen, oder Spielzeug, das bei Bestellung einer bestimmten ›Köstlichkeit‹ mitgeliefert wird.
Als Dritten im Bunde sehe ich die *Faulheit*. Faulheit inspiriert dazu, bequem und schnell zu essen, statt eigene Zeit für Kochen und Einkäufe aufzuwenden. Die Faulheit erlangt immer mehr Zugriff auf uns, weil sich der Körper immer stärker der Bewegung entwöhnt. Dies hängt mit dem gestörten Zuckerstoffwechsel zusammen. Das heißt: Aus einer gewissen Art von Faulheit heraus essen wir immer mehr Fast Food, wodurch wir wiederum noch fauler werden.

Und wie steht es hier mit der Welt der Gespenster? Ich meine, dass diese hier etwas mehr im Verborgenen auftreten, doch nichtsdestotrotz sind sie genauso präsent. Ich möchte versuchen, ein paar von ihnen aufzuspüren. Es dreht sich wieder um Gedanken, Ansichten, Normen und Muster.

Eines dieser Gespenster erkenne ich in der weit verbreiteten Ansicht, dass es möglich sein muss, alles zu produzieren, was wir wollen, solange es nicht unmittelbar großen Schaden hervorruft. Es darf viel produziert und auf den Markt gebracht werden, es bestehen kaum noch moralische Hemmungen. Dabei handelt es sich um eine kollektive Haltung, die wir im Allgemeinen teilen. Wir empfinden dies im großen Ganzen als selbstverständlich.
Ein zweites Gespenst steckt in der gesellschaftlichen Akzeptanz des beschriebenen gestörten und ungesunden Ernährungsverhaltens. Auch ein gewisses Übergewicht (solange es nicht aus dem Rahmen fällt) ist heute gesellschaftlich durchaus akzeptiert.
Dasselbe hat sehr lange auch für das Rauchen gegolten. Obwohl es längst allgemein bekannt war, dass Rauchen Lungen, Herz und Blutgefäße schädigt, war die gesellschaftliche Akzeptanz dennoch sehr groß. Erst in den letzten Jahren hat sich das verändert, was sich in Rauchverboten in der Öffentlichkeit äußert, aber auch darin, dass immer mehr Menschen häufiger im Freien rauchen als in geschlossenen Räumen und in Gesellschaft von Nichtrauchern. Dieses Gespenst scheint auf dem Rückzug zu sein.
Noch ein drittes Gespenst gefällig? In Amerika gibt es Menschen, die die Fast-Food-Industrie verklagt haben, mit der Begründung, sie hätten nicht gewusst, dass Fast Food so schlecht für die Gesundheit sei. Das Gespenst, das hier sein Unwesen treibt, lässt sich in dem Gedanken erkennen, dass es einen Schuldigen außerhalb meiner selbst geben muss. Zwar bin ich selbst derjenige, der zu viel nascht und gegessen hat, doch das ist nicht meine Schuld, sondern die eines anderen. Dahinter verbirgt sich das Gespenst, welches hinter unserer gesamten Anspruchskultur steckt. Es flüstert uns die Idee ein, dass sofort eine finanzielle Entschädigung erfolgen muss, wenn uns etwas Schlimmes zugestoßen ist.
Und noch ein weiteres Gespenst: Ein Vertreter der Fast-Food-Industrie berichtet in dem genannten Film, wie seine Branche ihrer gesell-

schaftlichen Verpflichtung nachkam, gesundheitliche Aufklärung anzubieten. Sie setzte dafür 2 Millionen Dollar ein. Neben den 1,4 Milliarden, die MacDonald's für Reklame ausgibt, ist dies wahrlich nur ein Tropfen auf dem heißen Stein.

Die Gespenster, die sich im gesellschaftlichen Austausch eingenistet haben, lassen sich nur schwer vertreiben. Sobald sie bemerken, dass ihre Strategie durchschaut wurde, passen sie diese an. Die Habgier inspiriert dazu, allerlei neue Produkte auf den Markt zu bringen. Wenn zu viele Menschen aufgrund ihrer Gier unter Übergewicht leiden, inspiriert der Verführer der Habgier die Produzenten dazu, den Gewinn unbedingt zu halten, ja womöglich noch zu vergrößern. Dann werden eben Produkte hergestellt, durch die wir abnehmen! Liebe Kunden, bitte hören Sie bloß nicht auf zu essen!
Häufig ertönt dann der Ruf nach Einführung neuer Regeln und Gesetze, die diesen Missstand beseitigen sollen. Dies lässt den Gespenstern und Dämonen weniger Spielraum. Doch sie geben sich nicht geschlagen – dies geschieht erst, wenn wir ihnen *wirklich* begegnen.

Unser gegenwärtiger Wohlstand, der trotz der Finanzkrise ungebrochen ist, führt zu einer besonders starken Aktivität der Gespenster und Dämonen. Es steht viel Geld zur Verfügung, das ausgegeben werden kann, außerdem nimmt die Langeweile aufgrund des Wohlstands ständig zu. Dies bildet einen guten Boden für ihre Wirksamkeit.
Worin besteht hier die Herausforderung in der Seelenwelt? Worin liegt die gesellschaftliche Herausforderung? Ich habe das Gefühl, dass es wiederum eine Verführung an sich ist, wenn wir versuchen, diese Dinge durch Regelungen zu beseitigen. Eine Gesetzgebung, die regelt, wie viel Fett oder Zucker in bestimmten Nahrungsmitteln enthalten sein dürfen, lädt geradezu ein, diese zu umgehen. Und dies wiederum zieht eine stärkere Kontrolle durch die gesetzgebenden

Organe nach sich. Ich betrachte auch den Gedanken, dass man alles durch Regeln und Gesetze ordnen kann, als ein Gespenst. Es führt nämlich keineswegs zu mehr Bewusstsein und Freiheit.
Die Herausforderung liegt meines Erachtens in dem Bewusstsein, das wir gemeinsam für die unterschiedlichen Gespenster und Dämonen ausbilden müssen, und in der Antwort, die wir darauf geben. Dazu kann jeder seinen eigenen kleinen Beitrag liefern. Wie dieser aussieht, muss jeder für sich selbst entscheiden.

Automatisierung

Im Zusammenhang mit dem Thema der Gespenster, die im sozialen Leben wirksam sind, möchte ich auch einen Blick auf die Automatisierung werfen. Dazu ein Beispiel:

Heute früh wollte ich eine Summe per Onlinebanking überweisen. Ich öffnete die entsprechende Website, und dort erschien die Mitteilung: »Willkommen, Herr Müller.« Nun bin ich aber nicht Herr Müller, ich bin Frau Müller. Der Unterschied liegt zwar nur im Geschlecht, doch so etwas macht mich wütend. Ich kann mir natürlich vorstellen, wie so etwas funktioniert: Herr Müller ist der Kontoinhaber, und ich bin nur seine Bevollmächtigte. Also bin ich gewissermaßen nur die zweite Garnitur. Doch als bevollmächtigte Ehefrau möchte ich als vollwertig betrachtet und auch so behandelt werden. Schließlich würde es mich auch maßlos ärgern, wenn ich an einen Bankschalter käme und jemand würde mich mit ›Herr‹ anreden. Die Macher dieser Seite glauben wahrscheinlich, dass es ganz besonders ›persönlich‹ wirkt, wenn ein solcher Text erscheint, doch auf mich wirkt es genau umgekehrt. Ich fühle mich überhaupt nicht willkommen, und ich sehe stattdessen, dass es einfach eine gedankenlose Programmierung war, die diesem Programm zugrunde liegt.

Das alles ist natürlich nicht entscheidend, doch dasselbe begegnet mir, wenn ich auf die Website von bol.com gehe. Da steht es wieder: Willkommen, Bernd. Hallo, das ist mein Sohn, der ebenfalls Bücher über diese Seite bestellt. Aber ich heiße nicht Bernd!
Mein Ärger hat sich noch verstärkt, nachdem ich versucht habe, ein Konto zu löschen. Ich hatte zwei Konten, eines für meine Arbeit, und ein Extrakonto für eine gemeinnützige Einrichtung, für die ich eine Zeit lang gearbeitet habe. Das Praktische beim Internetbanking war, dass ich diese beiden Konten gleichzeitig verwalten konnte, indem ich auf ein und dieselbe Webseite ging. Doch was passierte? Ich löschte eines der Konten, und das andere, das mit meiner Arbeit zusammenhing, wurde gleichzeitig gelöscht. »Es tut uns leid, gnädige Frau, wir werden den Fehler sogleich korrigieren.« Dies geschah tatsächlich, doch leider erschien nun das alte Konto unter dem Namen meines Mannes. Also rief ich wieder an. Jetzt wurde das Konto tatsächlich wieder auf meinen Namen geführt, doch die Kontoauszüge gingen an meinen Mann. »Verzeihung, gnädige Frau, ein Fehler unseres Computers.« Von wegen Fehler des Computers – es ist ein Fehler desjenigen, der den Computer programmiert! Oder ein Fehler desjenigen, der die Software entwickelt hat.
Nach zwei Wochen und etwa 12 Telefongesprächen war die Sache schließlich geregelt, alles ist wieder beim Alten.
Verstehen Sie jetzt, warum ich so wütend werde, wenn ich lese: »Willkommen, Herr Müller?«

Diese Geschichte kenne ich in allen möglichen Variationen. Immer wieder handelt es sich um große Betriebe, die ihre Verwaltung dadurch effizienter zu machen versuchen, dass sie sie automatisieren und so angeblich ›kundenfreundlicher‹ machen.
Welche Gespenster lassen sich in unserem Beispiel wiedererkennen? Zunächst einmal ist da die Tendenz zur Automatisierung. Dadurch soll alles schneller und angenehmer werden. Außerdem ist es billi-

ger. So heißt es jedenfalls. Dies ist der Gedanke, der dahintersteckt. Woher kommt dieser Gedanke? Von wem ist er eingegeben? Bei Qualitäten wie »bequem«, »schnell« und »automatisch« steht nicht in erster Linie der Mensch im Vordergrund. Es geht nicht primär um den menschlichen Kontakt, sondern um etwas anderes. Dies erlebe ich als ein Gespenst. Vor allem, wenn man betrachtet, wie das konkrete Resultat aussieht. Dieses ruft immer mehr Ärger hervor. In der Zeitung las ich vergangenen Sommer eine Reihe von Artikeln zu dem Thema, wie Menschen in der Bürokratie großer Unternehmen vor die Hunde gehen. Was ihnen dort begegnet, ist ein großes System des Abschiebens. Niemand ist persönlich für etwas verantwortlich, und niemand weiß genau, wie etwas funktioniert. Die Menschen fühlen sich anonym und ohnmächtig. Das macht sie wütend. Ein Betroffener formulierte dies so: »Dann kriege ich wieder mein Baseballschläger-Gefühl. Ich würde am liebsten hingehen und den ganzen Laden kurz und klein schlagen; aber ich kenne ja nicht einmal die Adresse!« Der Dämon der Wut hält Einzug.

Auf der geistigen Ebene handelt es sich um einen Kampf zwischen diesem Gespenst und der Qualität der Mitmenschlichkeit. Das menschliche Maß verschwindet. Der Kunde wird anonym, und auch das Unternehmen wird anonym. Die Kommunikation verschwindet. Wie lässt sich dieses Gespenst bekämpfen? Durch Wachheit und beherztes Ergreifen dessen, womit man es zu tun hat! Im Falle des Anonymitätsgespensts heißt das: Schreiben Sie grundsätzlich auf, mit wem sie telefoniert haben, und erkundigen Sie sich nach Aufgabe und Funktion Ihres Gegenübers; kontrollieren Sie, ob das, was ihnen zugesagt wurde, tatsächlich erledigt wurde, und reklamieren Sie, wenn dies nicht der Fall ist. Oder fordern Sie eine schriftliche Bestätigung der Vereinbarungen.

Viele Beschwerde-Hotlines sind dazu da, die Kunden abzuwimmeln. Die betreffenden Mitarbeiter wissen wenig von dem, was sich eigentlich in ihrem Betrieb abspielt. Achten Sie also darauf. Und, um dem

Dämon keine weitere Nahrung zu geben: Begegnen Sie ihren Mitmenschen mit Respekt und lassen Sie sich nicht von Wut übermannen. Machen Sie sich bei allem, was Sie tun, klar, dass es sich um Kräfte handelt, die viel größer sind als der Mensch, der am andern Ende der Leitung mit ihnen spricht.

14 Prüfungen

Ich sehe die Entdeckung dieser Unterwelt, der Welt, in der die Dämonen und Gespenster wirksam sind, als ein Phänomen, das zu unserer Zeit gehört. An vielen Symptomen erkennen wir, dass das Interesse für das Unsichtbare zunimmt, ob es sich nun um die sogenannten Nahtoderfahrungen oder um Engelerfahrungen handelt oder um das Phänomen der sogenannten Indigo-Kinder, Kinder, die mit paranormalen Fähigkeiten auf die Welt kommen.

Die Grenze zwischen der physischen Welt und den höheren Welten scheint durchsichtiger geworden zu sein. Der Übergang in ein neues Gebiet vollzieht sich jedoch nicht selbstverständlich und problemlos. Häufig sehen wir, dass bei solchen Grenzerfahrungen Unsicherheit und Angst auftreten.

Zu Beginn der Neuzeit, gegen Ende des 15. Jahrhunderts, begaben sich die Menschen auf die Suche nach unbekannten Weltgegenden. So segelten sie beispielsweise an der Küste Afrikas entlang. Damals hatte man die Vorstellung, man würde dort in eine Gebiet gelangen, wo Drachen im Meer hausten, wo die See kochte oder man stürzte über den Rand der Erde – einer Scheibe – in einen Abgrund. Es handelte sich also um höchst gefährliche Unternehmungen. Bei der Ankunft in unbekannten Gebieten und deren genauer Erkundung kam es zu Begegnungen mit seltsamen Gestalten, die schwarze Haut hatten. Sie glichen entfernt Menschen. Oder waren es Tiere?

Die Entdeckungsreisenden begegneten auch Tieren, die sie noch nie gesehen hatten. Sie wussten nicht, ob sie gefährlich waren oder nicht. Sie betraten eine völlig neue Welt.

Heute, einige Jahrhunderte voller Entdeckungen und Forschungen später, hat die physische Welt fast alle ihre Geheimnisse preisgegeben. Aufgrund all dieser Forschungen kennen wir sie ziemlich gut und wissen, was uns erwartet. Löwen und Tiger, Elefanten und Leoparden sind heute bekannte Tiere. Wir wissen, worauf wir achten müssen und wo wir sicher sind.

Wenn sich heute wiederum neue Welten öffnen, die mit der Welt nach dem Tod beziehungsweise mit der Seelenwelt oder der geistigen Welt zusammenhängen, so ruft dies dieselbe Unsicherheit hervor wie damals. Es bedarf neuer Entdeckungsreisen und weiterer Erforschung. Diese vollziehen sich allerdings ganz anders als damals. Damals musste man sich dafür auf eine Schiffsreise begeben, heute begeben wir uns auf die Reise, indem wir uns konzentrieren, meditieren und uns auf die Suche nach dem begeben, was sich hinter unseren Erfahrungen verbirgt.

Der Weg, der zum Betreten der übersinnlichen Welt und zum Heimischwerden in ihr führt, ist ein Schulungsweg. Oder, präziser ausgedrückt: ein Einweihungsweg. »Einweihung« war und ist der Prozess des Eindringens in die Geheimnisse der verborgenen Welt, die auch als die »okkulte« Welt bezeichnet wurde. Das lateinische Wort *occultus* bedeutete buchstäblich: dunkel, verborgen.

Wenn ich die entsprechende anthroposophische Literatur studiere, die ägyptischen und griechischen Mythen oder die nordische Edda lese, ergibt sich mir das folgende Bild dieses Weges (In meinem Buch *Vom Sinn der Hindernisse* habe ich dieses Thema ausgearbeitet):

In der Antike gab es spirituelle Führer, die die Aufgabe hatten, die Völker zu leiten. Der ägyptische Pharao beispielsweise war sowohl Hohepriester als auch König. Durch diese Doppelrolle konnte er aus seiner geistigen Kraft heraus das Land regieren.

Der Priester nahm eine Zwischenposition zwischen den Göttern und den Menschen ein. Als Mensch hatte er eine Schulung durchlaufen,

die es ihm ermöglichte, in die geistige Welt hineinzuschauen und daraus die Inspiration für seine Aufgabe zu beziehen. So wurden ihm die Geheimnisse des Geistes offenbart. Dieser Weg war ausgesprochen intensiv. Die Betreffenden mussten auch die Unterwelt kennenlernen, denn ohne Erkenntnisse über die Unterwelt konnte man sich nicht frei in der geistigen Welt bewegen. Der Einweihungsweg bestand aus verschiedenen Stufen und Graden. Zunächst musste man sich das entsprechende Grundwissen erwerben, das dazu befähigte, zu verstehen, wie die andere Welt aussah, welche Gesetzmäßigkeiten dort galten und mit welchem Wesen man dort konfrontiert wurde. Der zweite Aspekt bestand darin, dass bestimmte Übungen durchgeführt werden mussten, um die notwendigen Fähigkeiten zu entwickeln und neue Sinnesorgane auszubilden. Der dritte Aspekt waren die Prüfungen, die die Anwärter bestehen mussten. Diese Prüfungen waren Mutproben, die zu bewältigen waren, um zu beweisen, dass die Betreffenden so stark waren, dass sie in schwierigen und bedrohlichen Situationen über die notwendige Geistesgegenwart und Steuerungsfähigkeit verfügten, um sie durchzustehen. Sowohl die Begegnung mit Wesen wie Gespenstern und Dämonen als auch ganz allgemein die mit Wesen der geistigen Welt erfordern einigen Mut, soll sie fruchtbar sein. Wir kennen dies auch aus dem Alltagsleben, immer wenn es darum geht, sich trotz Angst zu behaupten.
So beschreibt beispielsweise die Edda, dass der Einzuweihende einige Tage lang an den Beinen in einem Baum aufgehängt wurde. Einige Tage mit dem Kopf nach unten in der Kälte hängen – dabei werden wir mit Sicherheit mit dem konfrontiert, was in uns an Wut, Angst und Schmerz lebt; und wir brauchen viel Mut, dies alles auszuhalten. Solche Prozesse gehörten zur Prüfung. Um die Konfrontation mit der eigenen Wut und Angst zu bestehen, bedarf es einer gehörigen Portion an Geistesgegenwart!
In einer anderen Kultur, der persischen, wurden die Kandidaten ausgesandt, um sich intensiv mit vorüberziehenden Karawanen ausein-

anderzusetzen. Dabei begegneten sie Menschen, die völlig anders aussahen, eine andere Sprache sprachen und unbekannte Gewohnheiten hatten. Dies konnten schockierende Erfahrungen seien. Zugleich begegneten sie dabei sich selbst.
Einsiedler erlegten sich eine entsprechende Prüfung auf, indem sie sich in die völlige Einsamkeit zurückgezogen. Wenn sie längere Zeit so gelebt hatten, begegneten sie zunächst ihrer eigenen Innenwelt. Wenn sie diese kennengelernt hatten, konnten sie damit beginnen, ihr Inneres zu reinigen, um dadurch eine Offenheit für die Wesen der geistigen Welt zu erzeugen.
In der anthropologischen Literatur finden sich viele Darstellungen solcher noch heute existierender Prüfungen bei vielen sogenannten primitiven Völkern. Diese Riten sind in erster Linie für die jungen Erwachsenen, meistens die Männer, bestimmt, und markieren zum Beispiel den Übergang zum Rang eines Kriegers. So wird bei den Massai von den Jünglingen erwartet, dass sie zunächst ganz aus eigener Kraft ein wildes Tier fangen und erlegen. Sind sie dazu in der Lage, haben sie bewiesen, dass sie vollwertige Mitglieder ihres Stammes werden können, mit der gesamten Verantwortung, die dazugehört. Bei manchen Indianerstämmen herrschte die Sitte, dass junge Männer drei Tage lang einsam und ohne Nahrung auf einer Insel mitten im Fluss verbringen mussten. Bei anderen Indianervölkern tanzten die Jünglinge den sogenannten Sonnentanz um den Totempfahl. Mit diesem Pfahl waren sie durch ein Seil verbunden, das an ihrer Bauchfalte festgenäht war. Sie tanzten so lange, bis sich das Seil irgendwann losriss – eine elementare Begegnung mit dem Schmerz. Für den Einzuweihenden war es beruhigend, zu wissen, dass eine Prüfung auf ihn wartete, die einen Schritt im Prozess seines Erwachsenwerdens bedeutete. Die Prüfung war ein ritueller Vorgang.

Wie anders ist dies heute! Wir wissen in unserer heutigen Kultur nur noch wenig von solchen Übergangsprozessen. Und wir pflegen die

Übergänge in neue Lebensphasen oder in eine neue gesellschaftliche Rolle viel zu wenig. Es könnte jungen Menschen durchaus helfen, wenn es angemessene Rituale im Umkreis des Erwachsenwerdens gäbe. Doch auch heute können wir im Zusammenhang mit dem Weg, der zu einem Bewusstsein anderer Welten führt, von Prüfungen sprechen. Diese Prüfungen können sich beispielsweise als Krisen äußern, die sich im Leben einstellen, oder in Gestalt kleinerer oder größerer Grenzerfahrungen, wie sie bereits beschrieben wurden.
Die größeren Prüfungen durchlaufen wir bei massiven Grenzerfahrungen wie zum Beispiel beim Durchmachen schwerer Krankheiten. In der Krankheit begegnen wir dem Schmerz. Sind wir stark genug, ihn zu ertragen? Oder dämpfen wir ihn sofort mit einem Schmerzmittel? Das Erfahren der Grenze des Schmerzes, den wir ertragen können, kann als das Durchstehen einer Prüfung betrachtet werden. Aus der Bewältigung einer solchen Prüfung ziehen wir Kraft, und wir lernen uns selbst besser kennen. Auch die Unsicherheit, die wir durch Krankheiten erleben können, oder die Angst vor bleibenden Schäden, Invalidität oder gar dem Tod stellen Prüfungen dar. In der heutigen Zeit ist beispielsweise auch das Erleiden eines Burnouts eine Prüfung, bei der viele Sicherheiten aufgegeben werden müssen und wir manchen Mustern in uns begegnen, die es zu verwandeln gilt.
Derartige Prüfungen machen auch Menschen durch, die wissen, dass sie bald sterben müssen. Auch hier handelt es sich um die Vorbereitung auf das Betreten einer anderen Welt und um die Kraft der Hingabe, die dafür notwendig ist.

Noch weitere Krisenmomente, in die wir geraten können, lassen sich als Prüfungen auf unserem Einweihungsweg betrachten, wie zum Beispiel der Verlust unseres Arbeitsplatzes und längere Arbeitslosigkeit, insbesondere dann, wenn unsere Arbeit unser Leben bedeutet. Oder aber Trennungen und Ehescheidungen, die uns mit Schuldgefühlen und Einsamkeitserfahrungen konfrontieren.

In der physischen Welt bezeichnen wir solche Ereignisse als Krankheiten oder Krisen. In der Innenwelt sind das heftige Begegnungen mit sehr unterschiedlichen Kräften, die in uns wirksam sind. Wenn wir diese Begegnungen mit der notwendigen Geistesgegenwart angehen und uns dabei auf die Suche nach den Wesen begeben, die sich hinter diesen Kräften verbergen, kann mit einem gewissem Recht von Prüfungen auf dem Einweihungsweg gesprochen werden.

Daneben können die kleineren Grenzerfahrungen, wie wir sie beschrieben haben, eher als Mutproben betrachtet werden. Es sind Situationen, in denen wir einen Moment lang mit uns selbst konfrontiert werden. Oder, besser gesagt: Momente, in denen wir jenen Teilen unserer Persönlichkeit begegnen, in denen Unsicherheit, Angst oder andere Emotionen leben.

Bei allen derartigen Prüfungen fällt die Wiederholung auf: Es sind Situationen derselben Art, die sich wiederholen, allerdings immer an anderer Stelle und mit anderen Personen. Doch im Inneren bleiben es Begegnungen mit immer demselben Teil unserer selbst. So können sich unterschiedliche Arten von Prüfungen vermischen: die Begegnung mit unserem Groll als eine bestimmte Art von Prüfung, und die Begegnung mit unserer Unsicherheit im Umgang mit anderen Menschen als eine weitere Prüfung.

Diese Proben sind bestanden, wenn wir die entsprechenden Situationen ohne Probleme bewältigen.

Es gibt unterschiedliche Arten von Mutproben: die Feuerprobe, die Wasserprobe und die Luftprobe. Die hier beschriebenen Proben stellen Feuerproben dar. Die Wasserprobe wird zur Sprache kommen, wenn wir uns der Frage zuwenden, wie sich ein Bewusstsein für die Welt der höchsten geistigen Wesen entwickeln lässt.

Die Frage, ob eine bestimmte Situation als Prüfung auf dem Einweihungsweg gelten kann, wird nicht durch das Ereignis an sich entschieden, sondern dadurch, wie unsere Antwort darauf ausfällt.

15 Dämonen befreien

Wir haben uns nun ausgiebig mit einer Vielfalt von Wesen beschäftigt – den unterschiedlichen Arten von Gespenstern und Dämonen – und haben verschiedene Arten von Verführern an uns vorüberziehen lassen. Sie spielen eine wichtige Rolle in der Bewusstwerdung und Entwicklung eines Menschen. Und sie bieten uns in wechselndem Umfang ein Lebensthema an, das wir in irgendeiner Form bearbeiten müssen. Dann lautet die nächste Frage: Was tun wir, wenn wir uns ihrer Gegenwart bewusst werden?

Ein erster Schritt besteht darin, die Dämonen zu erkennen. Das bedeutet, dass wir unser eigenes Tun und Lassen betrachten, vor allem diejenigen Momente, in denen wir uns unbehaglich fühlen, Angst haben oder unter Zweifeln leiden. Hier bedarf es der Fähigkeit, sich selbst aus einer gewissen Distanz zu betrachten und aus dieser Distanz mit einer objektiven, doch engagierten Haltung auf uns selbst und unsere Handlungsweise zu blicken.

Andere Dämonen, die zu uns gehören, lernen wir kennen, indem wir uns anhören, was andere Menschen über uns sagen. Schließlich nehmen andere bestimmte Arten von Dämonen eher wahr als wir selbst. Dämonen, die mit Angst zusammenhängen, können wir in uns selbst aufspüren. Sie melden sich von alleine, das können wir gar nicht umgehen. Doch die Dämonen, die zum Beispiel mit der Eitelkeit zusammenhängen, sehen andere früher als wir selbst.

Grenzsituationen, wie wir sie im letzten Kapitel beschrieben, sind Momente, an denen wir aufwachen können.

Sind wir aber, wenn wir diese Wesen erkannt haben, bereit, ihre Gegenwart zu akzeptieren? Trauen wir uns, uns mit ihnen zu konfrontieren, uns für sie zu interessieren? Die erste Reaktion ist häufig das Leugnen oder das Bagatellisieren ihres Einflusses. Oder es dominiert die Neigung, die Schuld für ihre Anwesenheit auf andere abzuschieben. Häufig werden das dann unsere Eltern sein, die in unserer Jugend für Verhältnisse verantwortlich waren, die erklären, warum wir später ein gewisses Verhalten entwickelt haben.

Wenn wir einen Dämonen schließlich erkannt und akzeptiert haben, folgt die Frage: Wie gehen wir mit ihm um? Oft hat er sich eingeschlichen, weil wir ihm etwas zu bieten hatten. Er bot uns an, ein Loch zu füllen oder es zu umgehen. Wenn wir uns auf die Begegnung mit einem Dämon einlassen, bedeutet dies meist, dass wir dafür einen Preis bezahlen müssen. Das Loch, in dem er sich eingenistet hat, muss dann aus eigener Kraft gefüllt werden.

Wenn wir ein Gespenst oder einen Dämon erkannt haben, möchten wir ihn am liebsten hinauswerfen. Wir haben leicht die Neigung, auszurufen: »Fort mit dir, du Scheusal!« Versuchen Sie in solchen Momenten einmal, sich vorzustellen, wie er in der Seelenwelt darauf reagieren wird. Wahrscheinlich wird er Sie auslachen. Er fühlt, dass Ihnen die Kraft fehlt, ihn wirklich hinauszuwerfen.

Eine andere Reaktion besteht darin, zu versuchen, das Gespenst oder den Dämon an die Peripherie der Seele zu verbannen. Sie können sich auch entschließen, ihm eine gewisse Zeit lang die Möglichkeit zu geben, sich auszuleben, jedoch mit Ihrem Bewusstsein dabei zu bleiben und zu sehen, was er tut, um ihn besser kennenzulernen. Außerdem können diese Wesen zu Kräften umgewandelt werden, die mitarbeiten; und schließlich können Sie versuchen, sie so zu metamorphosieren, dass sie auf einer höheren Ebene eine völlig neue und geistige Funktion erhalten. Diese unterschiedlichen Möglichkeiten möchte ich im Folgenden beschreiben.

Verbannen

Man kann versuchen, Verführer zu verbannen, indem man beispielsweise strenge Askese betreibt. In den Klöstern herrschten und herrschen deswegen noch immer strenge Zucht und strenger Rhythmus. Zu ganz bestimmten Tageszeiten werden Gottesdienste abgehalten, wodurch sich die Aufmerksamkeit religiösen Inhalten zuwendet. Meistens geschieht dies nicht in der Einsamkeit, sondern innerhalb einer Gemeinschaft. Viel Freiraum für ein Privatleben gibt es nicht, alles ist auf die Verbindung mit Gott ausgerichtet. Es geht dabei darum, ein Klima der Reinheit und des Gebets herzustellen.

Ferner galten früher die Gelübde der Armut und des Gehorsams. Wenn man sich an diese Gelübde hielt, gab es wenig Raum für Eitelkeit oder Habgier.

Das Austreiben von Dämonen wurde früher von Dritten, beispielsweise einem Priester, vollzogen. Die Umgebung nahm wahr, dass jemand von einem Dämon besessen war. Häufig ging dies mit Erscheinungen einher, die wir heute als Psychose, Halluzinationen oder Epilepsie umschreiben. Man sah, dass ein Mensch ein seltsames Verhalten an den Tag legte, dahinter musste folglich ein Dämon stecken. Wenn ich dieses Phänomen unter dem Blickwinkel der Themenstellung dieses Buches betrachte, kann ich mir solche Szenen gut vorstellen. Ein derart ›Besessener‹ wurde zum Priester gebracht, der daraufhin versuchte, den Dämon auszutreiben.

Einen Eindruck einer solchen Prozedur vermittelt der Film *Der Exorzist* (1973; Regie: William Friedkin). Er gehört zu den bekanntesten und beklemmendsten Horrorfilmen. Regan, ein Mädchen im Pubertätsalter, zeigt ein immer eigenartigeres Verhalten. Sie benimmt sich sonderbar, ihre Stimme verändert sich, und von Zeit zu Zeit verhält sie sich äußerst aggressiv. Die Ärzte, die sie untersuchen, können keine deutliche Diagnose stellen, die Behandlung bleibt wirkungslos. Schließlich wird ein Exorzist hinzugezogen, ein Priester,

der bereits über Erfahrungen im Austreiben von Dämonen verfügt. Der Regisseur bringt nun den Kampf zwischen dem Exorzisten und dem Dämon ins Bild. Der Priester arbeitet mit seinem Vertrauen auf die Kraft des Gebets, mit Weihrauch, mit der Bibel. Er ruft die guten Geister an. Der Dämon versucht mit allen Mitteln durch gemeine Tricks dieses Vertrauen des Exorzisten zu untergraben: Er ruft unverarbeitete Erinnerungen aus früheren Jahren in ihm wach, er versucht, latente Schuldgefühle zu schüren, denn diese untergraben seine Kraft. Auf diese Weise versucht der Dämon, auch den Priester in seine Macht zu bekommen. Es ist ein Kampf zwischen der Kraft des Glaubens und des Vertrauens auf das Gute auf der einen Seite und dem Dämon der Aggression und der Wollust auf der anderen.
Ein anderes Beispiel einer Dämonenaustreibung finden wir in der Bibel. Ein Besessener wird zu Christus geführt. Dieser schickt den Dämon weg und spricht zu dem Mann: »Gehe hin und sündige fortan nicht mehr« (Joh 5,14). Er appelliert an den Mann, das entstandene Loch zu füllen, um zu verhindern, dass der Betreffende wieder in seine alten Fehler verfällt.
Noch ein weiteres Beispiel für das Austreiben von Dämonen fand ich in einem Vortrag von Rudolf Steiner (GA 148, Vortrag vom 8.12.1913). Er beschreibt, wie Jesus in einer bestimmten Zeit seines Lebens, bevor er im Jordan getauft wurde, im Kreis der sogenannten Essener verkehrte. Dies war eine spirituelle Gemeinschaft, in der strenge Regeln und Askese galten. Durch ihre Übungen und Meditationen konnten die Essener ihre Seelen weitgehend reinigen. Sie lebten abgesondert, ohne Besitz, ohne Arbeit, und sie führten in erster Linie ein meditatives Leben. Rudolf Steiner beschreibt nun, wie Jesus am Tor der Siedlung dieser Gemeinschaft ganze Gruppen von Verführern sieht, die flüchten. Und er fragt sich: Warum fliehen diese Verführer? Was haben sie vor? Später begreift er, dass die Verführer sich keinen Zugang zu diesen Menschen verschaffen konnten, weswegen sie sich abwenden, um sich eine andere Beute zu suchen.

Dies sind einige Beispiele für den Umgang mit Dämonen. Durch Austreibung oder Meditation lassen sie sich bannen. Doch wohin gehen sie dann? Nehmen wir die Tatsache der Existenz einer Seelenwelt ernst, so kann die Konsequenz der Austreibung darin gesehen werden, dass diese Wesen danach herumvagabundieren oder andere behelligen.

An die Peripherie schieben

Eine andere Möglichkeit, das Problem der Dämonen zu lösen, ist die Verdrängung. Wenn wir die Wirkung eines Verführers verdrängen, verlässt er uns nicht, sondern er begibt sich tiefer in unserer Unbewusstes. Dann landet er irgendwo in der Peripherie der Seele, oder er wird tiefer in die Untergründe des Körpers hineingeschoben.
Doch Verdrängen kostet Energie, und dies kann auf Dauer zu starker Erschöpfung führen. Der Dämon kann nun unsere Aufmerksamkeit zur Peripherie der Seele hinziehen und sie dort binden.
Nehmen wir als Beispiel das Alkoholwesen. Es darf sich der Seele nicht bemächtigen, weil Sie beschließen, den Alkohol links liegen zu lassen. Nun kann das Wesen sich nicht mehr in unseren Taten ausleben. Es erhält keine Energie mehr von Ihnen, weil es Sie nicht mehr in eine Trinkorgie hineinziehen kann. Aber von den Randbezirken des Bewusstseins her kann es Ihnen dennoch das Leben schwer machen, indem es Ihre Aufmerksamkeit immer ein wenig auf den Alkohol lenkt. Sie sind im Innern also nicht frei, Ihre Gedanken, Ihr Begehren tendieren in diese Richtung. Wenn Sie an einem Laden vorbeikommen oder jemand Ihnen etwas anbietet, lehnen Sie zwar ab, es kommt nicht bis zur Handlung. Doch es lässt Sie nicht kalt. Auf diese Weise erhält das Wesen trotzdem Ihre Aufmerksamkeit, und so ist es möglich, dass der Dämon eines Tages wieder zum Vorschein kommen kann.

Dasselbe gilt für die anderen Verführer: Auch Menschen, die mit dem Rauchen aufgehört haben, können sich innerlich noch lange mit dem Gedanken an Zigaretten beschäftigen. Gleiches gilt für die Verführung durch Drogen oder für Sexsüchtige.
Eine Verdrängung in den Körper sehen wir auch deutlich bei den Verführern des Grolls und der Wut. Groll und Wut erzeugen eine körperliche Reaktion. Wir spüren sie im Brustbereich, vor allen aber im Bereich des Sonnengeflechts, also im oberen Bauchbereich. Dies ist auch das Gebiet des Magens. Wenn sie dorthin verbannt werden, können sie im Lauf der Zeit zu Magenbeschwerden führen und den Appetit beeinflussen.

Zulassen und betrachten

Gehen wir einmal davon aus, dass wir die Absicht haben, einen Dämon so gut wie möglich kennenzulernen, um ihn dann zu verwandeln. Dann kann es hilfreich sein, ihm eine Weile lang eine etwas freiere Hand zu lassen. Sie leben sich in verantwortungsvoller Weise aus und beobachten, welchen Effekt dies auf Sie und auf andere hat. Doch stets so, dass es anderen keinen Schaden zugefügt. Wir erinnern uns an die Darstellung des Schokoladewesens im Kapitel über die Gier. Der Mensch, dem wir die Beschreibung verdanken, hat genau dies getan. Dazu musste er allerdings erst seine Scham überwinden und die Urteile, die er über sich gefällt hatte.
Wenn ich mit Menschen zu tun habe, die unter der Sucht nach Internet-Sex leiden, bitte ich sie daher zuerst, alle Urteile loszulassen und zu betrachten, was sie da eigentlich tun.
Später, im Zusammenhang mit der Betrachtung der Wesen, die in der Sexualität wirksam sind, werde ich einige Beispiele von Menschen anführen, die einen solchen Weg zurückgelegt haben. Es braucht durchaus einigen Mut, dies zu tun, doch auf diese Weise

durchbrechen wir eine Pattsituation. Meistens handelt es sich um Situationen, in denen der Betroffene schon länger versucht hat, den Verführer zu verdrängen und nun entmutigt ist, da es ihm immer wieder nicht gelingt.
Ein solches Ausleben erfordert natürlich die Gegenwart des selbstbewussten Ichs. Wenn dieses Ich nicht anwesend ist, können wir uns selbst oder anderen schaden. Dieses Ausleben ist eigentlich etwas, was in die Lebensphase der Pubertät gehört. In der Pubertät wird eine reiche Skala emotionaler Kräfte frei. Es ist das Alter, in dem diese sich emanzipieren und so gut wie möglich integriert werden müssen. So wird zum Beispiel damit experimentiert, krasse Urteile auszusprechen, nur um zu testen, wie andere darauf reagieren. Auch die Sexualität muss ausgekundschaftet werden. Der Verführungsfaktor des Computers mit all seinen Spielen und der Möglichkeit des Chattens lässt sich nicht einfach eliminieren. Es ist gesund, wenn die Begegnungen mit diesem Verführer unter der Begleitung der Eltern stattfinden können, die darauf achten, dass die Sache nicht aus dem Ruder läuft. Darin besteht ja die Herausforderung der Erziehung in der Pubertät. Das Alter, in dem die Kinder losgelassen werden können, um ihren eigenen Weg zu gehen, ist noch nicht erreicht. Die Jugendlichen haben noch das Bedürfnis, Leitlinien und Grenzen aufgezeigt zu bekommen. Andererseits gehört es zu diesem Alter, immer wieder zu versuchen, diese Grenzen aufzuweichen und zu provozieren. Die Jugendlichen möchten von dem Erzieher erfahren, wie es ist, wenn ihren Pubertätskräften Grenzen gesetzt werden. Allerdings muss dies in einer Weise geschehen, die sie respektieren können. Diese Grenzen können nicht mehr in Form autoritären Verhaltens von Eltern oder Lehrern gesetzt werden, sondern es geht darum, dass diese Grenzen von Menschen vertreten werden, vor denen sie Respekt haben. Die Jugendlichen wollen Menschen sehen und erleben, die ihnen lebendige Vorbilder darin sind, wie man das Leben mit Würde bewältigen kann.

Integrieren

Die Verführer leben in den ›niederen Bereichen‹ der Seele. Es ist auch möglich, sie gewissermaßen zu erheben und sie in eine höhere Schicht zu integrieren. Betrachten wir beispielsweise den Verführer der Wut, so erkennen wir, wie er versucht, uns in eine undifferenzierte aggressive Grundstimmung hineinzuziehen. Auf diese Weise wird die Wut destruktiv. Wir entwickeln dann die Neigung, den anderen durch körperliche Gewalt oder verletzende Worte zu treffen. Der Affekt reißt uns mit, und meistens stimuliert das den anderen, in derselben Weise zu reagieren. Dann steht Wut gegen Wut oder Groll gegen Groll. Lange zurückliegende Vorfälle werden aus der Versenkung geholt, und die einzige Absicht, die zählt, ist die, den anderen zu verletzen und Recht zu bekommen.

Die Wut kann jedoch auch in Selbstsicherheit verwandelt werden. Dann wird sie unter die Führung des selbstbewussten Ichs gestellt und liefert einen positiven Beitrag zu unserem Leben. Wenn wir selbstsicher sind, können wir einem anderen Menschen vermitteln, wo unsere Grenzen liegen, und wir können sie in mündiger Weise bewachen und verteidigen. Wir ziehen uns nicht vorschnell zurück, wenn jemand versucht, auf unser Terrain vorzudringen. Und wenn uns jemand um etwas bittet, wofür wir eigentlich keine Zeit oder keine Bereitschaft haben, können wir aus unserer Selbstsicherheit heraus rechtzeitig Nein sagen. Wir lassen uns dann nicht dazu verführen, zu weit mit den Wünschen des anderen mitzugehen.

In meiner Jugend habe ich einiges an Aggressionen erlebt. Mein Vater konnte sehr wütend werden. Er schlug dann Türen zu oder schimpfte. Meine Mutter erstarrte immer, wenn er so in Fahrt war. Als mein Bruder größer wurde, entwickelte er dieselbe Neigung. Jetzt gab es zwei Wüteriche bei uns. Ich bemerkte, dass meine Mutter sich immer beruhigte, wenn sie nach solchen Ausbrüchen etwas

mit mir unternehmen konnte. Daraus folgerte ich, dass das besser war, sich ›lieb‹ zu verhalten; ich glaubte, dass Wut und Zorn etwas Schlechtes seien. Also habe ich mich weiterhin ›brav‹ verhalten und mich angepasst, wenn Konflikte drohten.
Später, nach einigen Jahren im Berufsleben, begann ich zunehmend unter Müdigkeit zu leiden. Bevor es zu einem Burnout kam, zog ich die Notbremse. Ich entdeckte, dass ich deswegen so müde wurde, weil ich anderen immer wieder erlaubte, meine Grenzen zu überschreiten. Ich konnte nicht Nein sagen. Dadurch übernahm ich viel zu viel Verantwortung. Damals habe ich die Entscheidung, die ich in meiner Kindheit traf, revidieren müssen. Ich habe gelernt, dass Wut und Zorn nicht *per se* etwas Negatives zu sein brauchen, sondern dass sie uns helfen können, in rechter Weise unsere Grenzen deutlich zu machen. Im Grunde ist Zorn, so betrachtet, nichts Destruktives, sondern eine nützliche Form von Kraft.

Diese veredelte Form der Wut schenkt uns die Fähigkeit, für unsere eigenen Belange einzustehen. Jeder hat seine eigenen Wünsche und seine eigenen Rechte. Jeder hat das Recht, seine eigenen Wünsche und Rechte geltend zu machen. Selbstsicherheit hilft uns, den Raum einzunehmen, der uns zusteht.

Der Verführer der Faulheit kann ebenfalls unter die Kontrolle des Ichs gestellt werden. Dann kann er dazu beitragen, dass wir im richtigen Moment faul oder träge sind. Er wird dann zu einer guten Eigenschaft, die uns hilft, uns rechtzeitig die Ruhe zu nehmen, die wir brauchen. Eine ›angemessene Faulheit‹ also. Die Frage an das Ich lautet demnach: Was brauche ich in turbulenten Zeiten? Was braucht mein Körper? Daraus kann sich das Bedürfnis herausschälen, die Dinge eine Weile lang ruhiger anzugehen und das Tempo etwas zu drosseln. Dies ist dann eine ›gesunde‹ Faulheit.

Habgier kann sich in der Seele als übertriebene Neugierde äußern. Es geht einem nicht um den anderen an sich, sondern darum, Dinge über ihn aus Eigeninteresse zu erfahren. Wir wollen sie wissen, um damit anzugeben oder auf andere einen guten Eindruck zu machen. Auch dies ist Egoismus. Doch Neugierde lässt sich in Wissbegier verwandeln. Wir öffnen uns dann gegenüber der Welt und anderen Menschen. Wir nehmen Informationen auf, die wir später für wirklich sinnvolle Ziele einsetzen oder mit denen wir anderen Menschen helfen können. Am Ende kann echtes Interesse entstehen.
Gier bedeutet, dass wir immer mehr an uns ziehen wollen, als wir benötigen, und zwar in einer ›gefräßigen‹ Weise. Fasten ist eine Möglichkeit, unsere Gier für eine gewisse Zeit zu bezähmen oder sie nicht auszuleben. Essen mit Appetit und Genuss, wenn es zur rechten Zeit geschieht, lässt sowohl uns selbst als auch die Nahrung, die wir essen, zu ihrem Recht kommen.
Wird die Wollust unter die Führung des Ich gestellt, kann daraus eine befriedigende sexuelle Beziehung mit sich selbst und anderen entstehen. Es geht dann nicht mehr primär um den Trieb und die Begierde an sich, sondern die Lust erhält einen Platz in einem größeren Ganzen. Sie kann sich mit Intimität paaren. Es geht nicht mehr um Sex als Selbstzweck.

Nachdem die erste Verliebtheit vorüber war, verlief unsere sexuelle Beziehung immer weniger befriedigend. Die Luft war ein wenig raus, und alles wurde immer mehr zur Routine. Ich stellte fest, dass ich Fantasien über Sex mit anderen Frauen zu entwickeln begann. In meinen Fantasievorstellungen ging es ziemlich heftig zur Sache. Wenn ich über die Straße ging, ertappte ich mich dabei, dass ich mich immer häufiger nach anderen Frauen umsah und mich dabei fragte, wie es wohl mit ihnen im Bett wäre. Als ich später einmal mit meiner Frau über diese Fantasien reden konnte, zeigte sich, dass sie viel weniger prüde war, als ich gedacht hatte. Wir konnten meine

Sehnsüchte recht gut gemeinsam ausleben. Das Schielen nach anderen Frauen hörte dann auch auf.

Und wie steht es mit der Eitelkeit? Wenn sie unter das Kommando des Ich gestellt wird, kann sie uns eine neue Qualität vermitteln: den Mut, sich so zu zeigen, wie man ist. Bei der Eitelkeit und beim Stolz handelt es sich darum, dass wir gesehen werden, es geht um unsere Person, um unser Ego. Bei der ›integrierten Eitelkeit‹ trauen wir uns, uns so zu zeigen, wie wir sind – es geht dabei um den Inhalt, nicht um uns als Person. Wir tun unsere Meinung kund, und wir sind eindeutig im Formulieren unserer Ziele. Hier hilft uns der Verführer, die Hürde zu bewältigen, die uns daran hindert, uns in der Welt zu manifestieren.
Schließlich ist da noch der Groll. Er lässt uns schrumpfen. Wir fühlen uns zurückgesetzt und klein. Was geschieht, wenn dieser Mechanismus unter das Kommando des Ich gestellt wird? Ich denke, es ist hilfreich, uns darüber klar zu werden, wo wir Mangelerlebnisse haben und wo unsere Bedürfnisse liegen. Statt uns zu beklagen und zu grollen, können wir jetzt dafür sorgen, dass wir die Bedürfnisse, die wir haben, anerkennen und selbst etwas dafür tun, ihnen gerecht werden.
So können alle Verführer in die Seele aufgenommen und unter die Führung des Ich gestellt werden. Auf diese Weise entsteht Ruhe in der Seele, und es steht uns eine große Menge zusätzlicher Kraft zur Verfügung.

Vergeistigen

Wir können noch einen Schritt weitergehen. Wir haben betrachtet, wie das Tier in unserer Seele geweckt werden kann, wenn wir die Verführer ungehindert ihr Unwesen treiben lassen. Danach haben wir aufgezeigt, wie wir sie unter die Kontrolle des Ich stellen können und wie uns dies innere Ruhe und Energie bescheren kann. Als nächsten Schritt können wir versuchen, sie noch einen Schritt weiter zu bringen und sie zu vergeistigen.

Die Wut wurde aus Aggression zu Selbstsicherheit verwandelt. Wir machen unsere Grenzen deutlich und sind in der Lage, rechtzeitig aktiv für uns aufzukommen. Doch was geschieht dann?

Wenn wir bestimmte Eigenschaften vergeistigen wollen, betreten wir ein neues Gebiet, ein Gebiet, wo es um Geistiges geht. Dämonen zu vergeistigen bedeutet, sie in den Dienst einer positiven geistigen Entwicklung zu stellen, die uns selbst und die geistige Welt betrifft. Werte und Ideale gehören in das Gebiet des Geistigen. In diesem Gebiet ist der Egoismus überwunden, es geht dort nur noch um Wahrheit, um Werte, um Liebe.

Was bedeutet es für die Wut, wenn sie vergeistigt wird? Sie wird umgewandelt in Zorn, in moralische Entrüstung. Bei der moralischen Entrüstung richtet sich die Empörung auf etwas Objektives, und der Respekt für die Person, um die es geht, wird nicht in Mitleidenschaft gezogen. Ein Beispiel:

Ich werde immer wütend, wenn ich sehe, wie sich Menschen unhöflich anderen gegenüber verhalten. Das erlebe ich oft, beispielsweise beim Einkauf. Ich habe dann immer gleich die Neigung, zu schimpfen. Das tue ich natürlich nicht, denn dann würde ich mich ja genauso verhalten wie die, denen ich es vorwerfe. Kürzlich erlebte ich, wie die Bedienung an der Kasse sich einfach mit dem Jungen, der an der Kasse daneben saß, über etwas völlig Unwichtiges unterhielt, während sie die Waren einer Frau über den Scanner zog, die große Mühe mit dem Einpacken ihrer Einkäufe hatte. Sie schaute sie nicht einmal an! Das fand ich echt unverschämt. Diesmal fand ich zum Glück den richtigen Ton. Ich machte einen Schritt nach vorn und sagte zu ihr, dass ich es keine Art fände, wie sie sich verhielt. »Dies ist keine Reklame für Ihren Laden, auch Sie selber geben kein gutes Bild ab, wenn Sie sich so verhalten. Sie können doch viel netter sein!« Die Kassiererin war völlig verdattert. Und weil ich nicht schimpfte, konnte sie auch nichts dagegen sagen. Die Frau, die von ihr bedient wurde, nickte mir mit einem freundlich zustimmenden Lächeln zu. Als ich den Laden verließ, fühlte ich mich richtig zufrieden.

In diesem Beispiel erkennen wir, wie eine Frau von Wut gepackt wird. Es gibt einen kurzen Entscheidungsmoment: Wenn die Wut sie ergreift, würde sie gern zu schimpfen beginnen: sie will der Kassiererin ihr schlechtes Verhalten vorwerfen, sie verurteilen. Und das ruft sofort eine aggressive Atmosphäre hervor. Das ist aber genau das, was sie nicht möchte. Sie möchte eigentlich, dass die Menschen höflicher und aufmerksamer miteinander umgehen. Es herrscht einen Moment lang Verwirrung in der Seele. Meistens entschied die Betreffende sich, die Wut einfach links liegen zu lassen und ihr nicht nachzugeben. Sie wusste aber nicht recht, wie sie weiter mit ihr umgehen sollte: Wenn sie nichts unternimmt, hat sie das Gefühl, ihren Idealen untreu zu sein. Indem sie ihrem Ärger in deutlicher Weise Luft macht, kann sie für ihre Werte einstehen. Es geschieht nicht aus Eigeninteresse, die Werte, die sie verteidigt, sind allgemein menschlicher Natur. Durch die Art ihrer Reaktion versucht sie, Respekt vor der Persönlichkeit der Kassiererin zu zeigen: Sie spricht aus, dass ihr Verhalten nicht zu ihr passt, dass sie als Mensch einen besseren Eindruck macht, wenn sie mit ihren Kunden respektvoll umgeht. Auf diese Weise kann die moralische Entrüstung zu ihrem Recht kommen.

Der Verführer, der sich in der Wut manifestiert, ist zerstörerischer Art, er kann nur im niederen, noch nicht befreiten Bereich der Seele leben. Dort arbeitet er gegen die menschliche Würde an, und das macht einen Menschen immer kleiner. Aus dieser Schicht heraus

operiert er und richtet Schaden an, sowohl bei uns selbst wie auch in unserer Umgebung. Sein Charakter zeigt, dass er ›gefallen‹ ist: Er ist aus dem Bereich der Liebe herausgefallen. Wenn das selbstbewusste Ich den Verführer in seine Obhut nimmt, gelangt er aus dem unfreien, emotionalen Bereich der Seele in die Sphäre des freien Teils, der unter der Herrschaft des Ichs steht. Dort kann er nun verwandelt als Selbstsicherheit mitwirken.
Schließlich kann das selbstbewusste Ich ihn in eine noch höhere Schicht heben und der geistigen Seite des Ichs dienstbar machen. Dann dient er nicht nur dem Ich in der Seele, wie im Falle des Selbstbewusstseins, sondern dem Überpersönlichen; er dient also der Verwirklichung unserer Werte und Ideale. Zusammenfassend lässt sich die Metamorphose der Wut in folgenden Schritten darstellen:

Wut → Selbstsicherheit → moralische Entrüstung/Zorn

Kann diese Metamorphose auch bei den anderen Verführern stattfinden? Betrachten wir einmal, wie dies im Falle der Neugierde aussehen würde. Neugierde ist eine Äußerung von Egoismus. Es geht uns nicht um die Neuigkeit als solche, sondern um uns selbst. Wir können die erfahrenen Neuigkeiten eigennützig verwenden. Wenn das selbstbewusste Ich die Neugierde diszipliniert, verwandelt sich die Neugierde in Wissbegier. Bei dieser handelt es sich nicht mehr um persönlichen Eigennutz. Echtes Interesse geht noch einen Schritt weiter. Ein Mensch, der wahres Interesse für etwas zeigt, verfügt über eine Eigenschaft, die ihn selbst und andere bereichert.

Der nächste Schritt wäre die Vergeistigung. Dann richtet sich das Interesse auf das Wesen der Dinge, auf das Wesen des anderen Menschen. Das Wesen des anderen Menschen ist das, was ihn zu einer unverwechselbaren Individualität macht, mit all seinen Werten und Idealen, seinen Ecken und Kanten, seinen Grenzen. Es ist jenes

Stück von ihm, das sich entwickeln möchte, auf der Grundlage von allem, was auf ihn zukommt.
Das vergeistigte Interesse begibt sich auf die Suche nach dieser verborgenen Qualität.

Stelle ich mir die Gesten vor, die zu diesen Begriffen gehören, sehe ich Folgendes vor mir: Neugierde ist eine Eigenschaft, mit der ich Dinge an mich heranziehe. Mit raffenden Händen und besitzergreifendem Blick wird dem anderen etwas weggenommen, beispielsweise Information, und er kann sich hinterher so fühlen, als sei er bestohlen worden. Interesse dagegen rollt gewissermaßen einen Teppich aus, auf dem der andere zu uns kommen kann. Das Wort »Interesse« drückt das bereits aus: dazwischen-sein. Wir sind zwischen uns und dem anderen, und füllen damit den Raum, der zwischen uns liegt. Wenn der andere dieses Interesse erwidert, füllt sich der Raum durch beide gemeinsam. Es kommt dort zur Begegnung.
Echtes Interesse für das Wesentliche fragt nach Dingen, die der Betreffende meist selbst noch nicht weiß. Dazu gehört ein gewisses Einfühlungsvermögen. Wir verlassen uns quasi selbst und leben mit dem anderen mit. Dadurch wird es möglich, dass sich etwas Neues offenbart, das nur in der Begegnung entstehen kann. Die Metamorphose stellt sich hier folgendermaßen dar:

Neugierde → Wissbegier → Interesse für das Wesen

Eine derartige Metamorphose lässt sich für alle Verführer darstellen, die zu den Kardinalsünden gehören. Bei der Faulheit zum Beispiel sieht das Bild für mich etwa so aus: Die eigentliche Faulheit ist der Verführer im »kleinen Teil« der Seele. Wenn sie unter die Kontrolle des Ich gestellt wird, kann sie dazu führen, dass wir uns die notwendige Ruhe nehmen und entstehende Freiräume genießen. Wird sie in den Dienst des Geistigen gestellt, kann sie die Schaffung der inneren Stille fördern, deren es bedarf, um Offenbarungen geistiger Art zu empfangen:

Faulheit → Ruhe → Offenheit für geistige Eingebungen;
Genießen von Freiräumen

Wenden wir den Versuch, etwas von diesen Metamorphosen sichtbar zu machen, auf die Eitelkeit an, sehe ich, wie sich diese in der Seele in Selbstbewusstsein verwandeln lässt. In ihrer vergeistigten Gestalt steht die Eitelkeit nicht mehr für unser persönliches Selbstbewusstsein, sondern führt dazu, dass wir die Verantwortung übernehmen, für geistige Werte einzustehen und uns zu ihrem Sprachrohr zu machen.

Darauf soll im dritten Teil dieses Buches noch eingegangen werden, wo wir die Verbindung mit den Wesen der geistigen Welt genauer betrachten wollen:

Eitelkeit → Selbstbewusstsein → Verantwortung gegenüber dem Geist

Doch was können wir tun, wenn wir solchen Verführern bei anderen Menschen begegnen? Nehmen wir beispielsweise den Alkohol-Verführer. Ich habe das Gefühl, dass wir diese Art von Verführer allzu sehr unterschätzen. Sie sind so stark und können so gut mit Sneaky zusammenarbeiten, dass sich sehr rasch eingefahrene Muster herausbilden, sowohl in dem Betreffenden selbst wie auch in Bezug auf seine Umgebung. Gute Vorsätze und neue Abmachungen sind dann häufig nur gut gemeinte Illusionen, mit denen der Betroffene wieder ein Stück weiterzukommen glaubt. Doch der verführerische Dämon fühlt sich weiterhin ziemlich frei; und in seiner Umgebung kann sich möglicherweise die Trägheit geltend machen. Jedenfalls habe ich das häufig in meiner Tätigkeit als Hausarzt beobachtet. Das

Ich eines Menschen, der unter dem Einfluss eines solchen Verführers steht, ist häufig bereits über lange Zeit hinweg in seiner Kraft unterminiert beziehungsweise durch die Droge selbst geschwächt. Es braucht dann längere Zeit, dieses Ich wieder zu stärken, sodass Selbstrespekt und Selbstvertrauen wieder wachsen.
In einer solchen Situation ist es notwendig, dass ein ›Ersatz-Ich‹ vorhanden ist, das so viel Kontrolle ausübt, dass Sneaky keine Chance hat. Ich bezeichne das manchmal als den ›Handschellenansatz‹: Man behält einen Menschen so unter Beobachtung, dass er gar keine Chance hat, seiner Versuchung nachzugeben. Das bedeutet, dass man ihn 24 Stunden lang nicht aus den Augen lassen darf und gleichzeitig alles mit ihm durchlebt, was er an Angst, Panik oder sonstigen Gefühlen, die dabei auftreten, durchmacht. Das erfordert einen extremen persönlichen Einsatz. Die unabdingbare Voraussetzung dafür ist echtes, persönliches Engagement, das heißt also eine Form echter Nächstenliebe. Der Betroffene kann daran erfahren, dass er wirklich etwas bedeutet, dass es Menschen gibt, denen er nicht gleichgültig ist.

Ich habe erlebt, dass ein Schüler in meiner Schule unter den Einfluss von Drogen geriet. Er hatte eine extrem schwierige Zeit innerhalb der Familie hinter sich und steckte mitten in der Pubertät. Verschiedene Versuche, etwas daran zu ändern, waren misslungen. Daraufhin haben wir mit einigen Menschen vereinbart, dass wir eine Art Kreis um ihn bilden und ihn nicht aus den Augen lassen. Das bedeutete, dass wir richtige Stundenpläne machen und der Reihe nach im Schichtdienst antreten mussten. Natürlich haben wir das alles für den betreffenden Jungen selbst gemacht. Anderthalb Jahre haben wir das durchgehalten, dann war er ein ganzes Stück weiter. Letztendlich wurde dann alles gut. Er bekam keine Gelegenheit, sich heimlich zu absentieren und irgendwelche Drogen zu konsumieren, wenn er es einmal wieder schwer mit sich hatte; ständig war jemand bei ihm, der ihm beistand und ihn tröstete. Dieser Junge konnte wirklich erleben, dass es Menschen gab, denen er etwas bedeutete!

Hier ist eine völlig andere Kraft wirksam als ein rein beruflicher Einsatz, der bei Dienstschluss und in den Ferien aufhört. So kann auf verschiedenen Ebenen etwas Heilendes entstehen. Auf der physischen Ebene ergibt sich keine Möglichkeit, die Sucht auszuleben. In der Seelenwelt wird die Begegnung und Auseinandersetzung mit dem Verführer in energischer Weise angegangen. Auf der geistigen Ebene werden echtes, persönliches Engagement und Liebe erzeugt. Auf allen Ebenen kommt eine ordnende Kraft zum Tragen.
Einen solchen persönlichen Einsatz erlebe ich als etwas, das in Zukunft viel häufiger angewendet werden kann und wovon eine enorme Kraft ausgehen kann. Es ist eine Form des persönlichen Engagements, die wirklich Löcher zu füllen vermag. Doch es erfordert ungeheuer viel, dieses Engagement aufzubringen!

16 Mit Gespenstern umgehen lernen

Wie gehen wir mit Gespenstern um? Zuerst werden wir sie *erkennen* müssen: Gespenster, die in den Dialogen wirksam sind, die in unserer Innenwelt stattfinden, oder solche, die in einer Diskussion mitwirken. Wir erkennen sie an ihrer Lieblosigkeit und an ihrem karikaturartigen Verhalten. Sie arbeiten mit Stereotypen, mit Verzerrungen. Darin liegt häufig etwas Unlogisches und Willkürliches, Unreflektiertes. Viele Menschen möchten darauf lieber nicht angesprochen werden, denn sonst müssten sie sich mit dem Gespenst auseinandersetzen. Das Anerkennen eines Gespensts konfrontiert uns nämlich mit einer eigenen Schwäche!

Mit Gespenstern Diskussionen auf der Basis guter Argumente führen zu wollen, ist ein aussichtsloses Unterfangen. Insbesondere, wenn es sich um individuelle Gespenster handelt. Denn diese Gespenster bestehen aus Gedankenkraft und verfügen über eine hohe Intelligenz. Diese setzen sie mit aller Kraft ein, weswegen wir bald den Kürzeren ziehen werden. Je mehr Argumente wir in die Diskussion werfen, umso brillanter werden sie uns widerlegen.

Wir wollten noch einmal zu dem inneren Kritiker zurückkehren. Er sagt uns, dass das, was wir getan haben, nicht gut ist. Es bereitet ihm keine Schwierigkeit, dies zu sagen, denn hundertprozentige Perfektion existiert nicht. Es lässt sich also immer etwas finden, was nicht stimmt. Wenn wir eine bestimmte Einzelheit herausgreifen, akzeptieren wir unausgesprochen bereits seinen ersten Trick: das Herauslösen von Details aus dem Ganzen. Auf diese Weise verengt er unser Bewusstsein, und wenn wir ihm darin folgen, hat er uns bereits am Wickel. So bestimmt er die Art, wie wir denken. Wenn wir auf ein bestimmtes Detail eingehen und ihm dort widersprechen, wird er ein anderes oder ein noch spezielleres Detail ins Feld führen und wir verlieren den Überblick über das Gesamte. Das heißt, wir sind uns nicht mehr dessen bewusst, worum es eigentlich geht: dass wir Menschen sind, die sich in Entwicklung befinden und die hier auf der Erde sind, um immer mehr zu lernen. Und dazu gehören notwendigerweise auch Fehler.

In der Seele spielt sich ein Kampf zwischen dem Gespenst und dem Ich ab. Das Ich verfügt über die Fähigkeit, integrierend zu denken. Es kann aus der Kraft des Interesses heraus versuchen, seine Bilder immer wieder zu korrigieren oder zu erweitern. Es rechnet auch stets mit dem Faktor Entwicklung. Das Ich als solches lebt im Element der Wärme und der Liebe. Wenn das Gespenst die Oberhand gewinnt, treten wir aus dieser Liebe heraus. Wenn das Ich in der Lage ist, das Gespenst ›an die Hand zu nehmen‹, kann es eine dienende Rolle annehmen.

Wir verhält es sich nun beim inneren Kritiker? Er erzählt uns, wo wir gefehlt haben, und wenn wir uns daraufhin schuldig fühlen und erschrecken, demütigt er uns, indem er uns Zug um Zug ›kleiner‹ macht – er bemächtigt sich unseres Denkens. Wenn unser Ich der Herr unseres Denkens sein will, muss es eine Beziehung mit dem Gespenst eingehen. Das heißt nicht, dass es ihm widersprechen oder ihn verdrängen soll, sondern es muss das Gespenst zu seinem Diener machen. »Ich höre, was du sagst. Ich bin dir dankbar für deine Bemerkung. Ich werde etwas daraus machen.« So wird das Gespenst – der Kritiker – zu einer qualitätsfördernden Instanz verwandelt.

Auch bei einem so mächtigen Gespenst wie zum Beispiel dem Nationalismus wäre es völlig falsch, es zu ignorieren und so zu tun, als seien alle Völker gleich. Auf einer höheren Ebene kann uns das Ge-

spenst durchaus dahin bringen, dass wir zu sehen beginnen, worin die spezifischen Qualitäten unseres eigenen Volkes liegen und wie wir sie verstärken können. Dann beginnen wir die Qualitäten eines anderen Volkes zu sehen und zu schätzen und können etwas von ihm lernen.
So gelangen alle Beteiligten auf eine höhere Entwicklungsebene.

17 Mächtige Wesen in der Sexualität

Wir haben die Dämonen als gefallene Engel beschrieben. Ihr Ursprung liegt in der geistigen Welt. Durch ihr Opfer sind sie in eine niedere Welt gelangt und haben diese mit Kräften gefüllt, die uns Menschen in Verwirrung bringen. Gibt es einen Weg, auf dem wir ein Gefühl für ihre ursprüngliche Gestalt erwerben können?
Die Frage nach dieser ursprünglichen Gestalt hat mich vor allem in Zusammenhang mit den Verführern zur Wollust beschäftigt. Dies deswegen, weil mir viele meiner Klienten diesbezüglich die deutlichsten Fragen stellten. In Gesprächen mit unterschiedlichsten Menschen ergaben sich übereinstimmende Bilder. Von diesen Bildern und dem Weg, wie wir zu ihnen kamen, möchte ich nachfolgend einiges berichten. Wir folgen dabei demselben Weg, den wir im vorigen Kapitel schilderten: Erkennen des Verführers – Anerkennung zuteil werden lassen – Beobachten, was er tut – Ergründen, welches Loch er füllt. Und zuletzt dann den Schritt tun zu einem Bild des Wesens, das sich hinter all dem möglicherweise verbirgt.
Der Weg, den wir hier einschlagen, ist ein Weg, der mitten durch viele Widrigkeiten führt, eine Art Parzival-Weg. Auf diesem Weg muss zuerst die Scham überwunden werden. Dann muss dem heimlichen Verhalten ins Auge geblickt werden, das häufig damit verbunden ist. Im nächsten Schritt kann dann erforscht werden, wozu der Verführer uns treibt.

Die Priesterin der Inanna

Mich plagen momentan sehr obsessive Gedanken. Sie drehen sich immer um eine ganz besondere Frau. Sie existiert nur in meiner Vorstellung, nicht in Wirklichkeit. Eigentlich führe ich eine glückliche Ehe, ich würde mir nichts anderes wünschen. Trotzdem kehrt sie in meinen Gedanken immer wieder.

Es ist eine schöne Frau, mit langen Beinen, breiten Hüften, schlank, sie hat schöne feste Brüste und langes blondes Haar. Sie ist sich ihrer Wirkung sehr bewusst und weiß um ihre Schönheit. Sie ist nicht etwa eitel oder so etwas; ihr selbstbewusstes Auftreten zeigt, dass sie ihre Kraft kennt und nicht auf Macht aus ist. Und sie ist sehr freizügig in ihrer Sexualität.

In meiner Fantasie kommt sie auf mich zu und verführt mich. Sie tut dies mit so viel Aufmerksamkeit und Zuwendung, dass ich keinerlei Angst verspüre. In meinem normalen Leben ist es so, dass ich mich in Bezug auf Frauen gehemmt fühle, auch auf der sexuellen Ebene. Doch ihr gegenüber spielt das keine Rolle. Sie trägt etwas Beruhigendes in sich. Alles ist erlaubt, sie hilft mir über jede Schwelle hinweg. Dann fühle ich mich glücklich und frei! So würde ich mich am liebsten immer fühlen.

Wenn ich solche Gedanken habe, fühle ich mich, als würde ich fremdgehen. Es ist gerade so, als würde ich meiner Frau etwas antun, als wäre ich ihr gegenüber nicht ehrlich, obwohl ich praktisch nicht wirklich etwas tue, was nicht in Ordnung ist. Allein schon diese Sehnsüchte! Ich versuche häufig, nicht daran zu denken, doch das funktioniert nicht so recht. Die Frau kommt immer wieder.

Eigentlich bemerke ich, wenn ich die Sache recht betrachte, dass sie etwas in mir befreit, das sowohl in Bezug auf Frauen als auch auf Männer eine Rolle spielt. Sie schenkt mir soviel Anerkennung, dass ich mich durch den Kontakt mit ihr viel freier zu fühlen beginne. Wenn ich immer so wäre, könnte ich mich viel besser behaupten.

Um wie viel farbiger könnte das Leben dann werden! Eigentlich kann sie einen neuen Menschen in mir erwecken, wenn ich richtig damit umgehe.

In das hier beschriebene Bild mischt sich etwas aus sehr alten Zeiten. Wer ist diese Frau, die sich dermaßen der Fantasie aufdrängt? Was für ein Wesen ist sie, wenn sie nicht körperlich anwesend ist, sondern nur in der Seelenwelt des Betreffenden auftritt? Manchmal lassen sich solche Gestalten in mythologischen Erzählungen oder in Figuren der Antike wiedererkennen. Das ist auch hier der Fall. Die beschriebene Gestalt lässt sich als Priesterin der Inanna oder Ishtar identifizieren. Wir müssen in das alte babylonische Reich, ungefähr 2600 Jahre vor Christus, zurückgehen. Inanna war die Göttin der Fruchtbarkeit. Sie regelte die Fruchtbarkeit von Natur und Mensch. Das Bewusstsein des Menschen war in jener Zeit ganz anders als unser heutiges Bewusstsein. Es war viel traumartiger. Die Menschen fühlten sich viel stärker mit der Natur verbunden und lebten intensiver mit ihren Rhythmen. Auch die Sexualität war noch viel unbewusster, sie war eine Art Naturprozess. Durch das bewusste Praktizieren der Sexualität wurden die Menschen zu höherer Wachheit geführt, und die Verbindung mit der Natur wurde schwächer. Dieses ›Aufwecken‹ war ein ritueller Vorgang, der im Tempel stattfand und von den Priesterinnen der Inanna durchgeführt wurde. Sie wurden eigens dafür ausgebildet und kannten alle intimen Kniffe ihres Faches. Sie erfüllten eine geistige Funktion: die Steigerung der Wachheit in Bezug auf die Umgebung, die Steigerung der Wachheit füreinander. So beschreibt das sumerische Gilgamesch-Epos (ungefähr 2500 v. Chr.), einer der ältesten Texte, die uns auf Keilschrifttafeln überliefert sind, dass eine Art Tiermensch namens Enkidu ins Land kommt, den der König zur Vernunft bringen soll. Er lebt in perfekter Harmonie mit den Naturkräften und schützt sogar die Tiere gegen die Jäger. Der König ruft Schamchat zu Hilfe, die Priesterin der Inanna. Sie soll diesen Tiermenschen zähmen. Sie begibt sich auf die Suche nach ihm und verführt ihn – kokett, mit entblößten Brüsten und einem raffiniert um die Hüften drapierten Tuch. Sieben Tage und sieben Nächte geben sie sich der Liebe hin. Enkidu verliert dadurch seine selbstverständliche Verbindung und sein Interesse für die Natur und die Tierwelt. Schamchat lehrt ihn die menschliche Sprache und die Umgangsformen des Landes. Dann führt sie ihn vor den König. Zwischen ihm und Enkidu entsteht eine tiefe Freundschaft, die den weiteren Verlauf der Geschichte bestimmt.

Auch Marianne Fredriksson beschreibt die Gestalt dieser Priesterin in ihrem Buch *Kain*. Ihre Funktion kommt in diesem Roman deutlich heraus.

Die Gestalt dieser erweckenden Priesterin kann sich als Traumbild manifestieren. C. G. Jung würde hier von einem »archetypischen Bild« sprechen. Ein archetypisches Bild entstammt dem kollektiven Gedächtnis. Diesen Teil unseres Unbewussten tragen wir alle als Urerinnerung an alte Zeiten in uns. Aus Gründen, die wir häufig nicht durchschauen, können Bilder aus diesem kollektiven Unbewussten an die Oberfläche steigen. Zunächst hat das etwas sehr Verwirrendes. Verdrängen nützt meistens nichts, denn das Bild will uns gewissermaßen etwas mitteilen. Es will ernst genommen werden. Wir sollen seine Botschaft in unsere Sprache übersetzen.

Auch in dem soeben geschilderten Beispiel lässt sich erleben, wie die Priesterin der Inanna auftrat, um den Betreffenden aufzuwecken, ihm zu größerer Freiheit zu verhelfen, in ihm gewissermaßen eine neue männliche Identität zu erwecken. So kann sie zu einer Helferin werden, und er braucht sich nicht als Fremdgänger zu fühlen. Allerdings muss das Bild von der ursprünglichen Ebene, auf der es zunächst auftritt, auf eine höhere Ebene der Seele übertragen werden.

Die Sehnsucht des beschriebenen Mannes ist die Sehnsucht nach Freiheit, die Sehnsucht, sich frei zu fühlen – in Beziehungen, in sich selbst und in seiner Sexualität. Wenn wir uns nach etwas sehnen können, bedeutet das, dass dasjenige, wonach wir uns sehnen, wirklich existiert. Sehnen wir uns nach Freiheit, so bedeutet das, dass diese Freiheit im Keim in uns vorhanden ist, doch da diese Sehnsucht noch nicht voll entwickelt ist, kann sie sich nicht in der Seele ausleben. Dadurch entsteht ein Loch. Dieses Loch wird von dem entsprechenden Verführer wahrgenommen, und er füllt es nach der Methode des gefallenen Engels. Das Ich begegnet dem Verführer, und dadurch wird sich der Betreffende des Lochs bewusst. Nun kann es sein, dass er versucht, es zu füllen.

Wenn wir dann in unserer Fantasie unseren Sehnsüchten nachgeben, können wir bemerken, dass in uns etwas von diesem ›Zukunftsmenschen‹, der als Keim in uns vorhanden ist, erwacht. Der Verführer hat seine Rolle erfüllt. Das Ich kann in eigener Verantwortung etwas daraus machen.

Es ist natürlich noch ein langer Weg, bis es uns gelingt, diese Kraft in uns zu mobilisieren und im Alltagsdasein einzusetzen. Schulung und Entwicklung verlangen weiterhin bewusste Aufmerksamkeit.

Der Ur-Mann

Ich schäme mich richtig, ich finde es schwierig, über das zu reden, was mir zu schaffen macht. Ich versuche eigentlich, verantwortungsbewusst zu leben, d. h. mich mit den wesentlichen Dingen des Lebens zu beschäftigen. Also: Ich habe Probleme mit dem Internet. Wenn die anderen spät am Abend zu Bett gegangen sind, bleibe ich gerne noch ein Weilchen auf. Ich brauche weniger Schlaf als sie. Ich fange an, noch etwas zu lesen, aber bald spüre ich, wie mich mein PC anzieht. Wenn ich dann glaube, dass alle schlafen, schalte ich ihn an und gehe auf bestimmte Sexseiten. Damit beschäftige ich mich eine Weile, es ist sehr verlockend. Meistens führt das dazu, dass ich mich irgendwann selbst befriedige. Viel später, als ich eigentlich vorhatte, schalte ich den PC aus. Oft gehe ich deswegen zu spät schlafen. Ich weiß, dass das eigentlich nicht zu mir passt, aber ich kann es trotzdem nicht lassen ...

Der Mann, der dies berichtet, hat eine gewisse Neigung zur Sucht, ihn bedrückt sein heimliches Verhalten, und er schämt sich. Diverse Verführer und Ablenker haben sich seiner erfolgreich bemächtigt und halten ihn ordentlich auf Trab. Und das nicht nur während des Surfens, sondern auch sonst – weil es ihn dann ebenfalls danach verlangt, oder weil er sich schämt. Und wenn es um bestimmte Gesprächsthemen geht, fühlt er sich unwohl und unsicher, denn er hat Angst, sich zu verraten.

Wer ist hier der gefallene Engel? Welches Loch in der Seele hat sich der Verführer zunutze gemacht? Welche Wesensseite in ihm möchte eigentlich geboren werden? Die folgenden Fragen führen zu den verborgenen Hintergründen:

Wonach ich vor allem suche? Es sind Videoclips, in denen es ziemlich unzart zur Sache geht. Ich finde es besonders spannend, zuzuschauen, wie Männer ohne deutliche Anzeichen von Intimität Frauen überwältigen und sie einfach nehmen. Keine Zärtlichkeiten, kein Vorspiel. Was ich suche, ist eigentlich recht rauer Sex. Es ist etwas ganz anderes als das, worauf ich in der sexuellen Beziehung mit meiner Partnerin Lust habe. Aber etwas davon hätte ich schon gern. Wenn ich mich mit den Männern in solchen Videos identifiziere, fühle ich mich viel stärker als normalerweise. Eine gewisse Gehemmtheit fällt von mir ab, eine Art von Verlegenheit, die mir bei Kontakten häufig im Weg ist. Auch auf meiner Arbeitsstelle passiert mir das. Dort wäre ich es auch gern los.

Wer dieser Mann in mir ist? Das weiß ich eigentlich nicht so richtig. Wenn ich ihm einen Namen geben müsste, würde vielleicht ›Karl‹ ganz gut passen. Kurz, klar und stark. Ich müsste mir mal Gedanken machen, wie ich diesen Karl in mir stärker aufwecken und beleben könnte. Ich werde mal darauf achten, wie ich tagsüber so gelebt habe und wann ich meinen inneren Karl zum Zuge habe kommen lassen …

In diesem Beispiel haben wir einen Mann vor uns, der seine urmännliche Qualität nicht entwickelt hat und nun spürt, dass sie ihm fehlt. Würde er sie nicht vermissen, gäbe es kein Problem. Aber so fühlt er sich ›unvollständig‹. Es gibt ein Loch in seiner Seele. Davon macht der Verführer Gebrauch. Er kriecht in dieses Loch und entfaltet darin seine Aktivitäten. Sein Opfer begibt sich auf die Suche nach dem Urbild des ›echten starken Mannes‹ und findet es im Internet, dort, wo sein Urcharakter auf dem Gebiet der Sexualität zum Ausdruck kommt – dem Gebiet, wo dieses Bild am meisten zu seinem Recht kommt. Und dann folgt daraus eine Kettenreaktion: Heimlichtuerei, Scham, der Versuch, sich möglichst unsichtbar zu machen. Wenn es dem Betreffenden gelingt, dieses heimlichtuerische Verhalten aufzugeben, wird er sich zwar immer noch ins Internet begeben, doch dabei gut wahrzunehmen versuchen, was sich in ihm abspielt. So wird er seine Sehnsucht nach seiner urmännlichen Seite entdecken. Sobald er diese entwickeln kann, wird der Drang nach den Sexvideos nachlassen und irgendwann verschwinden.
Der Verführer dringt durch ein Loch in die Seele ein und versucht, sich dort eine Bleibe zu schaffen. Er lebt von der Energie, die der Mann ihm überlässt, und wächst dadurch. Doch er verrät sich gleichzeitig auch dadurch. Dann kann er verwandelt werden, und seine störende Wirkung ist verschwunden.

Maria

Neben der Sehnsucht nach dem Ur-Männlichen lebt in vielen Männern auch die Sehnsucht nach dem Ur-Weiblichen.

Ich bin auf Männermagazine fixiert. Komme ich an einem Kiosk vorbei, ist die Versuchung groß, dass ich mir einen Playboy kaufe. Meiner Meinung nach ist das die beste Zeitschrift auf diesem Gebiet. Sie ist nicht obszön, sondern sehr ansprechend gestaltet, mit schönen Fotos.
Was mich vor allem anzieht, sind schöne Frauen, die etwas introvertiert dreinblicken. Solche Frauen, die herausfordernd ins Objektiv schauen, sprechen mich überhaupt nicht an. Es muss etwas intimer, stiller zugehen. Worte wie ›erhaben‹ oder ›heiter‹ treffen am besten, was ich meine.
Das Weiche, Runde berührt mich. Außerdem müssen es Farbfotos sein. Rosa verstärkt dieses Gefühl. Schwarz-Weiß-Fotos wirken viel weniger auf mich. Wenn ich mir vorstelle, dass ich das berühre oder dass die Frau mich berührt, werde ich selber auch ganz weich im Innern. Es geht mir mehr um das Berühren als um reinen Sex. Der ist mir weniger wichtig. Es gibt andere Zeitschriften, die sich mehr darauf konzentrieren. Aber die interessieren mich weniger ...

Was dieser Mann beschreibt, ist die Sehnsucht nach der zarten und weichen Seite in ihm selbst. Dieses Gefühl hat er weniger entwickelt. Man könnte hier auch vom »weiblichen Teil« seiner Seele sprechen. Hinter diesem weiblichen Teil seiner Seele kann sich eine noch größere Gestalt, ein archetypisches Bild, verbergen. Das ist das geistige Urbild des Weiblichen. Es handelt sich um eine ganz andere Gestalt als die zuvor beschriebene Inanna.
Auf meine Frage an den Betreffenden, ob er sehen könne, wer diese Gestalt eigentlich sei, beschrieb er sie als Maria, die Mutter und Trösterin, die umhüllt und beschützt.
Die Sehnsucht nach diesem Urbild ist eine mächtige Kraft. Wenn sich diese Sehnsucht in einen niederen Teil der Seele verirrt, wird sie zu dem gefallenen Engel, der Verwirrung hervorruft. Das Leugnen dieses Verlangens lässt wiederum jenes Loch entstehen. Geben wir

uns einfach der vom Begehren gefärbten Form dieses Verlangens hin, wird die Sehnsucht zwar vorübergehend gestillt, doch zugleich entsteht Raum für Schuldgefühle und Scham. Heben wir dieses Verlangen auf eine höhere Ebene der Seele, so kommt dadurch die eigentliche, dahinter liegende Sehnsucht ans Licht; und hier kann sie erfüllt werden.

18 Kommunikation

Das gleichzeitige Leben in verschiedenen Welten – der stofflichen Welt, der Seelenwelt und der Geistwelt – hat auch Konsequenzen für die Kommunikation, die wir miteinander betreiben. Jedes dieser drei unterschiedlichen Gebiete in uns ist beteiligt, wenn wir mit anderen kommunizieren, und dasselbe gilt für diese anderen. Das bedeutet, dass sich ganz unterschiedliche Kommunikationsformen vermischen können. Und das ist tatsächlich häufig der Fall.

Die Seite in uns, die in der stofflich-sinnlichen Welt lebt, benennt im Gespräch die konkreten, fassbaren Tatsachen. Sie geben wieder, wann etwas geschah, und wie es verlief. Daneben möchte der Seelenmensch in uns dem anderen mitteilen, was wir an diesem Ereignis erlebten und was dabei in uns vorging. Und unsere eigentliche Individualität möchte deutlich machen, worum es sich bei dem Vorgang *eigentlich*, dem Wesen nach, handelte.

Das sind drei Botschaften gleichzeitig, in einem einzigen Dialog. Ist uns dabei eigentlich selbst deutlich, was wir genau übermitteln wollen? Es kann zum Beispiel sein, dass wir den Versuch unternehmen, einem anderen etwas zu vermitteln, was für uns eine essenzielle, höhere Bedeutung hat. Dennoch kann es passieren, dass sich leicht seelische Emotionen einschleichen, die die eigentliche Botschaft, die wir übermitteln wollen, trüben.

Und der andere? Wie reagiert er? Auch er kann aus den drei unterschiedlichen Schichten heraus reagieren. Er kann beispielsweise weitere Fragen stellen, was genau vorgefallen ist, während es Ihnen um das Grundsätzliche, Eigentliche des Vorgangs ging. Auf diese Weise können Missverständnisse und Enttäuschungen entstehen. Wollen Sie einander in einem Gespräch begegnen, so ist es hilfreich, wenn Sie wissen, aus welcher Schicht heraus Sie sprechen und wie Sie den anderen einladen können, aus derselben Schicht heraus zu kommunizieren. Wenn Sie die neuen Sinnesorgane allmählich bewusster anwenden können, weil sie durch Übung entwickelt wurden, können Sie derartige Verwirrungen eher vermeiden.

Vor einiger Zeit erschien in den Niederlanden das Buch *Ein Klimaaktivist in der Politik* des Parlamentsabgeordneten Wijnand Duyvendak. Er hatte in dieser Schrift seine Sicht auf die Umwelt- und Klimaproblematik niedergelegt. Seine eigentliche Botschaft lautete, dass Politiker mehr Mut aufbringen müssen, wirksame Maßnahmen zu ergreifen, die zwar kurzfristig sehr schmerzlich, doch langfristig absolut notwendig sind. In dem Buch war auch ein kurzes Kapitel enthalten, in welchem der Autor seine Rolle in der Umweltbewegung zu Anfang der Achtzigerjahre beschrieb. Als Aktivist war er unter anderem an einem Einbruch in ein Ministerium beteiligt gewesen. Inzwischen hatte er sein damaliges Verhalten längst revidiert, und auch darüber wollte er in seinem Buch sprechen.

Presse, Freunde und Kollegen reagierten entrüstet. Sie rechneten mit ihm ab wegen seines damaligen Verhaltens; die gesamte Botschaft seines Buchs, noch ganz abgesehen von seinem Auftreten im Plenum der Volksvertretung während der letzten Jahre, wurde vollständig ignoriert.

Was ging hier vor? Die gesamte Diskussion wurde gewissermaßen auf Eis gelegt, indem man sie aus der Welt der Werte in die Welt der Emotionen zog. Und schon war es aus mit der Kommunikation! Es ist äußerst bedauerlich, dass solche Vorgänge dazu führen, dass ein Mitglied des Parlaments, das hervorragende Arbeit geleistet hat, schließlich abtreten muss.

In der Presse treffen wir häufiger solche Beispiele an, ebenso in der Werbung. Vor Kurzem führte ich ein aufschlussreiches Telefongespräch mit einem Mitarbeiter einer großen Organisation:

»Guten Abend. Hier spricht … von der MNG Telecom. Ich darf Ihnen ein Angebot machen, das heißt, eigentlich mache ich ihnen ein Geschenk! Sie können einen Bonus in Höhe von 70 Euro pro Jahr auf ihre Telefonkosten erhalten! Was sagen Sie dazu?«
»Vielleicht …«
»Wenn Sie sich für diese Aktion anmelden, genügt es, wenn Sie diese Nummer anrufen oder eine E-Mail an diese Adresse schicken … Dann setzen wir Sie auf eine Liste, und am Ende des Jahres erhalten Sie den besagten Bonus.«
»Aber warum muss ich mich denn anmelden? Sie können diese Kosten doch auch einfach von meiner Telefonrechnung abziehen? Das erspart der Telecom Kosten, denn dann brauchen Sie mich nicht anzurufen; es entlastet ihre Verwaltung, und ich stehe nicht auf ihrer Liste.«
»Nun, die Telecom führt diese Aktion eben auf diese Weise durch. Ist Ihnen unser Geschenk sympathisch?«
»Ich verstehe das nicht so ganz. Gibt es hier irgendeinen doppelten Boden? Worin besteht denn der Nutzen für die Telecom, wenn sie ihre Aktion auf diese Weise durchführt?«
»Nein, hier gibt es keinen wirklichen Nutzen. Es ist wirklich eine Art Geschenk.«
»Guter Mann, ich kann mir nicht vorstellen, dass die Telecom so mildtätig ist. Finden Sie selber nicht auch, dass es viel logischer wäre, dass die Telecom, wenn Sie mir ein Geschenk machen will, mir einen Brief schickt mit der Mitteilung, dass sie mir einen Rabatt auf die Rechnung gibt? Wenn ich Ihnen auf diese Weise ein Geschenk zu Ihrem Geburtstag machen würde, fänden Sie das nicht auch sehr umständlich?«

Stille. Dann fiel der Anrufer kurz aus seiner Rolle als Anpreiser heraus:
»Eigentlich haben Sie recht. Es ist unpraktisch! Wo genau der Vorteil liegt, weiß ich auch nicht recht. Wissen Sie, ich bin nur ein Mitarbeiter eines Callcenters. Einen schönen Abend noch!«

Doppelter Boden! Die Sache sieht wie ein Geschenk aus. Auf der physischen, materiellen Ebene handelt es sich um ein Schnäppchen, immerhin gewinne ich 70 Euro. Die Aktion wird als Entgegenkommen präsentiert. Ich war im betreffenden Moment in einer besonders wachen Stimmung und fand das Ganze einfach nicht logisch. Auf der Ebene der Seelenwelt fühlte ich mich manipuliert. Der Mitarbeiter wurde eingestellt, um zu manipulieren. Das ist seine Aufgabe, sein Handeln lässt sich ihm persönlich moralisch möglicherweise nicht wirklich ankreiden. Es gibt einen diffusen Grund, warum sein Auftraggeber so verfährt.
Welche Wesen sind hier auf der Ebene der Seelenwelt einbezogen? Zunächst wird der Verführer der Habgier eingesetzt: 70 Euro gratis! Auch die Faulheit spielt ein wenig mit: Immerhin brauchen Sie fast nichts dafür zu tun. Auch Lügenhaftigkeit ist mit im Spiel: Es geht um mehr als nur die gratis 70 Euro, doch darüber wird nicht gesprochen. Das Akzeptieren des Vorteils in der physischen Realität schafft eine Unwahrheit, eine Lüge in der Realität der Seelenwelt. In der dritten Welt, der des Geistes, spielt sich nichts wirklich Wesentliches ab. Das Ganze dreht sich um eine Nichtigkeit. Es fand keine echte Begegnung zwischen Menschen statt, wir führten ein Scheingespräch. So verhält sich der Mitarbeiter, der die Kunden anruft, den ganzen Tag lang. Nur am Ende des Gespräches kam es kurz zu einem wirklichen Kontakt.

Wie pflegen wir diese unterschiedlichen Ebenen parallel zueinander?

Wie sähe die Sache aus, wenn die drei Welten während des Gesprächs deutlich getrennt würden und doch alle zum Zuge kämen?
In der physischen Realität geht es zum Beispiel um den Abzug von 70 Euro. In der Seelenwelt erfolgt die Erklärung, warum dies so gemacht wird. In der geistigen Welt schließlich der Austausch über das, worum es wirklich geht: die Absicht, diesem Geschenk eine persönliche Form zu geben.
Auf die Art und Weise, wie die Sache jetzt verlief, schaffen wir Unordnung in der Seelen- und Geisteswelt. Diese muss dann wieder beseitigt werden.
Wir können die wechselseitige Kommunikation verbessern, wenn wir diese drei Schichten in unser Bewusstsein heben. Wenn Missverständnisse, Zweifel oder Argwohn entstehen, können wir versuchen, diese drei Ebenen bewusst zu überprüfen. Worum handelt es sich im Grunde? Welche Gefühle und Emotionen waren im Spiel? Welche Urteile wurden bewusst oder unbewusst geäußert? Und was war der eigentliche Kern, um den sich das Gespräch drehte?
Ein Hilfsmittel, hier Deutlichkeit zu gewinnen, ist die Übung, die im Kapitel »Wesen« beschrieben wurde: das exakte Beschreiben derselben Situation auf den drei unterschiedlichen Ebenen der drei unterschiedlichen Welten.

Teil 3 Helfende Wesen

Liebevoll

Im dritten Teil dieses Buches wollen wir weiter auf das sensible Gebiet der spirituellen Energie eingehen, der subtilsten Schicht der Aura, in der viel höhere Wesen wirksam sind als die Dämonen und Gespenster. Sie unterstützen uns und sind jederzeit liebevoll gegenwärtig. Doch warum bemerken wir dann häufig so wenig von ihnen? Dies liegt nicht an ihnen, sondern an uns selbst.

In derjenigen Schicht der Aura, in der diese Wesen wirken, sind wir normalerweise nicht mit wachem Selbstbewusstsein im täglichen Leben anwesend. Wir halten häufig nicht bei unseren inneren geistigen Erlebnissen inne. Wir leben nicht immer aus dem Engagement für unsere Werte und Ideale. Wenn es uns jedoch gelingt, in dieser Schicht unseres Wesens zu leben, dann öffnen wir uns bewusst für die Wirkung der höheren Wesen.

Die Dämonen und Gespenster sind sehr aktiv und machen sich massiv bemerkbar; die höheren Wesen dagegen manifestieren sich in einer viel zarteren Weise. Sie schreien uns nicht zu, sie drücken sich in leiseren Tönen aus. Es gelingt ihnen nicht, ohne Mühe durch den Lärm der Dämonen durchzudringen. Wir müssen ihnen aktiv entgegengehen und sie aufsuchen.

Ich möchte nun zunächst auf die Sinnesorgane eingehen, die zur Wahrnehmung dieser Welten ausgebildet werden können. Bei der Erläuterung des Vorganges des Bewusstwerdens für die Wirkung der höheren Wesen werde ich mich bemühen, so weit wie möglich an praktische Alltagserfahrungen anzuschließen.

Dabei werden sich uns Welten großer Schönheit eröffnen!

1
Sinnesorgane für den Geist

Es bedarf wiederum neuer Sinnesorgane, wenn wir die Welt des Geistes betreten und uns in ihr orientieren wollen. Dabei handelt es sich um andere Organe als diejenigen, die wir einsetzen, um die Wesen der Unterwelt wahrzunehmen. Dort knüpften wir an Gefühle wie Ärger, Unsicherheit, Zweifel oder Enttäuschung an. Das sind negative Gefühle, die uns seelisch kleiner machen und bei denen wir eine ›zurückweichende Bewegung‹ vollführen.
Um die Wirkung der Oberwelt mit ihren helfenden Wesen wahrzunehmen, müssen wir an positive Gefühle wie Begeisterung, Dankbarkeit oder Sehnsucht anknüpfen. Jedes dieser Gefühle eröffnet uns jeweils ein anderes Gebiet der geistigen Welt.
Bei der Begegnung mit den Wesen der Unterwelt spielte auch die Angst eine große Rolle. Bei den Wesen der Oberwelt spielen nicht die Angst, sondern Furcht oder Ehrfurcht eine Rolle. Dies ist eine Art Schreckgefühl, bei welchem wir unsere eigene Nichtigkeit gegenüber etwas so Großem wie diesen Wesen erleben. »Bin ich dessen überhaupt würdig?«, fragen wir uns dann. Eine Begegnung mit höheren Wesen empfinden wir als eher zu wichtigen Menschen passend, die auf die eine oder andere Weise eine große Entwicklung durchgemacht haben. Doch ausgerechnet ich?
Diese Furcht erkenne ich in der biblischen Weihnachtsgeschichte, wie sie im Lukasevangelium beschrieben wird. Als Jesus im Stall zu Bethlehem geboren wurde, lagerten die Hirten auf dem Feld. Sie sorgten für ihre Schafe. Da öffnete sich der Himmel, und sie hörten Engel singen, die ihnen die Geburt Jesu verkündigten. »Ein großer

Schrecken bemächtigte sich ihrer«, sagt der Evangelist. Daher antwortet der Engel: »Fürchtet euch nicht!«
Die Hirten empfanden Furcht vor der Macht dieser Offenbarung aus dem Geist. Sie waren nicht darauf vorbereitet – jedenfalls dachten sie das. Doch offenbar wurde die Situation aus der Warte der geistigen Welt anders beurteilt.

Auch hier gilt derselbe Weg, wie wir ihn bei der Darstellung der Sinnesorgane beschrieben, die wir zur Wahrnehmung der Dämonen einsetzen. Es beginnt mit einem *Gefühl*, mit dem die *Wirkung* eines Wesens erlebt wird. So ein Gefühl ist beispielsweise das der tiefen Ergriffenheit. Ich meine hier eine Ergriffenheit, die uns im Innern ganz still werden lässt. Wenn wir aus unserem reflektierenden Selbstbewusstsein heraus bei dem Ereignis verweilen, das diese Empfindung auslöste, oder später darauf zurückblicken, können wir uns fragen: Was hat dieses Gefühl in mir erzeugt? Am Ende gelangen wir zu der Frage: Wer ist es, der diese Wirkung ausstrahlt? Auch hier sehen wir wiederum die bereits bekannte Abfolge: vom Ereignis als solchem zur Kraft und von dort zum Wesen. Bei jedem dieser einzelnen Schritte überschreiten wir eine Grenze; in diesem Fall ist es die Grenze, die uns von der Welt des Geistigen trennt.
Bei den unterschiedlichen Wesen, die im Folgenden beschrieben werden sollen, möchte ich auch auf die Sinnesorgane eingehen, die zu dem jeweiligen Gebiet gehören, in dem sie leben.

2

Der Engel

In diesem Kapitel begebe ich mich auf die Suche nach der Gestalt desjenigen geistigen Wesens, das uns am nächsten ist und das im täglichen Leben am engsten mit uns verbunden ist. Wie bereits ausgeführt, habe ich mich entschlossen, diese geistigen Wesen mit den Namen zu benennen, die ihnen die christliche Tradition beigelegt hat. In diesem Fall also sprechen wir von unserem Engel. Wir könnten ihn aber auch genauso gut als unseren Führer bezeichnen oder, neutraler, als eine Entität. Als eine solche Entität unterscheidet er sich von anderen Entitäten höherer Ordnung. Immer handelt es sich um Liebe-Wesen, Wesen, von denen eine warme, umhüllende Kraft und lichtvolle Klarheit ausgeht.

Wenn der Engel sich stets um uns kümmert, das heißt also auch im Alltag, so muss es Momente geben, in denen wir seine Gegenwart oder seine Wirkung erleben. Wir können dann an solche Momente anknüpfen und die jeweiligen Erlebnisse meditativ vertiefen. Wir können innehalten bei der Kraft, die wir in diesem Moment als wirksam erleben, und uns dem Wesen nähern, von dem diese Kraft ausgeht. Dieser Prozess wurde bereits weiter oben beschrieben, als wir uns mit dem Umgang mit dem Ärger auseinandersetzten (siehe Seite 45: *Eine Übung*).

Solche Momente, die Öffnungen für die Gegenwart des Engels bieten, sind Momente, in denen wir absolute Tiefpunkte in unserem Leben erfahren, in denen wir Angst haben oder in anderer Weise ratlos sind. Dies sind die Momente, in welchen uns der Engel aufgrund seiner

Verbundenheit mit uns ganz nahe ist. Aber aufgrund der Stimmung, in der wir uns gerade befinden, nehmen wir ihn nicht war. Wir können uns seiner Wirkung nicht öffnen. Häufig ist es so, dass uns in den Momenten der Bedrängnis so viele Stimmen ablenken oder belagern, dass wir den zarten Laut des Engels nicht mehr hören.

Ich unterhielt mich einmal mit jemandem über seine Begegnungen mit der Unterwelt. Wir waren dabei von einem schwierigen Moment ausgegangen, den er in der Zusammenarbeit mit einem Kollegen erlebt hatte. Bei der Reflektion dessen, was er erlebt hatte, begegnete er einem giftgrünen Tier, das sich sehr bedrohlich verhielt. Der Betreffende bekam Angst. Diese Angst steigerte sich dermaßen, dass ich schon befürchtete, er würde in Panik verfallen. Was tun? Wir verweilten bei dem Bild und zogen zunächst eine dicke gläserne Wand zwischen ihm und dem bedrohlichen Tier hoch. Etwa so wie beim Haifischbecken im Zoo. Nun war es deutlich, das Tier konnte diese gläserne Wand nicht sprengen, doch es blieb in Sichtweite. Hätte es sich dagegen um eine dicke Steinmauer gehandelt, hätte dies Unsicherheit erzeugt, denn dann hätte der Betroffene nicht sehen können, ob es dem Tier möglicherweise irgendwie gelang, ein Schlupfloch zu finden.

Jetzt kamen die Fragen: Wonach sehnst du dich jetzt? Wer kann dir helfen, die Begegnung mit dieser Gestalt anzugehen? Auf diese Weise reflektierte der Betreffende seine Sehnsucht. Es zeigte sich, dass er sich nach jemanden sehnte, der stark war und ihm ein Gefühl der Sicherheit geben könnte, jemand, der noch mehr Kraft hatte als dieser bedrohliche Dämon. Als er sich vorstellte, diese Gestalt stünde hinter ihm, vermittelte ihm dies Ruhe. Ein Großteil der Angst verschwand, und die Neigung zur Panik war verschwunden. Innerlich hatte er das Gefühl, nicht mehr allein dazustehen, und dies erzeugte Vertrauen.

Zunächst war er in das Gebiet der Dämonen herabgestiegen. Dort ergriff ihn das existenzielle Gefühl der Unsicherheit. Indem er mit seinem Bewusstsein dabeiblieb und sich mit seinen Sehnsüchten auseinandersetzte, gelang es ihm jedoch, aus seiner Angst herauszutreten. Angst und Sehnsucht können nicht gleichzeitig in der Seele erlebt werden, dafür sind sie zu gegensätzlich. In seiner Sehnsucht konnte er die zartere Kraft einer helfenden Gestalt wahrnehmen, die in der Angst nicht wahrnehmbar war. Er konnte einen anderen Teil seiner Seele ansprechen, ein Gebiet, in dem die Angst nicht lebte.

Wer ist diese zarte Gestalt, die als Helfer auftritt? Viele Menschen beschreiben sie als eine Art Lichtgestalt, die Liebe und Kraft ausstrahlt. Ich glaube, dass es sich bei dieser Gestalt um den Engel handelt.
Das Sinnesorgan, dass hier angesprochen wird, ist das Gefühl der Sehnsucht. Sehnsucht ist eine mächtige Kraft, die uns für das Wahrnehmen der Oberwelt öffnen kann. Sehnsucht ist größer als Begierden oder Wünsche. Sehnsucht hebt uns über uns selbst hinaus.
Die subtilere Welt, die sich öffnet, wenn wir bei unserer Sehnsucht verweilen, können wir als die Oberwelt bezeichnen. In der Welt, in der die Dämonen wirksam sind, der Unterwelt, leben die Gestalten, die uns bedrohen und uns unfrei machen. In der Oberwelt leben die Wesen, die uns unterstützen und uns helfen. Sie lieben uns und schenken uns Kraft. Sie können ihren Einfluss auf uns ausüben, wenn wir uns für sie öffnen.
Ober- und Unterwelt durchdringen sich allerdings. Die benutzte Terminologie suggeriert, dass es sich um getrennte Gebiete handelt, doch dies ist nicht der Fall. Dennoch lassen sie sich unterscheiden. Ich sehe sie eher als einen Raum, in dem unterschiedliche Arten von Musik gleichzeitig erklingen, wie beispielsweise Rap und Bach, sich vermischend. Sie haben jeweils eine unterschiedliche Qualität und Wirkungsweise, und wenn sie so gleichzeitig erklingen, ist es schwer, sie voneinander zu trennen, weil meistens die Rap-Musik lauter ist. Dann bedarf es der bewussten Konzentration, dennoch den Bach herauszuhören.

Die Wesen der Unterwelt und die der Oberwelt haben, aus kosmischer Perspektive betrachtet, ganz unterschiedliche Mandate in Bezug auf ihren Umgang mit uns Menschen. Dies hängt mit dem Ziel unseres menschlichen Daseins zusammen. Die Wesen der Unterwelt haben freies Spiel. Sie dürfen uns heimsuchen und uns ungehindert gegenübertreten. Auf diese Weise können sie uns das Leben ganz schön schwer machen.

Die Wesen der Oberwelt müssen sich zurückhalten. Meistens müssen sie abwarten, bis wir selbst Hilfe erbitten. Hätten sie das Mandat dazu, würden sie viel stärker eingreifen und die Dämonen hinauswerfen. Die Folge wäre, dass wir Menschen ein viel ruhigeres Dasein hätten. Doch die Konsequenz wäre auch, dass wir keine Entwicklung zu wirklicher Freiheit durchlaufen könnten. Auf diese Weise würden sie uns die Prüfungen ersparen, die uns aufwachen lassen und uns die Chance geben, aus eigener Kraft zu Erkenntnis und innerer Stärke zu gelangen. Die Wesen aus der geistigen Welt, die uns unterstützen, haben ein Bewusstsein der Wachstumsmöglichkeiten, die uns als Menschen gegeben sind. Diese werden von ihnen respektiert, und darum greifen sie nicht einfach so ein. Sie schenken uns auf diese Weise Eigenverantwortung. Würden sie früher eingreifen, so wäre unser Leben, wie gesagt, viel einfacher. Gleichzeitig würde aber unsere Entwicklung zu Freiheit und Liebe stark verzögert werden.
Eine Frau erzählte mir, dass sie in einer bestimmten Zeit ihres Lebens stark unter all den Grausamkeiten und Ungerechtigkeiten litt, die in der Welt geschahen. Dadurch geriet sie in eine tiefe Krise bezüglich ihres persönlichen religiösen Hintergrunds. Sie seufzte: »Wenn Gott wirklich existiert, kann er solche Dinge doch nicht zulassen!« Später versuchte sie, Gott offen zu fragen, warum er sie dennoch zulasse. Zu ihrer Überraschung erhielt sie unmittelbar eine innere Antwort. Gott sagte: »Ich habe euch Menschen alles gegeben, was ihr braucht, um solche Grausamkeiten zu vermeiden. Doch

wenn ihr eure Möglichkeiten nicht nutzt, kann ich auch nichts machen.« Seine Stimme klang traurig, wie die eines liebenden Vaters, der es mit seinen Kindern gut meint, doch gleichzeitig mitansehen muss, wie sie einen Scherbenhaufen anrichten.

Engelswerk

Wir wollen ein wenig genauer betrachten, welche Funktionen der Engel in Bezug auf den Menschen hat. Ich erlebe sie folgendermaßen: Der Engel tritt als Beschützer auf, er erfüllt also die Funktion des Schutzengels. Daneben kann er in schwierigen Situationen als Tröster wirken. Außerdem spielt er eine wichtige Rolle bei der Meisterung und Steuerung des Lebens. Damit wir als Menschen den Weg finden, der zu unserem jeweiligen Leben passt, greift er manchmal ein, indem er das Mittel des Zufalls einsetzt. Dadurch finden wir einen Weg, der es uns ermöglicht, jene Menschen zu finden, mit denen wir etwas zu tun haben. So bringt er auch bestimmte Elemente aus einem früheren Leben zur Aktualität im jetzigen Leben. Dadurch ist er ganz persönlich mit uns verbunden.
Die Rolle des Schutzengels bemerken wir vor allem bei kleinen Kindern. Sie leben noch viel stärker in der Sphäre der Verbundenheit mit der geistigen Welt. Sie sind erst vor kurzer Zeit von dort zu uns gekommen und deswegen noch relativ wenig mit der Erde verbunden. Diese Bindung an die Erde wächst erst allmählich im Laufe der Jahre heran. Ihre Verbundenheit mit dem Geist ist noch stark. Den Begriff des Engels ›kennen‹ sie noch aus eigenem Innenerleben. Wir brauchen nur eine Andeutung zu machen, und sie wissen sofort, wovon wir sprechen. Es gibt ihnen ein Gefühl der Geborgenheit. Dies kommt zum Beispiel dann zum Tragen, wenn Eltern am Abend vor dem Schlafengehen mit den Kindern ein Gebet sprechen, das auf diese Engel Bezug nimmt:

Abends wenn ich schlafen geh',
vierzehn Engel um mich stehn.
Zwei zu meiner Rechten,
zwei zu meiner Linken,
zwei zu meinen Häupten,
zwei zu meinen Füßen,
zwei, die mich decken,
zwei, die mich wecken,
zwei, die mich führen,
ins himmlische Paradies.

Welch einen Reichtum bedeutet es für ein Kind, sich so umhüllt zu wissen. Auch wenn sie krank sind, können sich Kinder häufig dieser Geborgenheit anvertrauen. Ist ihre Umgebung jedoch stark mit den Kräften der Unterwelt erfüllt, wird ihr Bewusstsein von diesen Tatsachen ernsthaft darunter leiden und sich verdunkeln.
Es ist möglich, die Inhalte solcher Sprüche und Gebete zunächst rein als ein Bild aufzufassen. Doch aus der ganzen Anlage dieses Buches mag hervorgehen, dass ich sie als eine Realität betrachte, die den Kindern in Erinnerung gerufen wird.
Auch wenn wir erwachsen sind, wird der Engel uns gegen Dinge beschützen, die nicht für uns vorgesehen sind. Beispiele dafür lesen wir immer wieder, wenn sich schwere Unglücke oder Naturkatastrophen ereignen. Immer wieder wird von Menschen berichtet, die eigentlich hätten dabei sein sollen, doch aufgrund eines lächerlichen Zufalls aufgehalten wurden, beispielsweise weil sie einen Zug verpasst hatten und oder plötzlich erkrankt waren. Auch in den kleinsten Alltagsdingen lassen sich unendlich viele solcher Beispiele dafür finden, wie Situationen aufgrund eines ›Zufalls‹ gut ausgingen.

Die Rolle des Trösters habe ich bereits zu Beginn dieses Kapitels beschrieben. Sie verlangt von uns, dass wir uns in angstvollen Zeiten an ihn wenden. Wenn wir von Angst erfüllt sind, verengt sich unsere Seele. Dann kann der Engel mit seiner subtilen Energie nicht in sie eintreten. Wenn es uns gelingt, trotz der Angst unsere Seele zu öffnen, kann seine tröstende Kraft einströmen. Diese Verbindung können wir durch folgende Meditation intensivieren:

1. Wir vergegenwärtigen uns einen Moment, in dem wir uns in Not oder Angst befanden. Wir lassen das Erleben dieses Moments wieder in uns aufsteigen.
2. Nun fragen wir uns, wonach wir uns in diesem Moment sehnten, um jenes Gefühl aushalten zu können.
3. Als nächstes stellen wir uns vor, dass eine Gestalt da ist, die hinter uns stehen bleibt und diese Sehnsucht für uns einlöst.
4. Wir lassen ihre Kraft durch die Schulterblätter in uns strömen und durch unseren gesamten Körper ziehen.

Ich habe versucht, die Essenz dieser Meditation im folgenden Spruch zusammenzufassen:

Du Engel meines Lebensschicksals,
der meine Lebensfäden webt
und meine Lebensängste kennt,

ich bitte dich:

Sei Du bei mir,
tröste meine Lebensängste,
stärke meinem Lebensmut,
immer dann,
wenn ich Schritte unternehme,
ein autonomer Mensch zu werden.

Regie des Zufalls

Der Engel hat einen umfassenden Überblick über unser Leben, viel umfassender als alles, was wir uns überhaupt vorstellen können. Im Rückblick können wir uns manchmal etwas von der Erhabenheit der »Komposition der Ereignisse« in unserem Leben vergegenwärtigen. Diese Komposition können wir als das Werk der Engel betrachten. Bevor sie allerdings in der sichtbaren Wirklichkeit erscheinen kann, ist ihr viel vorbereitende Arbeit vorangegangen.

Rudolf Steiner formulierte einmal eine Übung, die uns helfen kann, uns ein zutreffendes Bild zu machen, auf welche Weise sich diese Vorbereitungen des Zufalls vollziehen. Es ist die sogenannte Dachziegel-Übung:

Stellen Sie sich vor, dass Sie zur Haustür herauskommen, und ein Dachziegel fällt auf Ihre rechte Schulter. Wenn Sie die Wirkungsweise des Schicksals besser verstehen wollen, können Sie sich versuchsweise einmal vorstellen, dass Sie durch die Tür gehen, und eine virtuelle Gestalt löst sich von Ihnen und begibt sich nach oben auf das Dach, wo sie einen Dachziegel löst. Die Gestalt kehrt dann wieder zu Ihnen zurück und sorgt dafür, dass Sie gerade an der richtigen Stelle stehen, damit der Dachziegel auf Ihre Schulter fallen kann – nicht neben Sie und auch nicht auf Ihren Kopf, sondern exakt auf ihre Schulter.

Das ist die Wirkung des Engels, der Sie in eine bestimmte Situation bringt, durch die Sie eine Erfahrung machen können. Manchmal handelt es sich nur um ein kleines ›Nachhelfen‹, manchmal geschieht es in einer Weise, die Ihrem Leben eine völlig andere Wendung gibt.

Als ich diese Übung zum ersten Mal las, war ich völlig begeistert. Man stelle sich vor, dass dies tatsächlich wahr sei! Dann hinge alles, was mir widerfährt, mit mir selbst zusammen. Das würde bedeuten,

dass ich auch an allem etwas ändern kann. Und es hieße auch, dass alles eine Bedeutung hat und dass der Engel an allem, was geschieht, liebevoll beteiligt ist. Wenn wir dies nicht sehen, dann nur deshalb, weil wir kein Verständnis für seine Perspektive haben!
So habe ich eine Weile mit der Hypothese gelebt, dass es eine Gestalt geben könnte, die mein Leben steuert. Indem ich auf den ›Zufall‹ achtete, wurde diese Hypothese immer fruchtbarer. Die Arbeit mit einer solchen Hypothese erwies sich für mich als ein sicherer Weg, denn nun brauchte ich nicht unmittelbar an etwas zu glauben, sondern ich konnte meine Wahrnehmung in aller Ruhe weiterwirken lassen – so lange, bis sich zeigte, ob die Hypothese für mich fruchtbar war.
Das Leben mit dieser Hypothese hat schließlich dazu geführt, dass ich heute aus eigenem Erleben über die Wirkung der Engel vermittels des vermeintlichen Zufalls sprechen kann.
Die beschriebene Übung hat verschiedene Aspekte. Sie lädt uns dazu ein, auf die scheinbar zufälligen Ereignisse zu achten, die uns im Leben widerfahren. Außerdem können wir gezielter auf die Möglichkeiten blicken, die sich für das Eingreifen des Engels bieten. Ihm steht nämlich eine große Anzahl von Möglichkeiten zur Verfügung. Am Ende stellt sich die Frage: Was bezweckt er? Warum greift er ein, und welche Erfahrungen bietet er mir dadurch? Oder: Welche neue Richtung will er meinem Leben geben?

Zum Ergründen der Wirkung des Engels im Zufall ist es immer wichtig, sich klarzumachen, dass der Engel große Liebe zu uns empfindet. Alles, was er tut, geschieht aus warmem Interesse. Er konfrontiert uns zwar mit unangenehmen Tatsachen aus unserer Vergangenheit, doch er tut dies nie, um uns zu strafen. Widrigkeiten organisiert er, wenn dies aus dem Gang unseres Karmas heraus notwendig ist. Er sieht die gewaltigen Entwicklungsmöglichkeiten: das, was wir als Mensch in der Zukunft werden können. Und er sieht auch, dass wir jetzt nur ein schwacher Abglanz dessen sind, was wir als Zukunftspotenzial in uns tragen. Daran arbeitet er. Im Zuge dessen sorgt er dafür, dass trübende Einflüsse aus der Vergangenheit bereinigt werden können und dass wir genau die Widerstände erfahren, durch welche wir die erforderlichen neuen Qualitäten entwickeln können.

Vor einiger Zeit radelte ich nach Hause. Es war ein schöner Tag. Meine Aufmerksamkeit wurde einen kurzen Moment lang durch einen Specht abgelenkt, der in einem Baum saß und hämmerte. Ich suchte ihn mit meinem Blick, und dadurch sah ich das Auto nicht, das Vorfahrt hatte. Der Fahrer machte zwar eine Vollbremsung, doch er fuhr mich trotzdem an. Es war ein harter Aufprall. Ich wurde von meinem Fahrrad geschleudert, landete unglücklich und brach mir ein Bein. Dadurch war ich einen ganzen Monat lang lahmgelegt.

Jetzt betrachten wir die Situation einmal unter der Perspektive der beschriebenen Ziegelsteinübung. Die betreffende Person radelt nach Hause, und es gibt eine imaginäre Gestalt, die den Specht zu einem Baum in der Nähe führt und dafür sorgt, dass er zu hämmern beginnt. Dann sorgt sie dafür, dass das Hämmern gut hörbar ist für den Betreffenden und dass auf der Straße nicht allzu viel Betrieb herrscht. Daraufhin lenkt sie ihre Aufmerksamkeit ab und zu dem Vogel hin, während sie den Autofahrer genau zur richtigen Stelle manövriert. Auch er ist nicht mit seiner gesamten Aufmerksamkeit bei der Sache, und Bums! prallen die beiden aufeinander. Der Engel hat aber dafür gesorgt, dass er den Fahrradfahrer gerade noch rechtzeitig aus den Augenwinkeln wahrnahm, sodass der Fahrer noch die Möglichkeit bekam, zu bremsen, wodurch der Schaden begrenzt blieb. Ein gebrochenes Bein war offenbar in diesem Moment ausreichend.

Was braucht es nicht alles, damit ein zufälliges Ereignis stattfinden kann! In unserem Beispiel werden die Natur und die Menschen beeinflusst. Man kann diese Übungen immer detaillierter durchführen und dabei entdecken, wie vieler Einzelheiten es bedarf, damit etwas schiefgeht. Oder, vom Gesichtspunkt der Engel aus betrachtet: dass es gut geht.
Darin besteht der erste Schritt der Übung: unterscheiden zu lernen, wie sich der Zufall aufgebaut hat. Wenn man die Menschen, die an dem Vorgang beteiligt waren, genauer befragt, zeigt sich häufig, dass sie nicht einfach so im entsprechenden Moment zur Stelle waren. Der eine war aufgehalten worden, weil er kurz, bevor er losfuhr, ein schwieriges Telefonat führen musste; der andere hatte zufällig eine Stunde früher frei. Wie sind diese Zufälligkeiten zustande gekommen? Es wird deutlich, dass es häufig bestimmte Bedingungen gibt, durch die eine wie auch immer geartete ›zufällige‹ Begegnung überhaupt zustande kommen konnte.
Der zweite Schritt, wie sich der Vorfall anhand der geschilderten Übung ergründen lässt, besteht darin, dass wir zu Vorstellungen gelangen, *wie* genau der Engel in die Ereignisse eingreifen kann. Wie gelingt es ihm, die Aufmerksamkeit abzulenken? Ein Engel hat keinen physischen Körper. Er besteht aus Energie. Ich stelle mir vor, dass er sich mit seiner Energie mit dem Körper eines Menschen verbindet. Er inkarniert sich gewissermaßen locker in einem Menschenkörper, an einer Stelle, wo dieser Mensch im entsprechenden Moment nicht mit seinem vollen Bewusstsein anwesend ist. Dies ermöglicht es ihm, ›zufällig‹ etwas geschehen zu lassen. So kann er eine Kopfbewegung initiieren, durch die wir zufällig etwas sehen, was wir brauchen, zum Beispiel, wenn wir in einem Kiosk das Titelblatt einer Zeitschrift entdecken, in der ein Artikel über etwas steht, womit wir uns gerade beschäftigen. Wir sehen es, kaufen das Heft, und beim Lesen kommen wir auf eine Idee. Der Engel kann unseren Kopf aber auch so bewegen, dass uns etwas ganz knapp ent-

geht. Dann sehen wir das Auto nicht, das sich nähert, und es kommt zu einem Zusammenstoß. Er kann unseren Kopf so bewegen, dass wir zuerst abgelenkt sind und den Fahrradfahrer nicht sehen, und dann wieder so, dass wir ihn im letzten Moment doch noch wahrnehmen, sodass wir noch bremsen können, wodurch der Aufprall abgeschwächt wird.

Er kann auch über andere Kanäle einwirken, zum Beispiel über den Weg des Gefühls oder einer gewissen Grundstimmung. Wenn er uns ›zufällig‹ mit schlechter Laune aufstehen lässt, so wird an diesem Tag vieles in einer anderen Weise verlaufen, als wären wir mit einem frohen Grundgefühl erwacht. So kann der Engel mit allen Arten von Gefühlen arbeiten! Diese Grundstimmung hat einen Einfluss auf das, was wir am entsprechenden Tag tun oder gerade nicht tun.
Was wird uns dadurch ermöglicht, oder was wird uns vielleicht erspart? Wie verhält sich diese Perspektive zur Frage der Wirksamkeit der Dämonen und Gespenster? Wie können wir erkennen, welche Kraft jeweils am Werk ist? Ich habe versucht, mir meditativ ein Bild davon zu machen. Dies führte mich zu Folgendem:
Ich stelle mir vor, auf welche Weise der Engel an allem beteiligt ist, weil er ein fester Begleiter in unserem Leben ist. Sowohl Dämonen und Gespenster als auch der Engel wirken in der Seelenwelt. Der Engel kann aufgrund seiner Veranlagung wahrnehmen, wie die Dämonen und Gespenster auf uns einzuwirken versuchen. Diese wiederum können aufgrund der Tatsache, dass sie aus der geistigen Welt herausgefallen sind, die Engel und deren Wirkung nicht sehen. Das heißt, bei allem, was die Verführer unternehmen, ist der Engel gegenwärtig. Er lässt sie häufig in gewissem Sinne ungehindert ihre Arbeit tun. Denn es gibt da ein Geheimnis im Verhältnis zwischen den Engeln und den Verführern: Die Verführer sind gefallene Engel. Sie sind also Brüder und Schwestern der Engel, nur eben im gefallenen Sinne. Es herrscht bei den Engeln noch immer eine große

Liebe zu ihren Brüdern. Sie hoffen, dass sie einst in den Himmel zurückgeführt werden. Das einzige Wesen, das dies vermag, ist der Mensch. Im Interesse der Entwicklung des Menschen brachten die Verführer das Opfer, den Himmel zu verlassen. Wenn wir in der Lage sind, sie wieder zurückzuführen, beispielsweise dadurch, dass wir sie in der bereits beschriebenen Weise metamorphosieren, so haben wir ihr Opfer wirklich angenommen!

Die weitreichende Führung durch den Engel erstreckt sich über einen viel längeren Zeitraum. Schon Jahre, bevor etwas Bestimmtes geschieht, kann der Engel bereits mit der Vorbereitung dieses Ereignisses beschäftigt sein. Dies gilt insbesondere auch für die Begegnungen, die wir mit wichtigen Menschen in unserem Leben haben. Betrachten wir die Sache auf diese Weise, begreifen wir rasch, was alles notwendig gewesen ist, damit wir die Vererbungsgrundlage erhielten, die wir zur Verfügung haben. Den Körper, den wir besitzen, haben wir aufgrund der Vererbung erhalten. Vieles war notwendig, damit unsere Eltern zusammenfanden. Eine endlose Reihe von Begegnungen zwischen unzähligen Menschen steht dahinter, Entscheidungen, die sie trafen, Glücksfälle und Pechmomente, bis hin zu dem Augenblick, als sie Ja zueinander sagten. Wenn wir uns hinter dieser langen Reihe von Ereignissen das Schicksalsweben der Engel vorstellen, so erhalten wir ein höchst fesselndes Bild. Es kann uns helfen, uns in das Wirken der höheren Welt eingebettet zu fühlen.

Ziele

Der letzte Aspekt unserer Übung, den wir betrachten wollen, hängt mit der Frage zusammen, welches Ziel der Engel durch einen Eingriff verfolgt. Was will er erreichen? Er will vor allem Bedingungen

schaffen, durch die wir zu einer bestimmten Erfahrung oder zu einem bestimmten Eingriff in unserem Leben gelangen.
Im folgenden Text mache ich einen Versuch, diesen Zusammenhang aus der Perspektive des Engels zu beschreiben. In Wirklichkeit ist alles natürlich viel komplizierter, man könnte auch sagen: Es lässt sich weniger mit menschlichem Maß messen.

Ich war besorgt über meinen Menschen. Vor Jahren hatte er eine Stelle angenommen, wo er eine Arbeit fand, die ihm gefiel. Aus meiner Perspektive stimmte das mit dem überein, was er in seinem Leben verwirklichen wollte. Er hatte dafür die richtige Ausbildung, aber es fehlte ihm noch die eigene Erfahrung. Am Anfang habe ich ihm ziemlich geholfen. Ich vermittelte ihm Eingebungen, wenn es notwendig war, und sorgte für die Kontakte mit Menschen, die ihn inspirierten. So hatte er eine ganze Zeit lang Rückenwind. Er bezeichnete dies als Anfängerglück, und das war es auch, dafür sorgte ich.
Nach einigen Jahren fand ich, dass er selbst die gesamte Verantwortung übernehmen sollte. In all den Jahren, in denen ich ihm sehr half, hatte er Gelegenheit gehabt, seine Fähigkeiten weiterzuentwickeln und aus seiner Tätigkeit zu lernen. Aber das hatte er nur zum Teil getan. Weil es ihm so gut ging, war er ein wenig faul geworden, er hatte sich etwas auf seinen Lorbeeren ausgeruht. Nun ja, eigentlich waren es meine Lorbeeren. Ich wollte ihn warnen, dass es auf diese Weise nicht weiterging. Darum sorgte ich dafür, dass es in seiner Abteilung zu einem Konflikt kam. Eigentlich hatte er nicht unmittelbar etwas damit zu tun. Es war ein Konflikt, der zu anderen Kollegen gehörte. Aber ich habe in Zusammenarbeit mit einigen meiner Kollegen die Sache so organisiert, dass die Menschen in seiner unmittelbaren Umgebung in diesen Konflikt gerieten, und dass er derjenige war, der zuerst die Schuld dafür bekam. Dadurch stand er unter Stress und machte selber Fehler. Und nichts anderes

als das war meine Absicht. Er musste Kritik einstecken, und genau das brauchte er. Er wachte auf und begann, sich etwas bescheidener zu verhalten. Die Botschaft war angekommen.

Ein paar Jahre später lief mein Projekt in guten Bahnen. Er arbeitete hart und stand zu dem, was er tat. Dennoch ... er wurde immer mehr zum Einzelgänger und tat nichts anderes mehr als arbeiten. Keine Hobbys, wenig soziale Kontakte. Seine Seele begann immer farbloser und kahler auszusehen. Dies passte nicht zu ihm. So sorgte ich dafür, dass er Warnungen empfing. Menschen aus seiner Umgebung gaben ihm Signale. Ich inspirierte seinen Chef, ihn zu einer nützlichen Weiterbildung zu schicken, doch weil er so müde war, kam der Inhalt nicht wirklich bei ihm an. Ich machte mir wirklich Sorgen! Er entwickelte sich immer mehr zu einem Zerrbild seiner selbst. Schließlich habe ich dann das letzte Mittel eingesetzt, das bei Männern immer funktioniert: Ich habe eine schöne Frau vorbeigeschickt, in die er sich Hals über Kopf verliebte. Er verlor zwar den Kopf, doch er fand sein Herz wieder. Das war wichtig. Es ging eigentlich gar nicht so sehr um diese Frau. Mir ging es darum, dass seine Seele wieder zum Leben kam.

Zeitweise führte dies zu einer Katastrophe, wenigstens aus seiner Perspektive betrachtet. Seine Ehe geriet ins Wanken, er selbst wurde häufig von Zweifeln heimgesucht. Doch schließlich, nach etwa einem Jahr, kehrte seine Ruhe zurück, er kam wieder zu sich. Er arbeitete mehr an seiner Ehe und weniger hart in seinem Büro. Doch auch dort kam er dem, was er eigentlich hatte verwirklichen wollen, allmählich immer näher. Und dafür benötigte er sein Herz.

Es war natürlich ein Risiko, das ich da einging. Doch dieses Risiko war weniger gewagt, als die Situation so zu belassen, wie sie war. Denn dann hätte er eine ganze Strecke seines Lebens vergeudet. Und das wäre das Letzte, was ich will.

Wie es nun weitergeht? Er ist jetzt wieder wach. Ich bin neugierig.

Die Geschichte, die ich hier gerade erzählt habe, handelt davon, dass ich ihn auf dem rechten Weg halten wollte. Doch meine Funktion reicht viel weiter. Für die diesmalige Erden-Inkarnation hatte er sich vorgenommen, neue Dinge in der Welt zu schaffen. Das gelingt ihm nur, wenn er nicht allein ist, dafür braucht er die Menschen, mit denen er das, was er sich vorgenommen hat, gemeinsam umsetzen kann. Mit ihnen muss ich ihn also in Kontakt bringen. Und dabei muss ich ihm helfen, für das aufzuwachen, was er eigentlich will. Dies ist ein Vorsatz, der in sein Unterbewusstsein abgesunken ist. Ich muss ihm die Möglichkeiten und Erfahrungen geben, durch die er diesem Vorsatz näherkommt.

Wie ich das anstelle? Dafür gibt es viele Methoden. Ich kann ihn mit Menschen zusammenführen, die ihn ansprechen in Bezug auf einen solchen Vorsatz. Dafür benutze ich häufig schon die Lehrer in der Schule. Oder ich sorge für Begegnungen mit anderen Menschen, die ihm als Vorbild dienen können. Manchmal beschäftige ich mich sogar damit, Stundenpläne zu entwerfen, damit sich die richtige Kombination von Lehrern und Schülern ergibt! Oder ich spiele ihm zufällig ein Buch in die Hände oder führe ihn in einen Film, der ihn irgendwo berührt. Manchmal muss ich dafür sorgen, dass ein anderer Film im richtigen Moment ausfällt oder dass keine Karten mehr zu bekommen sind. Ach, es gibt für mich unendlich viele Variationsmöglichkeiten.

Vorgeburtliches

Vor der Geburt, zwischen dem Dasein im vorigen Leben und dem jetzigen Leben, wird die Menschenseele in ihrer geistigen Daseinsform in die Welt der Engel und der höheren Wesen aufgenommen. Der Engel lebt eng mit ihr zusammen. Wiederum versuche ich eine Beschreibung aus der Perspektive des Engels zu geben.

Vor seiner Geburt bin ich völlig mit meinem Menschen verbunden. Wir leben in derselben Welt, denn er ist noch nicht zu Erde abgestiegen. Er hat auch seine eigene Unterwelt noch nicht in sich aufgenommen. Wir leben zusammen und durchdringen einander, weil seine Seele noch die große Feinheit besitzt, die ihrem Dasein in der geistigen Welt entspricht. Den Plan für das kommende Leben haben wir zusammen ausgearbeitet. Die unangenehmen Dinge und die guten Dinge haben wir zusammen betrachtet und akzeptiert.
Und dann steigt er immer weiter ab. Ich bleibe zurück. Dann sehe ich, wie er die Welt der Dämonen betritt. Sie warten schon auf ihn und lecken sich gewissermaßen schon die Finger. Alles, was er in seiner karmischen Vergangenheit an Wesen geweckt hat, liegt dort bereit und verbindet sich mit ihm. Es ist für mich äußerst schmerzhaft, das mit anzusehen. Ich weiß, dass es nicht anders geht und dass er es selbst auch wusste, bevor er seinen neuen Weg antrat. Aber das Wissen, dass etwas geschehen wird, ist etwas anderes als das Ereignis selbst. Sofort wird der Mensch auch viel kleiner. Er wird durch diese Dämonen und Gespenster immer stärker zusammengezogen. Und sofort verdunkeln sich die Sinne, mit denen er in der Geisteswelt wahrnehmen konnte, und er verliert seine selbstverständliche Verbindung mit mir. Denn dafür braucht er diese Feinheit. Je nach der Art der Wesen, denen er dort begegnet, behält er die Möglichkeit, kürzer oder länger die Verbindung mit mir am Leben zu erhalten. Es hängt auch mit der Kraft zusammen, die er in der Vergangenheit entwickelt hat, ob er trotz dieser ›Bewohner‹ ein Stück seiner Seele in seiner Offenheit bewahren kann.
Schließlich verbindet er sich mit dem irdischen Körper und wird geboren. Am Anfang seines Lebens ist er meistens noch gefühlsmäßig mit mir verbunden. In seinem Gefühl weiß er um mein Dasein. Ich umhülle ihn, und er spürt das. Das gibt ihm ein Gefühl des Vertrauens im Leben. Später erwacht er immer stärker in seinen Sinnen und seinem Denken, und dann beginnt er mich allmählich zu vergessen.

Ich muss mich ihm immer häufiger auf Umwegen nähern. Wenn er dafür offen ist, nimmt er meine Signale auf. Nur weiß er nicht mehr, dass sie von mir stammen. Mehr noch: Er *will* es gar nicht wissen. Das ist schmerzhaft für mich. Er muss nun allein seinen Weg gehen, und ich muss es zulassen.
Ich weiß: Dies ist eine Phase, die ihr Menschen durchmachen müsst. Es gehört zu eurem Weg auf der Erde. Es ist eure freie Entscheidung, ob ihr mit uns zusammenarbeiten wollt, ob ihr euch wieder für unsere Welt öffnen wollt. Diese Freiheit habt ihr von Anfang an gehabt. Während der Nacht betretet ihr wieder unsere Welt. Jedoch unbewusst, da ihr kein Bild mehr von uns habt. Was ihr während der Nacht von uns hört, sinkt beim Aufwachen sofort wieder in euer Unterbewusstsein ab. Vielleicht steigt es im Lauf des Tages wieder auf, wenngleich in anderer Form. Und ihr wisst dann nicht, wo der Ursprung eurer Idee liegt.
Nach dem Tod empfangen wir eure Seele wieder hier in unserer Welt. Wenn eure Seele während eures Lebens auf der Erde für uns offen war, dann ist sie sich des Übergangs zu uns und unserer Welt stärker bewusst. Dann ist es, als würdet ihr einem Bekannten begegnen, der euch erwartet und der froh ist, euch empfangen zu dürfen. Wir sind froh, euch wiederzusehen und zu hören, was ihr alles erlebt habt. Es ist wie eine Art Nach-Hause-Kommen nach einer langen Reise.
Wenn Ihr in eurem Erdenleben nicht offen wart für den Kontakt mit uns, wird eure Seele nach dem Tod am Anfang allein dastehen. Dann seid ihr zwar unter uns, doch ihr seht uns nicht. Genau, wie ihr es auf der Erde tatet. Dort waren wir auch um euch, aber ihr habt uns nicht gesehen. Dann ist es kein Nach-Hause-Kommen nach einer langen Reise, sondern eine Ankunft in einem fremden Land. Dann ist der Weg zu uns sehr, sehr lang.

Die Welt der Engel sieht ganz anders aus als die unsere. Ihre Welt ist von Liebe und Mitgefühl durchzogen. Den Weg, den wir gehen müssen, in Unwissenheit und abgeschnürt vom Geist, empfinden sie als einen dramatischen Weg. Sie haben großen Respekt vor der Tatsache, dass wir als Menschen diesen Weg überhaupt gehen wollen. Die Tatsache, dass wir auf der Erde sind, allein schon, dass wir geboren wurden und ihre Welt verlassen haben, stimmt sie dankbar und ruft ihren Respekt hervor. Und dies für sich genommen, ohne dass wir bereits irgendetwas getan und geleistet haben. *Dass* wir auf die Erde gekommen sind, ist bereits für sich genommen eine Tat, die ihren Respekt weckt.

Wie bekommen wir wieder ein stärkeres inneres Empfinden für die Welt, in der die Engel ihr Dasein haben? Für mich führte dieser Weg über die beiden Übungen, die ich oben beschrieben habe, die Engelmeditation und die Dachziegel-Übung. Später habe ich einige Zeit mit der folgenden Übung gearbeitet:

Sie blicken auf eine Situation, die sie einmal erlebt haben. Es kann eine Situation sein, in der Sie beeindruckt und von etwas Besonderem berührt oder aber verletzt worden sind. Dieses Ereignis betrachten Sie nun aus verschiedenen Haltungen heraus.

Zuerst beschreiben Sie diese Situation objektiv, so wie sie sich ereignet hat. Sie blicken quasi von außen auf sich selbst, wie sie sich verhielten und handelten. Dann betrachten Sie auch, was sich in Ihrem Inneren abspielte, und auch dies beschreiben Sie so objektiv wie möglich.

Sodann begeben Sie sich in die Situation hinein und beschreiben in emotionaler Weise, wie es etwa ein Pubertierender tun würde, was Sie erlebt haben. Ohne jede Zurückhaltung lassen Sie Ihren Urteilen und Emotionen freien Lauf. Sie verbinden sich einen Moment lang vollständig mit der Schicht Ihrer Seele, in der diese Emotionen leben. Dann betrachten Sie das Ganze aus einem größeren Abstand. Versuchen Sie zu sehen, welche Kräfte dabei wirksam waren. Tun Sie das vor dem Hintergrund ihrer Biografie, das heißt, prüfen Sie, wo Sie diesem Thema bei sich bereits eher begegnet sind – im Zusammen-

hang mit anderen Menschen, an einem anderen Ort und zu einem anderen Moment ... Dennoch handelte es sich um dieselbe Geschichte. Danach versuchen Sie einen Moment lang nachklingen zu lassen, was diese Sichtweise in Ihnen bewirkt.
Daraufhin fragen Sie sich, worin das Wesentliche besteht, worum es sich bei dieser Situation *eigentlich* handelt. Welche Werte und welche Ideale sind hier im Spiel? Welche Lehren ziehen Sie daraus? Sind Sie bereit, diese zu akzeptieren? Sind Sie bereit, die volle Verantwortung für diese Werte und Ideale zu übernehmen? Fühlen Sie aufs Neue, wie diese Haltung auf Sie wirkt.
Zum Schluss versuchen Sie, aus der »Engelperspektive« auf die Situation zu blicken. Was Sie bereits in der Dachziegelübung geübt haben, verbindet sich jetzt mit der praktischen Lebensführung. In das Bild, das sich ergibt, sind alle ›Zufälle‹ mit aufgenommen. Die Bedeutung des Geschehens steht mehr im Hintergrund.
Bei dieser Übung bewegen Sie sich Schritt für Schritt in Richtung des feineren, zarteren Teiles ihrer Seele. Indem Sie etwas aus dem Blickwinkel der Engel betrachten, öffnen sie einen ganz subtilen Bereich Ihrer Seele, der über dem profanen Leben steht. Auf diese Weise können Sie zu einer Ahnung vordringen, wie sich das Erdenleben unter diesem Blickwinkel darstellt.

Es gibt noch eine weitere Möglichkeit, das Erleben der Engelwirkung etwas näher heranzuholen: indem Sie kurz bei den Geschenken innehalten, die Ihnen Tag für Tag fortwährend zuteil werden. Was Menschen für Sie tun, was vermeintlich ›zufällig‹ geschieht – hinter all dem können Sie die Wirkung des Schicksals erleben. Und die Steuerung dieses Schicksals geht vom Engel aus.
So können Sie beispielsweise eine Weile auf den vergangenen Tag zurückblicken und betrachten, welche Geschenke Sie an diesem Tag bekommen haben. Solche Geschenke gibt es in unterschiedlicher Gestalt. Eine schöne Aussicht, auf die zufällig Ihr Blick fällt, kann ein

Geschenk sein – Ihnen werden Staunen und Schönheit geschenkt. Oder die Freundlichkeit eines Menschen, der Ihnen ›einfach so‹ begegnet ist; oder ein Zeitungsartikel, der neues Licht auf eine Frage wirft, die Sie gerade beschäftigt. In gewissem Sinne kann auch ein Ereignis, bei dem jemand Ihnen das Leben schwer gemacht hat, ein solches Geschenk sein.
Sie blicken ruhig auf Ihren Tag zurück und achten dabei besonders auf solche Ereignisse, die sonst rasch wieder aus Ihrem Bewusstsein verschwunden wären. Es geht hier um die Verstärkung der Wahrnehmung und des Bewusstseins für diese Geschenke, sowie um die Entwicklung von Gefühlen der Dankbarkeit für sie. Hinter dem ›Zufall‹, beziehungsweise hinter den Menschen, die Ihnen diese Geschenke machen, erkennen Sie die Gegenwart des Engels.

Viel größer

Wenn ich diese Betrachtungen lese, wird mir deutlich, dass ich nur einen kleinen Ausschnitt der Wirkung und des Wesens des Engels dargestellt habe. Dasselbe gilt auch für die Wesen, die in den nächsten Kapiteln besprochen werden: Sie alle sind viel größer als wir begreifen und erkennen können. Dennoch wirkt es auf mich horizonterweiternd, wenn ich versuche in dieser Weise auf diese Wesen zu blicken. Wenn ich mir immer wieder die Frage stelle, wie ihre Welt beschaffen ist und wie sie auf uns Menschen blicken, wird das Bild, das ich mir von ihrer Wirkungsweise mache, immer umfassender.

Leben mit dem Engel

Leben im Bewusstsein der Gegenwart des Engels ist nichts Selbstverständliches. Auch hier muss ein Weg beschritten werden, auf dem das dafür notwendige Sinnesorgan verfügbar gemacht wird.
Wir sind als Menschen in gewisser Weise geschützt gegen das unvorbereitete Betreten übersinnlicher Welten. Wenn es sich ›einfach so‹, unerwartet ereignen würde, träten bei uns die Symptome einer Psychose auf! Es bedarf einer gewissen Anstrengung, sich auf ein bewusstes Dasein im Übersinnlichen vorzubereiten und entsprechend zu verwandeln. Diese Anstrengung ist ein Ausdruck der Tatsache, dass wir es wirklich *wollen*! Dieser Wille wird von der geistigen Welt wahrgenommen, insbesondere vom Engel. Das ruft Begeisterung bei ihm hervor. Und dann wird er helfen. Diese Hilfe kann eine sehr verborgene sein, denn die Engel müssen unsere Freiheit respektieren. Je mehr Anstrengung sie uns abnehmen, umso weniger Kraft entwickeln wir aus uns selbst.
Das Leben mit einer Übung wie der beschriebenen Dachziegelübung – wir bilden uns immer wieder neue Vorstellungen und stellen uns immer wieder neue Fragen in Bezug auf die wahrgenommenen Zusammenhänge – bildet diese Kraft aus. Und auch hier gilt: In den Momenten der Besinnung und der Meditation erwecken wir Kräfte, die allmählich zur Entwicklung kommen. Nach einiger Zeit werden sie sich immer selbstverständlicher im Alltagsleben auswirken.
Eine besondere Erfahrung kann es sein, wenn wir ihre unterstützende Gegenwart auch in Zeiten starker Prüfungen oder der Krankheit erleben dürfen.

3 Die Familienseele

Die Familienseele als Wesen erschien mir, als ich einmal an einem Workshop über Familienaufstellung teilnahm. Das Verfahren der Familienaufstellung wurde von Bert Hellinger entwickelt, einem Schweizer Psychotherapeuten. Er entdeckte, wie sich für und mit einem Klienten eine größere Klarheit in Bezug auf die Beziehungen und Verhältnisse, die in dessen Familie walten, erreichen lässt. Hellinger arbeitet in Gruppen, um dies zu erreichen. In dieser Gruppe lädt der Klient sogenannte Stellvertreter ein, die dann die Funktion beispielsweise der Eltern oder anderer wichtiger Mitglieder des Familiensystems einnehmen. Auch für sich selbst ernennt er einen Repräsentanten. Nun stellt der Klient alle beteiligten Personen im Raum auf. Dabei ist sein eigenes Erleben der Stellung, die diese Repräsentanten in Bezug aufeinander einnehmen, maßgeblich: Wie groß ist der Abstand zwischen ihnen, wohin geht ihre Blickrichtung? Danach nimmt der Klient inmitten dieses Kreises Platz.

Der Therapeut, der die Aufstellung begleitet, wartet ab, was geschieht. Nichts wird geführt. Es zeigt sich – und darin besteht wohl die wichtigste Entdeckung Hellingers –, dass bei den Stellvertretern Gefühle und Erlebnisse auftreten, die mit derjenigen Person zusammenhängen, die sie in der Aufstellung repräsentieren. Dies kann sich beispielsweise in neuen Emotionen äußern, die auftreten, in dem Drang, bestimmte Bewegungen zu vollführen oder darin, dass einige einen anderen Ort innerhalb der Aufstellung wählen.

Der Begleiter erkundigt sich, was die Stellvertreter erleben, und damit arbeitet er. Es wird nach einer neuen Ordnung gesucht, denn

alle Systeme haben den inneren Wunsch nach einer bestimmten Ordnung, in welcher jeder zu seinem Recht kommt.
In den Familienaufstellungen wird auch den Menschen besondere Aufmerksamkeit gewidmet, die bereits verstorben sind: Kinder, die aufgrund einer Fehlgeburt niemals das Licht der Welt erblickten, abgetriebene Kinder, Frühverstorbene – sie alle gehören zum Familiensystem. Dieses Familiensystem macht keinen abgrenzenden Unterschied zwischen Lebenden und Verstorbenen. Alle gehören zum System, und alle erstreben die Anerkennung der anderen Mitglieder der Familie.
Eine der Entdeckungen, die Hellinger während seiner Arbeit machte, bestand darin, dass gewisse Probleme einzelner Mitglieder einer Familie mit einem früh verstorbenen Kind zusammenhängen können, das keine Anerkennung erhielt, sondern nach dem Tod buchstäblich totgeschwiegen wurde. Hellinger postuliert, dass eine solche Kinderseele darunter leidet, dass sie nicht in der Erinnerung der anderen fortleben konnte. Dieses Leid des jung Verstorbenen kann Folgen für später geborene Kinder haben: Sie können sich mit diesem Kind solidarisch fühlen, mit ihm mitleiden. Dies kann zu unverstandenem Schmerz führen.
Einen anderen Aspekt stellen die *unbewältigten Themen* innerhalb einer Familie dar. So führte ich einmal eine Aufstellung mit der weiblichen Linie einer Familie durch. Wir vollzogen die Aufstellung, weil die Frau einen ganz bestimmten seelischen Schmerz erlebte. Im Verlauf der Sitzung stand die Frau mit den Repräsentanten ihrer Mutter, ihrer Großmutter und ihrer Urgroßmutter zusammen. (Dass die Klientin ihrer Urgroßmutter nicht mehr selbst kennengelernt hatte, spielte keine Rolle.) Die Stellvertreterin konnte dabei zum Ausdruck bringen, was sie während der Aufstellung bewegt hatte, und es stellte sich heraus, dass das Problem, mit dem die Klientin zu kämpfen hatte, bereits in den vorangegangenen Generationen existiert hatte. Der kritische Punkt bei der Großmutter hatte sich auf die Mutter

und die Tochter verlagert. Das hieß: Ihr Problem war nicht nur ihr persönliches! Dies löste zunächst Erstaunen aus und in gewisser Weise dann auch Erleichterung. Als das Problem erkannt worden war und klar wurde, wo sein Ursprung lag, konnte die Klientin einen Teil ihres Schmerzes loslassen. Solche Wirkungen können innerhalb einer Familienaufstellung sichtbar werden.
Wenn ich dies nun in Beziehung zum Thema dieses Buches setze, so stoße ich auf Folgendes: Ich denke, das tatsächlich so etwas wie eine ›Familienseele‹ existiert. Die Familienseele ist eine übersinnliche Tatsache. In der Seelenwelt ist sie eine Realität, mit der sowohl die Lebenden als auch die Verstorbenen verbunden sind. Die Grenze zwischen diesen beiden Welten ist nicht relevant. Die Familienseele strebt nach dem Wohlergehen all ihrer Mitglieder. Die unterschiedlichen Mitglieder der Familie sind miteinander verbunden, und das bewirkt, dass sie häufig übereinstimmende Themen in ihrem Leben zu bearbeiten haben. Auch die gemeinsame Vererbung führt zu einer gewissen Verbundenheit der Mitglieder und übereinstimmenden Themen. Folgendes Beispiel habe ich wiederholt während meiner Arbeit miterlebt:

Es gab in meinem Leben öfter Perioden, in denen ich mich traurig fühlte. Ich konnte aber nie einen unmittelbaren Grund dafür finden. Es war eine Art trauriges Verlustgefühl. Auch in einer Psychotherapie wurde nicht deutlich, was sich genau abspielte. Man bot mir Antidepressiva an, aber ich hatte nicht das Gefühl, dass die mir weiterhelfen würden.
In einem bestimmten Moment ergab es sich, dass sich ein Gespräch mit jemandem über die Familie entwickelte, in der ich aufgewachsen war. Als ich meine Familie beschrieb, zeigte es sich, dass in der Folge der Kinder ein ›Loch‹ existierte. Auf Nachfrage stellte sich heraus, dass dieses Loch auf eine Schwangerschaft meiner Mutter zurückging, die vorzeitig durch eine spontane Fehlgeburt beendet worden

war. Als ich mir vorstellte, es hätte diese spontane Fehlgeburt nicht gegeben, sondern ein Kind wäre geboren worden, mit dem ich etwas zu tun gehabt hätte, ein Brüderchen, mit dem ich mich hätte verbunden fühlen können und vieles hätte teilen können, schlug die Trauer voll zu. Damit hing das also möglicherweise zusammen! Wenn ich mir vorstellte, dass dieser Bruder vorhanden gewesen wäre, sah mein Leben völlig anders aus.

Ich begann mit der Vorstellung zu leben, dass es einen Bruder von mir gibt, der bei mir ist und der, von einer anderen Welt aus, an meinem Leben Anteil nimmt. Das gibt mir ein freudiges Gefühl!

Blicken wir vor dem Hintergrund solcher Erfahrungen auf das Bild der Familienseele, so sehen wir auf der Erde zunächst nur eine Familie mit einer Reihe von Kindern. Die Familienseele selbst hat ihre Realität in der *Seelenwelt*. Dort gehören alle Menschen zu ihr, die einer Familie angehören, sowohl die Verstorbenen als auch die Lebenden. Herrscht in der Familienseele Unordnung, weil bestimmte Menschen nicht geboren werden konnten, und Beziehungen, die hätten reich sein können, nicht gelebt werden konnten, entsteht Disharmonie in dieser Familienseele. Diese Disharmonie kann weiterwirken und weitere Mitglieder der Familie erfassen.

In meiner Arbeit als Studentenarzt fiel mir immer wieder auf, dass Studenten allmählich aus ihrem Familiensystem herauswachsen. Das führt zu vielerlei Gefühlen des Unwohlseins. Man kann den Eindruck haben, dass heute immer mehr Menschen einen Unterschied machen zwischen zwei verschiedenen Familien, zu denen sie gehören: Die eine Familie ist durch Blutsbande mit uns verbunden. So gehören wir zu unseren Brüdern und Schwestern, zu unserem leiblichen Vater und unserer leiblichen Mutter usw. Ich werde regelmäßig mit Menschen konfrontiert, die sich als Erwachsene nicht mehr in ihrer ›Blutsfamilie‹ wiedererkennen. Sie fühlen sich viel

stärker bei anderen zu Hause, sei es eine andere Familie oder ein Freundeskreis. Daher teilen sie auch nur wenig von ihrem Leben, ihren Gedanken und Gefühlen mit ihrer leiblichen Familie. Es kann also durchaus sein, dass für uns ein deutlicher Unterschied besteht zwischen der Familie, mit welcher wir durch Blut und Vererbung verbunden sind, und jener Familie, mit der wir durch den Geist verbunden sind. Und so etwas müssen wir dann auch akzeptieren. Beide Bande können nebeneinander, unabhängig voneinander gepflegt werden. Wenn wir dies erkennen und uns klarmachen, kann das dazu führen, dass keine falschen Erwartungen konserviert werden.
Was sagt dies über die Familienseele aus? Ich denke, sie wirkt manchmal so, dass sie aus Menschen, die sich eng miteinander verbunden fühlen, eine ›Familie‹ macht, die stark zusammenhält; in anderen Situationen bringt sie jedoch einen viel loseren Zusammenhang zustande, bei dem es sich dann vor allem um die leibliche Vererbung handelt.

Viele Menschen sind davon betroffen, dass auf der Ebene der Familienseele ein Element der Unordnung im Spiel ist. Viele Kinder und Erwachsene haben mit Scheidungsfällen in ihrer Familie und neuen Eheschließungen eines oder beider Elternteile zu tun. Kinder aus einer früheren Ehe und Kinder, die aus einer neuen Ehe hervorgehen, müssen einen Weg finden, miteinander zu leben oder versuchen, ein gutes Verhältnis zueinander aufzubauen. Viele Eltern sind mit etwas konfrontiert, das man früher als »Stiefkinder« bezeichnete, und viele Kinder mit Stiefeltern. (Es wird Zeit, dass wir endlich neue Begriffe für diese Beziehungen finden, die der Herausforderung, die mit solchen Verhältnissen verbunden sind, besser gerecht werden.)
Für mich ist es eine offene Forschungsfrage, wie sich dieses Phänomen in der Seelenwelt und in der Geisteswelt darstellt. Was geschieht dort auf der Ebene der Familienseele? Manchmal habe ich das Gefühl, dass die Familienseele unter dem leidet, was hier geschieht.

Sie kann nicht wirksam sein, sie kann die Menschengruppe, mit der sie verbunden ist, nicht mehr erreichen. In anderen Fällen erlebe ich, dass vielleicht von einer übergeordneten, neuen Familienseele gesprochen werden kann, die die Aufgabe der alten Familienseele übernimmt. Dies äußert sich unter anderem darin, dass wieder ein Gemeinschaftsgefühl entsteht.

Doch eine derartige neue Familienseele kann erst dann richtig wirksam sein, wenn ein gewisser Respekt vor dem existiert, was die alte Familienseele geleistet hat. Das Neue kann nur dann gut gedeihen, wenn das Alte, aus dem es hervorgegangen ist, seine Anerkennung erhalten hat.

Noch subtiler

Die Gegenwart der Engel bildet eine liebevolle Sphäre, die die Menschheit umhüllt. Sie nehmen an allem Anteil, was in der Menschenkultur geschieht, und aus dieser Verbundenheit lenken sie die individuellen Lebensläufe. Ich erlebe dies als eine Sphäre der Liebe und der Wärme, eine völlig andere Qualität also als die der Sphäre der verführenden Dämonen.
Es gibt einen fortwährenden Energiestrom, der aus der Sphäre der Engel zu den Menschen auf der Erde hinströmt. Allerdings bleibt es immer eine offene Frage, ob wir diese Energie auch aufnehmen. Dies hängt davon ab, ob wir uns selbst öffnen und bewusst darauf ausrichten.

Leben hinter dieser Schicht von Wesen in der geistigen Welt vielleicht noch weitere, die noch feiner, noch subtiler sind? Ich erlebe diese Qualität in jenen Wesen, die sich nicht mehr auf den individuellen Menschen orientieren und dessen individuelle Biografie lenken, sondern die Menschen dazu inspirieren, in Freiheit zu Begeisterung und Schöpferkraft zu gelangen. Wenn wir uns ihnen öffnen können, wird ein kreativer Energiestrom in uns in Gang gesetzt, aus dem, so könnte man es ausdrücken, wir zu Mitschaffenden am irdischen Plan werden können. Öffnen wir uns ihnen, so nehmen wir ihre Kraft in uns auf.
Dies verleiht uns Flügel, wir geraten in einen *Flow*. Verschließen wir uns ihnen, so ziehen sie sich zurück und suchen eine andere Wirkungsmöglichkeit, um ihre Kraft in die Sphäre der Menschen

einströmen zu lassen. Es hinterlässt allerdings ein ziemlich leeres Gefühl, so von ihrer Energie abgeschnitten zu sein!
Ich bezeichne die Wesen dieser Rangordnung als *Inspiratoren*. In einer Terminologie, die an die christliche Tradition anknüpft, würde man sagen, sie gehören zu den *Erzengeln*.

4 Inspiratoren

Wenn wir erwachsen sind, meldet sich immer häufiger die Frage: Was will ich eigentlich mit meinem Leben anfangen? Wenn wir vierzig geworden sind, haben wir eine relativ ausgedehnte Zeit der Erfahrung im Arbeits- und Familienleben hinter uns. Am Beginn dieser Phase stand die Begeisterung der Zwanziger- oder Dreißigerjahre, doch nun ist der erste Schwung erlahmt. Wir haben eine große Vielfalt von Gesetzmäßigkeiten im Berufsleben, aber auch auf dem Feld der Beziehungen kennengelernt, und jetzt sind wir an dem Punkt angekommen, an dem eine weitere Vertiefung notwendig wäre. Nun kann sich die Frage, was wir *eigentlich* wollen, stärker zu Wort melden. In der großen Mittelperiode des Lebens kann dies manchmal durchaus zu Krisen führen, vor allem dann, wenn wir uns nie ernsthaft mit dieser Frage beschäftigt haben.
Womit hängt diese Frage zusammen, wenn wir sie aus der Perspektive der geistigen Wesen betrachten, die uns umgeben? Es ist eine Frage, die auf den Kontakt mit jenen Wesen zielt, die wir vor unserer Geburt als inspirierend erfahren haben. Diese Wesen bezeichne ich als Inspiratoren.

Vor der Geburt, oder genauer, bevor wir unsere jetzige Inkarnation angetreten haben, haben wir eine lange Zeit in der geistigen Welt verbracht. Dort haben wir dieses Leben vorbereitet. Zu den Dingen, die wir da vorbereiten, gehört auch, dass wir uns mit Begeisterung für die Erde durchdringen, und dass wir diese Begeisterung mit konkreten Vorsätzen in Bezug darauf erfüllen, was wir zur Entwicklung des Menschen und der Menschheit beitragen wollen. Jeder Mensch trägt eine solche Begeisterung in sich. Wir können diesen Vorsatz auch unter dem Nenner unserer »Lebensmission« zusammenfassen. Diese Mission wird hier zum Ideal, zum Motiv. Für den einen kann dies beispielsweise darin bestehen, dass er in seinem Leben daran arbeiten möchte, dass Gerechtigkeit Platz greift, ein anderer möchte sich humanitären Aufgaben widmen, ein dritter will klare Erkenntnisse entwickeln und diese verbreiten. Wieder andere möchten an der Erde arbeiten. Immer lässt sich die Mission in Begriffe fassen: Fürsorge, Gerechtigkeit, Ideen.

In der geistigen Welt sprechen wir nicht von Begriffen. Dort handelt es sich um *Wesen*. Ich stelle mir die vorgeburtliche Welt als eine Welt von Klängen vor, die zusammen eine himmlische Musik entstehen lassen. Jeder Klang durchzieht das Ganze und repräsentiert eine bestimmte Qualität. Und wir Menschen schweben durch diesen von Musik erfüllten Raum und empfinden gewisse Affinitäten zu bestimmten Klängen. Mit ihnen identifizieren wir uns über längere Zeit hinweg; wir lassen uns gewissermaßen von ihnen erfüllen. Wir werden Teil dieser Klänge, oder ein Klang wird ein Teil von uns. Doch dieser Klang ist die Wirkung eines Wesens, zum Beispiel des Wesens »Gerechtigkeit« oder »Wahrhaftigkeit«. Dieses Wesen ist in Liebe mit der Erde verbunden und möchte seine Kraft der Erde schenken, sodass die Menschheit in positivem Sinne etwas davon hat. Doch um seine Kraft der Erde schenken zu können, braucht es Menschen, die es dort repräsentieren wollen.

Wir sind nicht die Einzigen, die sich in dieser Sphäre bewegen, wir tun dies immer gemeinsam mit anderen Menschen. Mit ihnen fühlen wir uns verwandt, wenn wir ihnen später begegnen. Wir haben sozusagen ›dieselbe Schule‹ besucht.

In der Zeit, die der irdischen Geburt vorangeht, erfüllen wir uns mit göttlicher Kraft. Im Altgriechischen bezeichnete man dieses Phä-

nomen des Von-einem-Gott-erfüllt-Seins als *enthousia*, woraus dann unser Wort Enthusiasmus (Begeisterung) geworden ist.
Mit diesem Enthusiasmus werden wir geboren, doch zuvor haben sich diesem von göttlichen Kräften erfüllten Keim die Kräfte der Unterwelt zugesellt, der Welt der individuellen Gespenster und Dämonen.
Nach der Geburt beginnt unsere Entwicklung auf der Erde. Aus dem Baby wird ein Kleinkind, ein Kindergartenkind, ein Jugendlicher, schließlich ein Erwachsener. Während dieser langen Entwicklungszeit kann es vorkommen, dass der Enthusiasmus immer stärker von mühsamen Erfahrungen zugedeckt wird, wodurch er weniger erkennbar wird. Alle Normen und Erwartungen der Zeit, in der wir leben, wirken daran mit, aber auch alles, was wir von anderen hören und was gesellschaftlich gerade »in« ist. Doch im weiteren Verlauf unseres Lebens meldet sich die *enthousia* immer stärker zurück. Sie möchte einbezogen werden in das, was wir tun, sie möchte zum Ausdruck gebracht werden. So beginnt der Kampf um unsere Mission.

Die Wirkung der Inspiratoren lässt sich an vielen Einzelheiten wahrnehmen. Sie kann sich auf ganz unterschiedliche Weisen äußern, die manchmal durchaus auch verwirrend sein können. Es kann ein sanfter Anklang von Anteilnahme oder Mitgefühl sein. Es kann eine Form von Liebe sein, die wir spüren können, etwas, das über die Liebe hinausgeht, die wir zu einem bestimmten Menschen empfinden. Es ist eine Liebe zum Ganzen. Im Alltagsleben bezeichnen wir die Inspiration, die von diesen Wesen ausgeht, als Werte oder Ideale. Ich betrachte sie als eine Form kosmischer Energie, die uns in uns lebt und die sich befreien möchte. Sie will ihren Weg in die Welt finden, um dort als schaffende Energie wirksam zu werden. Wir sagten es bereits: Jegliche Energie ist eine Wirkung, die von *Wesen* ausgeht. So können wir hinter Werten und Idealen jeweils die Wirkung eines hohen Wesens vermuten, das seine Kraft über die Welt ausgießt, um

so in ›Reichweite‹ der Menschen zu sein und durch sie am weiteren Werden der Welt mitzuwirken.
Wir wollen unsere Suche nach der Welt der Inspiratoren mit einem Beispiel beginnen.

Anteilnahme

Ich ärgere mich immer, wenn ich sinnlose Dinge tun muss. Bei meiner Arbeit ist das zum Beispiel stets dann der Fall, wenn ich irgendetwas nur aus verwaltungstechnischen Gründen tun muss und den Sinn des Ganzen nicht recht begreife. Zeitaufstellungen zum Beispiel. Ich muss immer genau festhalten, was ich den ganzen Tag über tue. Eigentlich muss ich über jede einzelne Minute Rechenschaft ablegen. So ist das Gesundheitswesen heute eben organisiert. Schön für den Manager, der nun genau kontrollieren kann, was ich leiste. Oder für die Versicherung, die dann genau weiß, welchen Aufwand ich für welchen Patienten ansetze. Doch mich kostet das eine Menge Zeit und Aufmerksamkeit, die mir bei der Betreuung der Patienten fehlt.
Warum ich mich darüber so aufrege? Weil ich es auf der einen Seite schade um meine Zeit finde. Außerdem bin ich auch nicht gut in Verwaltungsdingen. Aber ich mache mir auch Sorgen. Sorgen darüber, dass unser Gesundheitswesen immer mehr zu einer reinen Zahlenangelegenheit wird und dass die wirkliche Fürsorge für die Kranken auf der Strecke bleibt. Und diese Fürsorge ist etwas so Wertvolles für mich! So viele Menschen brauchen sie, doch sie kommen immer stärker unter die Räder.

Hier begegnen wir jemandem, der sich ärgert. Ärger kann ein Anknüpfungspunkt sein, wenn wir der Wirkung der Inspiratoren auf die Spur kommen wollen. Wie ist das möglich? Begegneten wir dem

Ärger nicht gerade, als wir die Wirkung der Dämonen betrachteten? In der Tat. Doch hier beschreiten wir einen anderen Weg. Wir beginnen bei dem Ärger, den der Betreffende fühlt, wenn er seine Pflichten treu erledigen muss. Das fällt ihm schwer, und er liebt diese Tätigkeit nicht. Wenn er nicht aufpasst, kann ihn der Ärger übermannen. Dann wird er zum Nörgler, er wird unzufrieden, und irgendwann wird er die Motivation für seine Arbeit verlieren. Der Ärger ist dann zum Dämon des Grolls geworden. Häufig sieht man exakt diesen Verlauf bei Menschen, die eine Burn-out-Störung bekommen.

Betrachten wir den Vorgang wiederum aus der Perspektive der Seelenwelt, so sehen wir, wie dieser Mann mit seinem Magenchakra die Wirkung einer Kraft wahrnimmt, die ihn stört. Es ist die zwingende Kraft der Kontrolle. Dahinter lässt sich als Wesen das »Kontroll-Gespenst« erleben. Es flüstert uns ein, dass die Tätigkeiten aller Mitarbeiter, wenn wir alles akribisch erfassen und verwalten, besser kontrollierbar werden und dass sich dadurch die Organisation verbessern wird. Der Mann in unserem Beispiel nimmt unbewusst wahr, dass es sich hier im Grunde nicht um eine Qualitätsverbesserung handelt, sondern um die Illusion, es ließe sich durch diese Art administrativer Kontrolle bessere Qualität erzwingen. Er nimmt das dahinterstehende Gespenst besonders deutlich war, weil er einst, in der geistigen Welt, ebenfalls mit dieser Kraft konfrontiert war. Er nahm sie dort gewissermaßen aus der Ferne war, und er machte sich klar, dass sie ihm auf der Erde zweifellos häufig begegnen werde, weil sie das Gegenbild derjenigen Kraft darstellte, die ihn mit Idealen erfüllte.

In der Geistwelt sehen wir eine noch höhere Ebene. Diese Ebene erreichen wir, wenn wir uns die Frage stellen: Was ist es, das uns daran so besonders berührt, warum zieht ausgerechnet dieses Phänomen uns so stark an? Diese Frage kann zu dem Bewusstsein führen, dass dem Betreffenden in der Pflege der persönliche Kontakt besonders wichtig ist. Und dass ihre Qualität auf dem Spiel steht, wenn er zu viel Aufmerksamkeit für Dinge opfern muss, die nicht unmittelbar mit ihr zusammenhängen. Dann zeigt sich, dass der Betreffende sich aufregt, weil er in seiner Liebe, in seinem Wert geschwächt wird.

Wenn ein Mensch einen bestimmten Wert oder ein Ideal besonders liebt, wird er an dieser Stelle auch verwundbar. Liebe macht uns verwundbar; auch die Liebe zu einer bestimmten Qualität macht uns verwundbar, sobald sie fehlt. In der Geschichte dieses Mannes schwingt das im Hintergrund mit: Er engagiert sich besonders stark für Menschen, die in Not sind. Er findet, dass diese Menschen mit Recht seine Fürsorge in Anspruch nehmen, und er fühlt sich in seinem Willen, ihnen diese Fürsorge zuteil werden zu lassen, blockiert. Dieser aufgestaute Wille ruft den Ärger hervor. Er entsteht, weil sich ein Strom von Energie, von Anteilnahme und Fürsorge von ihm in seine Umgebung ausgießen möchte. Er kann sich dessen bewusst werden, weil er sich übermäßig ärgert.

So sehen wir, wie diesem Mann in der physischen Welt die Verpflichtung auferlegt wird, administrative Tätigkeiten zu erledigen. Vollziehen wir seine Wahrnehmung anhand seines Ärgers nach, so sehen wir, wie er in der Seelenwelt einem Gespenst begegnet.

Und wie stellt sich dies in der Geistwelt dar? Dort sehen wir, wie er einst, im vorgeburtlichen Leben, lange bevor er sich mit seinem stofflichen Körper verband, in einer Sphäre inspirierender Geister lebte, die ihn mit seiner Mission durchdrangen. Sein Ärger kann in ihm ein Bewusstsein dafür wachrufen. Und dies wiederum kann ihm helfen, einen Schritt in Richtung seines Inspirators zu vollziehen.

Spontane Initiativen

Um uns der Wirkung der Inspiratoren bewusst zu werden, können wir auch an andere Erfahrungen anknüpfen. Dazu versuchen wir diejenigen Momente zu finden, in denen die Wesen, die wir suchen, sich für Momente manifestieren. Wir können bei Augenblicken verweilen, in denen wir spontan eine Initiative ergriffen. Danach können wir betrachten, ob sich in diesen spontanen Initiativen eine Linie, ein roter Faden finden lässt.
Spontane Initiativen erfließen häufig aus der Sphäre des Inspirators. Die Energie in uns, die ihren Ursprung in seiner Wirkung hat, beginnt gewissermaßen zu brodeln und sucht sich einen Weg nach draußen. Häufig lässt sich am Verlauf einer Biografie beobachten, dass auch in den spontanen Initiativen, die ein Mensch ergreift, eine Entwicklungslinie liegt.

Beim Suchen nach dem Inspirator können wir uns fragen: Was ist der Kern, das Wesentliche in dem, was wir mit unseren Initiativen schaffen wollen? Häufig steckt in solchen Initiativen auch ein persönliches Interesse oder ein gewisses persönliches Gewinnstreben. (Gewinn ist hier im Sinne von Aufmerksamkeit, Leistung, Stärkung des Eigenwertgefühls oder auch als Wunsch nach Beliebtheit gemeint.) Dies kann sich beim Handeln störend auf unser Freiheitsgefühl auswirken und bringt einen gewissen ›Beigeschmack‹ ins Spiel. In solchen Fällen lebt die Initiative noch teilweise im Bereich der Seelenwelt und wird durch die Wirkung einiger Verführer getrübt. Um ihre Wirkung im Bewusstsein von der des Inspirators zu unterscheiden, können wir uns fragen: Warum entscheiden wir uns gerade für diese oder jene Art von Gewinn, den wir erstreben? Warum entscheiden wir uns nicht für einen anderen Inhalt? Dies kann dazu führen, dass wir die Initiativen, die wir unter dem Einfluss eines Verführers ergreifen, nicht weiter verfolgen, weil wir den Schluss ziehen müssen, dass wir mit unserem wahren Wesen nicht ausreichend damit verbunden sind. Es kann auch dazu führen, dass wir zu einer klareren Sicht auf das gelangen, was an einer bestimmten Initiative für uns wirklich von wesentlicher Bedeutung ist. Dann vertieft sich der Impuls.

Befriedigung

Eine dritte Erfahrung, an die sich anknüpfen lässt, sind die Momente, in welchen wir Befriedigung erlebt haben. Es geht hier nicht um das Gefühl des Stolzes oder der Zufriedenheit, sondern um ein tieferes Befriedigtsein. Beim Stolz redet immer das Ego ein Wörtchen mit. Befriedigung hingegen zeugt eher davon, dass wir selbst auch von dem erfüllt sind, was sich ereignet hat.
Aus einer Inspiration heraus tätig sein bedeutet, dass wir uns für ein Ziel einsetzen, das über unsere persönlichen Interessen hinausgeht. Das Wesen, das uns inspiriert, ist ein Wesen höherer Ordnung, als es die Engel sind. Die Verantwortung des Engels besteht in der Steuerung des individuellen Lebenslaufes eines Menschen. Um dies zu bewerkstelligen, sorgt er dafür, dass beispielsweise Elemente des Karmas aus der Vergangenheit im richtigen Augenblick in unserem Leben zur Geltung kommen. Die Inspiratoren, die wir hier meinen, konzentrieren sich nicht auf einen einzelnen Menschen, sondern auf eine *Gruppe*. Diese Menschengruppe steht durch die mit ihr verbundene Inspiration für ein gemeinsames Ziel; ihre Zusammenarbeit speist sich aus dieser gemeinschaftlichen Inspiration. Diese Zusammenarbeit erfordert es, dass individuelle Interessen hinter den Gruppeninteressen zurücktreten. Das verlangt häufig Mut und eine gewisse Opferbereitschaft.

Immer wenn wir einen Impuls zu einer Handlung empfinden, wenn wir in eine Situation geraten, die uns die Chance bietet, für unsere

Werte, unsere Ideale einzustehen, verstärkt sich die Verbindung mit dem Inspirator. Wir fühlen, wie sich in uns ein Impuls Bahn bricht. Dann spüren wir die Energie aus dem Kosmos, die in uns aufleuchtet. Manchmal ist das ein unerwartetes Gefühl, etwas, mit dem wir überhaupt nicht gerechnet haben, und wir fragen uns: Warum sollte ich das tun? Warum sollte ich mich dafür einsetzen? Dies sind Fragen, die einen gewissen skeptischen Unterton haben. Eigentlich liegt unsere Antwort bereits in ihnen, und diese lautet: Lass es bleiben!
Wenn wir eine ungetrübte Antwort auf solche Fragen suchen, würden wir uns möglicherweise sagen: »Ich bin ein Mensch, der sich einst vorgenommen hat, sich für dieses Ziel einzusetzen, für diese Werte einzustehen. Darum komme ich jetzt in Bewegung. Niemand verlangt es von mir. Jedenfalls niemand in der Menschenwelt. Aber über mir, in der geistigen Welt, wird darauf geblickt. Dort wird gehofft, dass ich mich in Bewegung setzte. Ich will die Aufgabe in ihrem Sinne ergreifen!«

Wenn wir davon ausgehen, dass hinter jeder Kraft ein Wesen steht, so können wir dieses in folgender Weise ins Bild bringen: Wenn wir uns mit einem bestimmten Ziel identifizieren, sprechen wir davon, dass wir »für etwas einstehen«. Häufig offenbart die Sprache überraschend konkret Tatsachen, die höheren Erlebnissen entsprechen. Nehmen wir dieses »einstehen« ernst, so müssen wir sagen: Wenn wir für ein bestimmtes Ziel einstehen, so steht dieses Ziel hinter uns. Und hinter diesem Ziel wiederum steht ein Wesen, der Inspirator. Er steht also hinter uns. Und wenn wir uns klarmachen, dass jemand hinter uns steht, der uns unterstützt, der uns anspornt, der gerne möchte, dass wir etwas in seinem Namen tun, so kann uns das zusätzliche Tatkraft verleihen. Der Inspirator verleiht uns gewissermaßen »Rückendeckung«.
Manche Menschen erleben so etwas fast körperlich. Sie spüren, wenn sie sich darauf konzentrieren, einen Energiestrom, der seinen Ur-

sprung weit hinter ihnen hat und der zwischen den Schulterblättern in sie einströmt. Dieser Energiestrom fließt in das Herz. Dort wird er aufgenommen und zu Herzenskraft. Man bekommt »ein Herz für« etwas. Das Herz kann diese Energie teilweise in körperliche Wärme umsetzen. Diese Wärme vermittelt es dem Blut, wodurch sich auch unser Körper erwärmt. Ein anderer Teil dieser Energie kann in der Seele als Herzenswärme im sozialen Leben wirksam werden. Dann werden wir »herzlich«, dann schlägt unser Herz höher für die Sache. Beide Ströme, der Strom, der in Form von Wärme in den Körper fließt, und derjenige, der sich mehr seelisch als Engagement und Anteilnahme äußert, müssen gepflegt werden. Bleibt die Kraft nur in der Seele und verbindet sich nicht mit dem Körper, führt dies zur Erschöpfung. Dann rennen wir einem Ideal hinterher, bis wir ermüdet aufgeben. Bei der Entstehung des Burn-out-Syndroms spielt dies eine wesentliche Rolle.

Wie steht es nun mit der persönlichen Freiheit, die uns in Bezug auf einen solchen Inspirator noch bleibt? Müssen wir der Energie tatsächlich folgen, von der wir uns erfüllen lassen? Wenn wir uns vor der Geburt mit einem bestimmten Ideal identifiziert haben, müssen wir es dann tatsächlich verwirklichen? Wo bleibt dann die Freiheit unseres Ich?
Es besteht ein Spannungsfeld zwischen der Freiheit, die wir hier auf der Erde, in unserer irdischen Erscheinungsform haben, und dem, was wir uns in der geistigen Welt einst vorgenommen haben, noch bevor wir uns mit unserem Erdenleib verbunden haben. Auch damals hatten wir eine gewisse Freiheit, allerdings auf einer mehr geistigen Ebene. Es war unsere freie Entscheidung, uns wiederum mit der Erde zu verbinden und eine neue Inkarnation anzutreten. Diese Entscheidung haben wir in einem Zustand getroffen, der von einem völlig anderen Bewusstsein als dem bestimmt war, das wir hier auf Erden haben. Dieses Bewusstsein war ein kosmisches, und

die Entscheidungen, die wir dort trafen, wurden in einer Sphäre der intensiven Verbindung mit dem großen Projekt der Menschwerdung getroffen, das die geistige Welt verfolgt. Aus diesem Bewusstsein heraus haben wir uns freiwillig mit der Sphäre des Inspirators verbunden. All das ist in unser Unterbewusstsein hinuntergesunken, und darum wissen wir nichts mehr davon. Es ist wie ein Entschluss, den wir in der Vergangenheit gefasst und den wir vergessen haben. Er wirkt aber wie eine Erinnerung weiter, vor allem in den Momenten, in denen etwas geschieht, das mit jenem Vorsatz, jenem Entschluss zusammenhängt.

Dieser Vorsatz im Unbewussten ist mit dem Geistwesen verbunden, von dem er einst ausgegangen ist. Dieses Wesen steht hinter uns, es wirkt ›von hinten‹ aus der geistigen Welt auf uns ein. Dadurch wird die Kraft unseres Vorsatzes in uns genährt.

Wir können dieses Tor, durch welches der Inspirator wirkt, auch geschlossen halten. Auch diese Freiheit haben wir. Dann ist diese Kraft in uns nicht mehr fühlbar, und sie kann verkümmern. Doch sie ist auch eine unserer Energiequellen. Wenn diese Quelle ihren Zufluss verliert und nicht mehr ausströmen kann, fehlt uns auch ihre Energie. Dies kann ebenfalls zu Übermüdungsphänomenen führen.

Nicht jeder Mensch öffnet sich ohne Weiteres der Wirkung seines Inspirators. Es hat ja durchaus auch etwas Unheimliches, Ja zu ihm zu sagen. Er ist so groß, dass wir häufig eine gewisse Scheu, einen gewissen Schauder vor ihm empfinden. Es ist nicht so sehr Angst als vielmehr eine Art Furcht. »Ein solches Ideal, eine solche Aufgabe ist nichts für mich; das ist eher etwas für wirklich wichtige Menschen. Ich bin zu klein, zu gering dafür!« Bekannt ist auch die folgende Reaktion: »Wer bin ich, um von mir selbst zu glauben, dass ich dazu fähig wäre?« Wir stoßen hier wieder auf den bereits genannten Schauder: das Zurückschaudern davor, mit einer größeren Aufgabe betraut zu sein. Dennoch verdient die Frage eine Antwort. Sie kann in folgender Richtung liegen: »Wer du bist? Du bist ein Mensch, der sich von diesem Thema aufgerufen fühlt, sich zu engagieren. Du kannst hier etwas tun, du kannst eine neue Realität schaffen! Es ist eine Chance für dich und für andere!«

Wir wollen versuchen, dies noch einmal aus der Perspektive der geistigen Welt zu betrachten. Wie sieht der Prozess der Inspiration aus deren Warte aus?

Der Inspirator ist in großer Liebe mit der Entwicklung der Menschheit verbunden. Er webt eine zarte sensible geistige Sphäre der Liebe und der Anteilnahme um die Erde. In dieser Sphäre lebt seine spezifische Kraft. So ist die Erde von einer gewaltigen Aura aus Enthusiasmus umgeben.

Menschenseelen auf dem Weg zu ihrer nächsten Erdenverkörperung verweilen eine gewisse Zeit lang in seiner Sphäre, und er erfüllt sie mit Geistkraft. Dadurch entsteht eine Verbindung zwischen dem Inspirator und Gruppen von Menschen. Er hofft auf eine Zusammenarbeit, die sich im irdischen Dasein realisieren wird. Die zu ihm gehörigen Menschen geraten im Erdendasein zunächst in einen Prozess der Verdichtung. Dadurch verliert er für einen gewissen Zeitraum, nämlich in der Jugendzeit, den Kontakt mit ihnen. Wenn sie erwachsen geworden sind, sieht er die Öffnungen, die in ihrer Aura entstehen, durch die er seine Kraft einströmen lassen kann. Das ist das Tor zwischen ihren Schulterblättern. Er hofft darauf, dass seine Kraft aufgenommen wird und sich auf der Erde verwirklichen kann.

Wenn Menschen für ein Ideal einstehen und seine Kraft in sich aufnehmen, so erzeugt das Freude in der geistigen Welt. Tun sie es nicht, so kann die Energie des Inspirators nicht mehr durch sie in die Welt einströmen. Dann wird er sich allmählich zurückziehen und sich vor allem auf jene Menschen konzentrieren, die sich seiner Kraft öffnen. Für die betreffenden Menschen kann das in der Form spürbar werden, dass sie sich nicht länger mit ihren Energiequellen verbunden erleben, was zu einem (unbewussten) Verlustgefühl führen kann.

Die Inspiratoren wie auch die Engel kennen das Dilemma des Menschseins. Der Mensch ist seinem Ursprung nach ein Geistwesen. Dieses Geistwesen hat sich im Laufe seiner Entwicklung seinem Ursprung entfremdet. Das bedeutet nicht, dass dies eine schlechte Entwicklung wäre, denn es lag von Anfang an in der Bestimmung des Menschseins. Nur aus dieser Abschnürung heraus konnten die Menschen in Freiheit ihre eigene geistige Seite aufs Neue entwickeln.
Diese Menschen laufen dann als blinde und taube Wesen auf der Erde herum. Sie sind blind und taub für die geistige Welt. Die geistigen Wesen blicken voller Verwunderung darauf: Wie ist es bloß möglich, dass diese Menschen häufig dennoch ihren Weg finden, obwohl sie nicht wirklich sehen können, was um sie herum von den Verführern bewirkt wird, und ohne dass sie erkennen können, wie sich dieser Kampf in der Seelenwelt in Wirklichkeit darstellt? Dies ruft in der Welt der Geistwesen großen Respekt hervor; und immer dann auch große Freude, wenn Taten vollbracht werden, die weiterführen.

Inspiration aus der geistigen Welt regt uns zum Handeln an. Wir schaffen etwas durch unsere Handlungen. Wir arbeiten schöpferisch an der Welt, und durch unsere liebevolle Aktivität arbeiten wir auch schöpferisch an uns selbst.
Was entsteht in uns, wenn wir an uns selbst arbeiten? Wenn wir uns entwickeln wollen, arbeiten wir schöpferisch an der eigenen Seele. Wir können neue Eigenschaften entwickeln, und alte Eigenschaften, die wir nicht mehr haben möchten, können verschwinden. Wenn wir einem Verführer Raum in uns geben, lassen wir dessen Qualität

in unsere Seele ein. Gehen wir die Verführung aktiv an, so schaffen wir eine neue Ordnung in der Seele. Fühlen wir uns als Opfer des Lebens oder einer Krankheit, so schaffen wir Grauzonen in der Seele. Bleiben trotz aller Widerwärtigkeiten positiv, sammeln Erfahrungen und bleiben Lernende, schaffen wir Licht in der Seele. All das Licht, das wir in unserer Seele entwickeln, wirkt so, dass es die dunklen Teile in ihr auflöst.
Wir haben bereits dargestellt, wie diese Dinge auch auf den Körper wirken; wir arbeiten über den Umweg der Seele auch gestaltend am Körper. Und so wirkt sich alles, was wir in der Seele tun, unmittelbar auf den Körper aus.

Dinge, Bestimmungen, Gedanken

Wir können auf drei Gebieten schaffend aktiv sein: im Gebiet der Gedankenbildung, in der Welt der Gefühle und Stimmungen sowie in der Materie.
Das Bilden neuer Gedanken vollzieht sich häufig in der Stille der Innenwelt. Wenn sie ausgereift sind, können sie ausgesprochen und in die Welt gebracht werden. Das Ganze ist ein philosophischer Prozess. Wenn ich mich mit der französischen Revolution beschäftige, lese ich immer gern die Philosophen Voltaire und Rousseau. Sie haben sich intensiv damit beschäftigt, Gedanken zu den Perspektiven des Menschen und der Gesellschaft der Zukunft zu entwickeln. Sie sahen den Menschen als ein Wesen, das in Freiheit geboren ist und die Möglichkeit zur freien Entwicklung haben muss, unabhängig von dem Ort und dem Milieu, in das er hineingeboren wurde. In einer Zeit, in der die ständische Gesellschaft noch eine Selbstverständlichkeit war, als es also lebensentscheidend war, ob man als Kind in ein adliges oder ein bürgerliches Milieu hineingeboren wurde, war dies ein völlig neuer Gedanke. Diese Neuschöpfung, die wir heute als den

Gedanken der Aufklärung kennen, war die Frucht der Inspiration einiger Menschen, die in einer Zeit lebten, in der dieser Gedanke besonders fruchtbar konkretisiert werden konnte.

Menschen, die eine besondere Inspiration zum Schaffen einer bestimmten Atmosphäre haben, haben es häufig schwer. Sie haben nicht direkt eine Berufsausbildung, weil es hierbei gar nicht um etwas Berufsmäßiges geht. Eine solche Schöpfung hängt mit dem Menschen als solchem zusammen, nicht mit einem Beruf. Es ist kaum sichtbar, was der Betreffende tut. Es wird nur dann bemerkt, wenn er nicht anwesend ist. Häufig gehört dazu das Gefühl, verkannt zu werden. Doch diese Menschen sind es oft, die dafür sorgen, dass andere sich wohl fühlen, dass sie zu ihrem Recht kommen oder besonders die Dinge tun und aussprechen können, die für sie wichtig sind.

Ich hatte eine Sekretärin, die von Natur aus ziemlich langsam war. In meinem Beruf war das oft hinderlich, vor allem, wenn es hektisch zuging. Da wurde ich schon mal ungeduldig. Dabei übersah ich aber, dass gerade sie diejenige war, die dafür sorgte, dass andere Menschen durch diese Hektik nicht in Panik gerieten. Ohne ihre Gegenwart, ja vielleicht auch gerade durch dieses Phlegma, wäre manches nicht so reibungslos verlaufen.

Eine ähnliche Fragestellung hat sich auf dem Gebiet der Pflege entwickelt. Pflegen ist eine Qualität, die etwas über die Stimmung aussagt, in der die Dinge geschehen. Pflege hängt mit Aufmerksamkeit zusammen und mit dem Gefühl, Zeit zu haben. In der heutigen Krankenpflege werden – wir sahen es bereits – viele Verrichtungen quantifiziert: Das Waschen eines Patienten benötigt eine bestimmte Zeit, Hilfe beim Anziehen von Stützstrümpfen erfordert ebenfalls eine durchschnittliche, genau quantifizierbare Menge an Zeit. Wenn

»Pflege« nach solchen Kriterien definiert wird, verliert sie ihre ureigene Qualität und wird zur bloßen Handlung. Für die Menschen, die im Pflegebereich arbeiten, weil es ihnen um die schöpferische Qualität geht, bedeutet das eine Verschiebung, die sie ihrer eigentlichen Motivation immer mehr entfremdet.

Das Schaffen im Bereich des Stoffes ist das echte, physische Bauen. Es geht darum, etwas Materielles herzustellen, wie zum Beispiel einen Tisch, ein Haus, ein Kunstwerk. Oder ein Stück Land wird so stark kultiviert, dass etwas darauf wachsen kann, oder es bildet sich eine typische Landschaftsgestalt. Die Materie wird umgearbeitet und unter die Kontrolle des Menschen gebracht. Was zunächst ungeformter Stoff war, erhält eine Form, die brauchbar und schön sein kann.
Auch Menschen mit einer solchen Inspiration haben es in unseren Breiten häufig schwer. Das Handwerk ist nicht unbedingt etwas Populäres. Industriell hergestellte Möbel sind häufig billiger als handwerklich gefertigte, und viele Menschen entscheiden sich dafür, Möbel aus der Fabrik zu kaufen. Dasselbe gilt für Kunstwerke: Originalkunst ist viel teurer als eine gute Kopie oder eine Reproduktion.

Aus Inspiration heraus tätig zu sein, wirkt gesundend auf die Seele und den Körper. Sprechen wir andere auf ihre Inspiration an, wirkt dies gesundend auf deren Seele und Körper. Hier liegt eine gesellschaftliche Herausforderung: den anderen auf das hin anzusprechen, wozu er fähig ist.
Schaffend tätig sein können wir auf unterschiedlichen Ebenen. Bedeutende Menschen schaffen Gedanken – beispielsweise in der Philosophie –, deren Nachvollzug viele Menschen über lange Zeit hinweg beschäftigen kann. In vielen Philosophiebüchern wird noch immer auf Aristoteles und Plato zurückgegriffen, zwei Menschen, die auf dem Gebiet der Gedankenbildung Großes geleistet haben.

Es gibt nur wenige Denker dieses Kalibers. Doch nicht jeder braucht ein Aristoteles oder Plato zu sein. Das Werk solcher schöpferischer Individualitäten kommt erst zu seinem Recht, wenn es durch viele kleinere Individuen weitergetragen wird. Es ist genauso sinnvoll, auch auf einer begrenzten Ebene schöpferisch mit Gedanken umzugehen. Dies tun wir auch dann, wenn wir ein Gespräch mit anderen führen und dabei einen bestimmten Gedanken ins Spiel bringen. Dieser Gedanke kann eine neue Bewegung auslösen, sei es bei uns selbst oder einem anderen:

Ich war vor kurzem bei einem Freund zu Besuch. Er war krank und fühlte sich elend. Er fragte sich, warum er gerade jetzt krank geworden war. »Was habe ich falsch gemacht?« Ich wandte ein, dass dieser Gedanke vielleicht falsch oder zumindest einseitig sei. Kann man sich nicht genauso gut die Frage stellen, welche sinnvolle Erfahrung einem diese Krankheit gerade in diesem Moment vermitteln will? Man beobachtet es doch öfter, dass Menschen sich gerade durch Krankheiten entwickeln, und dass sie später dankbar auf einen solchen Lebensabschnitt zurückblicken. Diesen Gesichtspunkt könnte er doch auch jetzt anwenden! Darüber hatte er noch gar nie nachgedacht, er empfand den Gedanken als eine Herausforderung! Das Gespräch verlief dadurch überraschend angenehm; später erzählte mir mein Freund, dass es ihm tatsächlich weitergeholfen hatte.

Der Gedanke, der hier ausgesprochen wurde, war keineswegs neu, und er war auch nicht zum ersten Mal von demjenigen, der ihn aussprach, formuliert worden. Das, was neu war, lebte in diesem Augenblick zwischen diesen beiden Menschen.

Immer, wenn etwas geschaffen wird, ist daran ein Mensch beteiligt, der etwas in einer bestimmten Weise tut. Er hat ein Motiv dafür, einen Beweggrund. Hinter dem Begriff oder der Vorstellung steht in der geistigen Welt ein Wesen, ein Wesen, das uns motiviert, das uns inspiriert, dies zu tun. Wir können an die Handlungen anknüpfen, die wir inspiriert und in Freiheit vollbringen, um zu einer Ahnung des inspirierenden Wesens zu gelangen, das uns zu ihnen motiviert. Mit der nachfolgenden Meditationsübung können wir uns näher an das Erlebnis dieses Wesens herantasten.

Meditation

1. Sie gehen in ihrer Erinnerung zu einem Moment zurück, in dem Sie sich geärgert haben. Sie stellen sich die Situation lebendig vor das innere Auge. Geben Sie dem Gefühl des Ärgers in sich Raum.
2. Jetzt fragen Sie sich: »Was ist es, das mich so ärgert?«
   Finden Sie Worte oder eine Geste dafür.
3. Was ist das Gegenteil dessen, was Sie so beeinträchtigt hat? Welcher Wert/welche Wertvorstellung wurde dabei berührt? Geben Sie ihm/ihr einen Namen, suchen Sie ein Wort dafür.
4. Fühlen Sie, wie wichtig dieser Wert für Sie ist. Stellen Sie sich vor, wie die Welt aussehen würde, wenn dieser Wert ungehindert wirksam sein könnte, und auch, wie die Welt ohne diesen Wert aussähe.
5. Nun stellen Sie sich vor, dass hinter diesem Wert ein Wesen steht, das liebevoll die Kraft dieses Wertes repräsentiert. Das ist derjenige, der Ihnen diesen Wert gab. Seine Frage an Sie lautet, ob Sie ihn Ihrerseits repräsentieren wollen.
6. Danach stellen Sie sich vor, dass dieses Wesen hinter Ihnen steht und dass seine Kraft durch Ihren Rücken in Sie einstrahlt. Ihr Herz nimmt sie auf und gibt sie als Begeisterung an Ihre Seele weiter sowie als Wärme an Ihren Körper. Vielleicht wollen sie dem Wesen etwas mitteilen?

7. Sie nehmen wieder Abschied von dem Wesen, doch ohne dabei seine Wirkung in Ihrem Körper und in Ihrer Stimmung zu verlieren.

Sie können auch einen anderen Einstieg in diese Meditation wählen:

1. Sie begeben sich in Ihrer Erinnerung zu einem Moment, in dem Sie große Befriedigung empfanden.
2. Sie fragen sich: »Welche Qualität war es, an der ich gerade diese Befriedigung erlebt habe?« Geben Sie ihr einen Namen, suchen Sie ein Wort dafür.
3. Nun gehen sie zu Schritt vier und setzen die Übung dort fort.

Wenn Sie diese Meditation über längere Zeit regelmäßig pflegen, beispielsweise einmal täglich, werden Sie in Ihrer Seele das Sinnesorgan erwecken, mit dem Sie die Wirkung der Inspiratoren wahrnehmen können.

5 Volksgeist

Einen besonderen Rang unter den Inspiratoren nimmt der Volksgeist ein. Dies ist das geistige Wesen, das einem Volk die Inspiration verleiht, in sich selbst eine bestimmte Qualität zu entwickeln und diese auf die Umgebung ausstrahlen zu lassen. Der Volksgeist ist die Kraft, die ein Volk zu einem Ganzen macht. Dieses Ganze äußert sich in einer gemeinsamen Sprache und in gemeinsamen Gewohnheiten. Zusammen bilden sie die Kultur des Volkes. Innerhalb dieser Kultur kennen die Menschen die Grundmuster, wie man miteinander umgehen muss. Als Kind nimmt man diese Gewohnheiten schon in frühester Jugend wie selbstverständlich in sich auf.

Man erkennt die Wirkung des Volksgeistes immer dann besonders deutlich, wenn ein Volk in der Geschichte in den Vordergrund zu treten beginnt. Dann lebt es seine Mission aus und entwickelt neue Eigenschaften, neue Qualitäten. Durch seine Kontakte mit anderen Völkern kann diese Wirkung bis in die weitere Umgebung ausstrahlen. So sehen wir, wie im Laufe der Geschichte immer wieder neue Inspirationen von bestimmten Ländern und Völkern ausgehen. Nach einer gewissen Zeit kann es den Anschein haben, dass diese Mission erschöpft erscheint, und das Volk sich wieder stärker auf sich selbst zurückzieht. Oder vielleicht sollte man zutreffender sagen: Es scheint, als habe es seine Kraft nach außen hin ausgelebt, orientiere sich nun wieder für eine gewisse Zeit stärker nach innen und könne Energie von anderen empfangen.

An dieser Stelle müssen wir uns allerdings klarmachen, dass dieses Sichtbarwerden eines Volkes nicht ausschließlich von seinem Volksgeist, einem hohen Wesen also, inspiriert zu sein braucht. Es kann gleichzeitig auch dessen »Schatten« auftreten. Dann kann sich das Volk in einer negativen und destruktiven Weise manifestieren. Genau wie beim individuellen Menschen sind hier sowohl die hohen Mächte als auch die verführenden wirksam. Sie wirken auch hier gleichzeitig, und das macht es durchaus schwierig, den Unterschied immer klar zu erkennen.

Das Phänomen des Nationalismus erlebe ich überwiegend als ein Beispiel für eine negative Inspiration, die von einem »gefallenen Volksgeist«, einer Art Volksgespenst oder Volksdämon, ausgeht. Der Nationalismus beruft sich auf das eigene Volkstum. Dabei wird nicht die Frage gestellt, was dieses Volk anderen Völkern schenken könnte – dies wäre ein Ausdruck der hohen, positiven Inspiration. Nationalismus wirkt meistens auf Kosten anderer.

Wenn ich durch die Brille der Volksgeistwirkung die Zeitung lese und auf die unterschiedlichen Länder und ihre Wirkung blicke, gelange ich zu folgenden Vermutungen:

Die Amerikaner sind in unserer Zeit ein Volk, das eine gewichtige Stellung einnimmt. Worin liegt die Kraft dieses Volkes? Es ist höchstwahrscheinlich der Unternehmergeist, wie ihn die Amerikaner so beeindruckend darleben. Er hat dazu geführt, dass sie so reich geworden sind, dass ihre Wirtschaft so gut florierte und dass sie trotz der Kriege, die sie geführt haben und führen, dennoch wirtschaftlich, wissenschaftlich und kulturell stabil und auf hohem Niveau geblieben sind. Wie steht es nun bei diesem Volk mit dem *Verführer*? Da erlebe ich beispielsweise die Eitelkeit: *Wir Amerikaner sind die Besten und die Stärksten. Lieber selbst handeln und nicht mit anderen verhandeln. Wir können das aus eigener Kraft*. Auch Habgier, Gier und Faulheit haben Einzug gehalten. Wir stießen bereits darauf, als wir

das Problem der Fettsucht betrachteten, die gerade in Amerika ein alarmierendes Ausmaß angenommen hat.
Auch in Frankreich hat das Thema der Eitelkeit im Laufe der Geschichte eine große Rolle gespielt. In etlichen Kriegen ging es mehr um die Ehre als um den Sieg. Der Hundertjährige Krieg ist ein Beispiel dafür. Auf der anderen Seite hat das französische Volk eine große Rolle gespielt bei der Verbreitung des Bewusstseins vom Menschen als *Individuum*, das sich unabhängig von seiner Herkunft entwickelt. Wir sprachen bereits im Zusammenhang mit dem Gedanken der Aufklärung darüber. Wiederum sehen wir einen Verführer und zugleich eine hohe Inspiration.
Der niederländische Volksgeist inspiriert dazu, dem Thema der Freiheit Gestalt zu verleihen. Wir Niederländer suchen beispielsweise nach bestimmten Formen und Graden von Freiheit im Umgang mit Schwangerschaft und Tod. Dies macht Themen wie Abtreibung und Euthanasie bei uns immer so aktuell. So sind die Niederlande für andere Länder zum Beispiel dafür geworden, wie eine Gesetzgebung zum Thema Euthanasie gestaltet und im Lauf der Jahre wieder korrigiert werden kann. Zunächst wurde um die Freiheit gekämpft, Euthanasie praktizieren zu dürfen. Später wurde daraus eher die Suche danach, wie verhindert werden kann, dass es überhaupt so weit kommt, dass Euthanasie notwendig ist. Dies führte wiederum zu einer Verstärkung der Palliativmedizin, dem Umgang und der Behandlung von Schmerzen und anderer Probleme im Umkreis des Todes. Und heute tritt das Thema der freien Wahl des Todeszeitpunkts in den Vordergrund. Es geht um die freie Entscheidung, während des Sterbeprozesses selbst den Moment zu bestimmen, in dem wir aufhören zu essen und zu trinken und so die Regie unseres Sterbeprozesses selbst in die Hand zu nehmen.

Können auch Volksgeister eine Entwicklung durchmachen? Können sie sich mit einem Volk oder einem Land verbinden und es später wieder loslassen? Eine interessante Fragestellung, mit der wir einmal auf die neu entstandene Zusammenarbeit innerhalb der EU blicken können. Zunächst wurde primär eine Wirtschaftsgemeinschaft angestrebt. Aber im Hintergrund lebte doch immer auch der Gedanke: Wenn wir strukturell zusammenarbeiten und uns verständigen, ist die Chance, dass wir miteinander in Streit geraten, geringer. Solche Auseinandersetzungen haben wir im vorigen Jahrhundert mehr als genug geführt. Möglicherweise handelt es sich hier tatsächlich um eine echte Inspiration aus der geistigen Welt. Doch auch der Egoismus liegt fortwährend auf der Lauer.

Ist es wohl auch möglich, in derselben Weise auf das Betriebsleben zu blicken und auf die Suche nach den Inspiratoren zu gehen, die als eine Art »Betriebsgeist« in den großen multinationalen Konzernen wirken? Wir sprechen gerne von einer Betriebs*kultur*. Sie lässt sich durchaus im Sinne einer »Betriebsseele« auffassen. Wir kennen auch das Phänomen, wie äußerst schwierig es sich gestalten kann, eine ausgeprägte Betriebskultur zu beeinflussen und zu verändern. Wir können zwar die beteiligten Akteure austauschen, doch die Kultur bleibt trotz allem bestehen.

Die Wasserprobe

Im Umgang mit den Wesen aus der Sphäre der Inspiratoren gelangen wir zu einer neuen Prüfung. Wir hatten uns bereits mit der Feuerprobe beschäftigt, jener Prüfung, bei der es darum geht, Mut zu entwickeln und einen tieferen Einblick in die Welt der Gespenster und der Dämonen zu gewinnen.
In der *Wasserprobe* geht es darum, sich mit dem Schauder und der Unsicherheit zu konfrontieren, die wir empfinden, wenn wir existenziell für unsere inneren Ziele einstehen wollen. Dies kann uns verwundbar machen. Wir tun etwas, worum uns niemand gebeten hat. Wir lehnen uns weit aus dem Fenster. Das ist riskant, und in der Wasserprobe müssen wir lernen, dieses Risiko zu tragen.
Durch diese Probe entwickeln wir Mut. Den Mut, als kleiner Mensch die Inspirationen aus der geistigen Welt ernst zu nehmen und sie auf der Erde zu verwirklichen.
Der Schauder, den wir spüren können, wenn wir akzeptieren, dass wir als Mensch eine größere Aufgabe haben, dass wir im Licht stehen dürfen, obwohl wir das Gefühl haben, dass wir dessen noch absolut unwürdig sind, das ist der Mut, um den es bei der Wasserprobe geht.
In seiner Antrittsrede als Präsident Südafrikas beschrieb Nelson Mandela dies folgendermaßen:

Unsere größte Angst ist nicht die, dass wir unvollkommen sind,
unsere größte Angst ist die, dass wir unermesslich stark sind.
Es ist unser Licht, nicht unsere Finsternis, das uns am meisten Angst macht.

6 Zeitgeist

Unter den Wesen, die uns zum Handeln inspirieren, nimmt auch der Zeitgeist eine wichtige Stellung ein. Er inspiriert uns Menschen zu Dingen, die mit der Zeit zusammenhängen, in welcher wir leben. Jede Zeit kennt ihre eigenen spezifischen Herausforderungen. Es wollen neue Eigenschaften und Möglichkeiten in die Menschheit eintreten. Neuer Elan wird verspürt, und große Menschengruppen, die über die ganze Welt verstreut sind, greifen diesen Impuls auf. Auf der Erde sehen wir, wie sich eine solche Qualität mit Schwung ihren Platz erobern will. In der Geistwelt sehen wir, dass dies die Folge einer neuen, inspirierenden Kraft ist, die als Wesen geboren wurde und aktiv wird.

In der geistigen Welt läuft die Entwicklung der Menschheit voraus. Dort entstehen neue Arten von Inspirationen, die mit dem Entwicklungsfortschritt der Menschheit als Ganzer zu tun haben. Wie sich diese Entwicklung auf der Erde schließlich konkret vollziehen wird, hängt davon ab, was Menschen aus diesen neuen Möglichkeiten machen. In der geistigen Welt leben sie als Potenzial, die irdische Wirklichkeit ist das, was wir Menschen davon verwirklichen.

Es lassen sich verschiedene Beispiele für diesen Prozess anführen. So sehen wir zu Beginn der Renaissance, wie sich bei unterschiedlichen Menschen an unterschiedlichen Orten die Richtung ihres Denkens verändert. Sie begnügen sich nicht mehr mit der bis dahin üblichen Denkweise, die im Wesentlichen von der Kirche bestimmt wurde, sondern sie wollen wissen, wie es sich genau mit der Natur und der Menschen verhält. Diese Menschen begeben sich auf die

Suche nach Erkenntnis und Wissen, trotz aller Unsicherheiten und in Opposition zur massiven Gegnerschaft durch die Kirche. Sogar die Drohung mit dem Scheiterhaufen kann sie nicht davon abhalten, ihren Weg zu gehen. Und so sehen wir, wie sich die Entwicklung der modernen Naturwissenschaft unaufhaltsam Bahn bricht. Was ging dem in der Geistwelt voran? Es sind Prozesse, die wir nicht sehen können, weil wir kein Bewusstsein davon haben, über keine Sinnesorgane dafür verfügen.

Lese ich unter dieser Perspektive alte Mythen, so habe ich den Eindruck, dass die Menschen in den alten Kulturen einen stärkeren Einblick in den Zusammenhang der Veränderungen, die sich in der geistigen Welt vollzogen, mit deren Auswirkung auf die Menschen hier auf Erden hatten. In der griechischen Mythologie lässt sich der Mythos von der Geburt der Pallas Athene als ein Beispiel dafür lesen:

Zeus litt eines Tages an unerträglichen Kopfschmerzen. Er rief alle Götter des Olymp zu Hilfe, doch keiner wusste Rat. Schließlich griff sein Sohn Hephaistos zu einer Axt und spaltete den Kopf des Zeus damit. Zu aller Überraschung trat Athena heraus: eine erwachsene Göttin in einer blitzenden Waffenrüstung. Sie trug einen Speer in der Hand und stimmte ein Kriegslied aus Anlass ihres Sieges an.

Was hier beschrieben wird, ist die Geburt einer neuen Göttin. Sie ist die Göttin der Weisheit, des logischen Denkens. Außerdem ist sie die Göttin des Handwerks, des Webens und Spinnens. Meines Erachtens weist diese Kombination von Denken und Weben auf einen engen Zusammenhang hin: Wenn wir denken, verweben sich Gedanken zu einer Vorstellung. Das Spinnen deutet auf die Zielorientierung der Denklinie hin. Das männliche und das weibliche Element sind hier noch im Gleichgewicht miteinander.

Später hören wir in den Erzählungen, wie Pallas Athene zur Inspiratorin vieler griechischer Helden wird. Einer dieser Helden ist Odysseus. Seine Heldentaten wurden von Homer in der *Odyssee,* den »Irrfahrten des Odysseus«, festgehalten. Odysseus war als König der kleinen Insel Ithaka zusammen mit den Griechen ausgezogen, um am Kampf gegen Troja teilzunehmen. Als der Krieg vorüber war und alle nach Hause zurückkehrten, begannen für Odysseus erst die wahren Prüfungen. Er erlebte viele gefährliche Abenteuer.
Die Besonderheit dieser Geschichte für die damalige Zeit besteht darin, dass Odysseus die Probleme, mit denen er konfrontiert wurde, mit Schlauheit anging. Er benutzte seinen Verstand (und nicht nur Mut und Wagemut), um die Probleme zu lösen. Das war in der damaligen Zeit etwas Neues. Bis dahin vertraute man viel weniger auf die eigenen Fähigkeiten, man rief die Hilfe der Götter oder eines weissagenden Orakels herbei, um Probleme zu lösen. Oder man handelte aus Trieb oder Emotionen heraus. In seiner neuen Art, Lösungen zu suchen, wurde Odysseus von Athene inspiriert. Dadurch wurde sie eine wichtige Inspiratorin der griechischen Kultur. Deswegen sind die Erzählungen der *Ilias* und die Abenteuer des Odysseus auch noch heute lesenswert, denn sie zeigen beispielhaft die Inspiration durch den Zeitgeist der griechischen Epoche.

Nach zehn Jahren intensiver Belagerung waren die Truppen der Trojaner und der Griechen kampfesmüde. Viele große und tapfere Helden waren gefallen. Achilles, der große Held, war tot und begraben worden. Man sehnte sich nach Ruhe. Es war deutlich, dass eine Fortsetzung des Kampfes keine Lösungen bringen würde. Aber für die kulturelle Entwicklung der damaligen Zeit war es notwendig, dass die Griechen den Kampf gewannen. Um dies zu erreichen, näherte Athene sich mit ihrer Inspiration Odysseus. Er heckte eine List aus. Die Griechen bauten ein riesengroßes hölzernes Pferd (das Pferd war das heilige Tier der Trojaner), in welchem sich ein Trupp von Kriegern versteckte. Der Rest des griechischen Heeres zog sich zurück. Die Trojaner ließen sich durch diesen Winkelzug irreführen und holten im Triumphzug das Pferd in ihre Stadt. In der Nacht kamen die Krieger der Griechen aus dem Bauch des Pferdes und öffneten das Stadttor für die anderen, die wieder zurückgekehrt waren. Der Kampf, der nun folgte, war kurz aber heftig. Troja wurde erobert und zerstört.

Eine List hatte etwas ermöglicht, was im Kampf nie gelungen wäre. Dies ist ein Beispiel für die Art der Intelligenz, die unter dem Einfluss der Athene eingesetzt wurde.

Pallas Athene als inspirierende Göttin in der Geistwelt inspiriert den Menschen Odysseus, seine Denkfähigkeit zu benutzen. Ihre Gestalt steht symbolisch für den Zeitgeist. Ja, sie *ist* der Zeitgeist bei den Griechen. Aus ihrem geistigen Dasein heraus wirkt sie als Inspiration auf Menschen wie Odysseus ein, die auf der Erde verwirklichen, was im Geist als Potenzial vorhanden ist.

Was in der geistigen Welt geschieht – wie zum Beispiel die Geburt der Pallas Athene – und sich danach auf der Erde auswirkt – Menschen werden zu neuen Taten inspiriert –, das wird von eingeweihten Priestern wahrgenommen. Sie übertragen das Geschehen in mythologische Geschichten und Erzählungen, wie wir sie heute noch in Gestalt der *Ilias* und der *Odyssee* kennen. Homer war höchstwahrscheinlich ein solcher Eingeweihter, der die Fähigkeit hatte, die geistigen Vorgänge inspirativ zu lesen. Das Volk konnte durch die Bilder in seinen Dichtungen an der Inspiration teilhaben, die ihm durch die geistige Welt geboten wurde.

Diese göttliche Inspiration führte im weiteren Verlauf der griechischen Geschichte zur Entwicklung des logischen Denkens. Dieses wiederum hatte einen starken Einfluss auf die Entstehung der Philosophie. Nachdem die Fähigkeit des klaren logischen Denkens auf breiter Front im griechischen Volk als Ganzem angekommen war, bildete sie die Basis zur Ausbildung einer Demokratie. Noch später führte diese Denkfähigkeit zur Entwicklung der Naturwissenschaft. Nach Pallas Athene werden mit Sicherheit noch viele andere Götter geboren worden sein, die diesen Prozess beeinflusst haben, doch sie werden nicht mehr in Mythen beschrieben.

Ein aktuelles Beispiel für die Wirkung des Zeitgeistes haben viele von uns in den Sechziger-und Siebzigerjahren des vergangenen Jahrhunderts erleben können. Damals lebte ein neuer Elan der Freiheitssuche in den Menschen. Die sexuelle Freiheit war nur ein Aspekt dieses Impulses. Sexualität war nicht mehr länger nur der Ehe vorbehalten, auch nicht einem einzigen Partner. Alte Normen und Werte wurden aufgegeben, um Platz zu machen für Experimente. Man kann darüber streiten, ob das eine gute Entwicklung war, vor allem, wenn man die Komplikationen einbezieht, denen viele Beziehungen dadurch ausgesetzt waren und die zu einer erhöhten Scheidungsrate führten. Möglicherweise wurde in diesem Fall die Botschaft des Zeitgeistes nicht in ihrer vollständigen Gestalt aufgegriffen und nur zum Teil verstanden. Aber das ist immer so: Sobald der Zeitgeist mit einer Inspiration kommt, sind die Verführer rasch zur Stelle, um diese Inspiration zu korrumpieren. Das tun sie, indem sie Egoismus hineinmischen oder indem sie uns vergessen machen, dass die Freiheit des Individuums nicht möglich ist, wenn sie keine Verbindung mit der Verantwortung für das Ganze eingeht.

Wo begegnen wir heute sonst der Wirkung des Zeitgeists? In meiner Arbeit begegnen mir viele Fragen zu den Themen Einsamkeit und Unsicherheit. Die Angst vor Zurückweisung und die Angst davor, Spott zu ernten (wir beschrieben sie bereits), spielen ebenfalls häufig eine große Rolle – größer, als viele es sich bewusst sind. Diese Themen tragen zweifellos zur Entstehung von Depressionen oder Angstkrankheiten bei. Wie hängt diese Problematik mit der Zeit zusammen, in der wir leben?

Unter der Inspiration des heutigen Zeitgeists begeben sich viele Menschen auf die Suche nach sich selbst. Sie verlassen die vertrauten Normen und Werte, die dafür sorgen, dass wir uns einer Gruppe zugehörig fühlen können, die aus diesen Werten lebt, und beginnen nach Werten zu suchen, die zu ihnen als Individualität gehören. Dieser Lösungsprozess hat eine positive Seite: Der Betroffene kann sich stärker mit seiner Authentizität verbinden. Die Kehrseite des Vorgangs besteht darin, dass wir die Stärke aufbringen müssen, den neuen Standpunkt, den wir einnehmen, auch zu vertreten. Hier entsteht unter Umständen wiederum ein Loch. Doch dieses Loch können wir, im Gegensatz zu dem ›echten‹ Loch der Leere, das wir oben schilderten, auch als einen ›Freiraum‹ bezeichnen, der Platz für Neues bietet. Tritt dieses Neue nicht ein, so wird dieser Raum allmählich ›modrig‹ und beginnt zu stören. Doch wenn die Suche nach der eigenen, authentischen Quelle aus innerer Kraft und aus wachem Selbstbewusstsein geschieht, so ist die Chance des Gelingens groß.
Es kann auch vorkommen, dass wir uns aus einem noch unbewussten Impuls, also in einer mehr instinktiven Weise, auf die Suche nach unserer Quelle begeben. Dann kann es eher zu Problemen kommen, weil die Konsequenz des Suchens nach dem ›Eigenen‹ zu einem verstärkten Einsamkeitserleben führen kann. Das muss dann ertragen werden.
Eine nützliche Frage, wenn wir uns der Wirkung des Zeitgeistes bewusster werden wollen, lautet: »Wie hängt mein Problem mit der Zeit zusammen, in der ich lebe?« – Wir werden das Problem dann möglicherweise aus einer anderen Perspektive wahrnehmen. Eine Perspektive, mit der wir die Ursache der Spannungen nicht nur in uns selbst oder in unserer Vergangenheit suchen, sondern den Blick mehr auf das richten, was *jetzt* für die *Zukunft* entwickelt werden kann.
Ich sehe den Impuls dieser Wahlmöglichkeit, wie wir mit unserem eigenen Leben umgehen wollen, als eine Wirkung des Zeitgeistes: Eine Freiheit, die allerdings immer mit Verantwortung einhergeht.

Heute wird viel von Freiheit geredet. Meinungsfreiheit, die Freiheit, sich nicht an Regeln halten zu müssen, die wir nicht als sinnvoll empfinden, Freiheit von Dogmen in Kirche oder Staat usw. Der Wert der Verantwortung tritt demgegenüber in den Hintergrund. Doch ohne Verantwortungsgefühl für den anderen wird Freiheit asozial.

Der Wirkung des Zeitgeistes begegnen wir auch in einem anderen Phänomen: Er hat zu einer Verwandlung der konstitutionellen Anlagen des Menschen geführt, wodurch die Verbindung der Seele mit dem Körper lockerer geworden ist. Dies hat die Konsequenz, dass sich bei ihm die anfängliche Anlage herausbildet, mit Gefühls-Sinnen wahrzunehmen. Und genau das ist mit diesem Eingriff vom Zeitgeist beabsichtigt. Denn dadurch entsteht die Möglichkeit, dass die geistige Welt vielen Menschen aufgrund eigener Erfahrungen wieder näherkommen kann. Anders ausgedrückt: Immer mehr Menschen beginnen hellsichtige Wahrnehmungen zu haben. So beschreibt Hans Moolenburgh in seinem Buch *Engel. Helfer auf leisen Sohlen* seine Forschungen mit Menschen, die Engelwahrnehmungen hatten. Andere Autoren schildern ihre Wahrnehmungen von Naturwesen. Ich erwähnte bereits, dass meines Erachtens viele Fantasy-Autoren und Filmemacher, die mit Animationstechniken arbeiten, über unbewusste Wahrnehmungen der Seelenwelt verfügen, die sie auf diese Weise ins Bild bringen. Das Phänomen der sogenannten Indigo-Kinder geht in dieselbe Richtung.
Die Schwierigkeit bei diesen übersinnlichen Wahrnehmungen besteht darin, dass sie zunächst nicht mit dem Bewusstsein verbunden werden können. Wenn wir glauben, dass nichts existiert, was wir nicht sehen können, und es unterdessen dennoch wahrnehmen, so ist es unmöglich, es begrifflich zu erfassen. Dann bleibt die Wahrnehmung unbewusst, was rasch zu Ängsten führt. Bei denjenigen Menschen, deren Ängste auf diesem Prinzip beruhen, wirkt es heilend, wenn ihnen die Quelle ihrer Ängste zum Bewusstsein kommt.

Der Zeitgeist schenkt dem Menschen eine neue Fähigkeit. Doch diese Fähigkeit ist noch keimhaft, wir sind ihr noch nicht voll gewachsen. Und dennoch ist es eine Herausforderung unserer Zeit, diese Fähigkeit zu entwickeln. Wir kommen als Menschen mit einem unentwickelten Potenzial des Zeitgeistes im seelischen Reisegepäck auf die Erde; es sind keimhafte Fähigkeiten. Diese erzeugen leicht Verwirrung und führen zunächst zu Problemen. Die Herausforderung liegt in der Art der Antwort, die darauf erfolgt. Dies gilt sowohl für die individuelle wie für die gesellschaftliche Ebene. Werden die Symptome als eine Krankheit, als etwas, was »nicht in Ordnung« ist betrachtet, oder wird die Möglichkeit akzeptiert, dass so etwas existiert? Zunächst wird sowohl das Individuum als auch die Gesellschaft auf solche neuen Möglichkeiten durch Leugnung und Widerstand reagieren. Auch auf das neue Denken der Renaissance reagierte die Kirche mit Ablehnung und Leugnung – Wissenschaftler wurden mit dem Kirchenbann belegt oder landeten sogar auf dem Scheiterhaufen. Auch heute ist dies im Prinzip nicht anders. Wir haben uns so an den Gedanken gewöhnt, dass außerhalb des Sichtbaren und Messbaren nichts existiert, dass es häufig als eine Bedrohung erlebt wird, wenn wir Wahrnehmungen von Wesen zur Sprache bringen, die für die Augen unsichtbar sind.
Der Zeitgeist schafft neue Möglichkeiten, neue Qualitäten. Er ist ein Geschenk an uns Menschen, welches wir für den Fortgang der menschlichen Entwicklung einsetzen können. Doch weil der Mensch sich aus eigener Kraft und in Freiheit entwickeln muss, hat der Zeitgeist nicht das Mandat, uns neue Fähigkeiten in fertiger und ausgereifter Form mitzugeben. Wie gesagt, es sind Keime, die von uns zur Entwicklung gebracht werden müssen.

Ich möchte noch einmal auf die Frage zurückkommen, wie bestimmte Probleme, unter denen wir heute leiden, mit der Zeit zusammenhängen, in der wir leben. Dazu ein Beispiel:

Ein Patient mit depressiven Beschwerden fragte sich, wohin er seine Niedergeschlagenheit stammte. Es stiegen verschiedene Jugenderinnerungen auf, die als ›Ursache‹ gedeutet wurden. Nun weiß man aus der Biografieforschung, dass Menschen in einer depressiven Periode sich vor allem an trübe Erfahrungen ihrer Vergangenheit erinnern und die sonnigen Erfahrungen vorübergehend vergessen. Auf meine Frage, inwiefern seine Niedergeschlagenheit mit der Zeit zusammenhängen könne, in der wir leben, ergab sich ein ganz anderes Bild. Er musste dabei auch die Tatsache einbeziehen, dass in unserer Zeit Depressionen sehr häufig auftreten. Manchmal werden sie als die Volkskrankheit Nummer eins bezeichnet. Wenn wir uns realisieren, dass in Deutschland schätzungsweise vier Millionen Menschen von Depressionen betroffen sind und viele von ihnen Antidepressiva einnehmen, so hat das gewiss nicht nur mit individuellen unangenehmen Erfahrungen zu tun. Woher kommt all diese Bedrücktheit?

Betrachte ich diese Fragestellung genauer, so ergibt sich mir folgendes Bild:

Die neue Fähigkeit, die durch die Tatsache entstanden ist, dass der Zeitgeist bei vielen Menschen die Seele vom Körper ›gelockert‹ hat, sodass die Geistwelt wieder stärker persönlich erfahren werden kann, ist zunächst noch nicht beherrschbar. Sie erfordert Einiges an Aktivität des selbstbewussten Ichs. Zunächst bemerken wir diese Vorgänge gewissermaßen als ein dunkles Loch in der Seele, welches den Raum darstellt, der später mit Keimen für die Zukunft gefüllt werden kann. Doch zunächst erleben wir ihn noch als dunkel und unangenehm. Die Herausforderung unserer Zeit besteht darin, dass wir mit Bewusstsein in diesen dunklen Raum hineingehen und ihn ertragen. Die Leere, die Dunkelheit, die sich dort befindet, kann sich dann beleben, und wir können wahrnehmen, dass in dem, was zunächst dunkel schien, Elemente der geistigen Welt bemerkbar werden. Stellen wir uns die Frage, wonach wir uns sehnen, wenn wir in diesem dunklen Loch sitzen, kann uns das helfen, wahrzunehmen, was dort eigentlich geschieht.

Die Beatles

Vor Kurzem las ich das 950 Seiten starke Buch *The Beatles. The Biography* von Bob Spitz. Der Autor zeichnet detailliert die individuelle Biografie jedes der vier Beatles und der Menschen nach, die unmittelbaren Anteil an ihrem Erfolg hatten. Er lässt nacherleben, wie die Band allmählich immer stärker ins Rampenlicht rückte und welche neuen Elemente sie in die Musik und die Kultur getragen haben. Ein lebendiges Lebensbild, vor allem für diejenigen, die diese Zeit selbst miterlebt haben.

Lese ich dieses Buch unter der Perspektive der Zeitgeistwirkung, so scheint noch eine andere Realität hindurch, die Realität der Impulse, die, von der geistigen Welt ausgehend, menschliche Individuen inspirieren.

Auf der Ebene der irdischen Realität sehen wir, wie vier junge Männer aus Liverpool von Musik besessen sind. Trotz aller Misserfolge und neben ihren Schulpflichten ist es die Liebe zur Musik, die sich letztlich durchsetzt. Sie können nicht anders, sie müssen Musik machen. Nach einigen Umwegen (und Eingriffen des Zufalls) finden sie einander und bilden daraufhin jahrelang ein enorm fest zusammenhaltendes Musikerteam. Außenstehende haben kaum eine Chance, dazwischenzukommen – sie bilden gewissermaßen zu viert eine Familie. Auch ihre späteren Partner rangieren nur an zweiter Stelle. Nachdem sie verschiedene Stilarten ausprobiert haben, bekennen sie sich zum Rock 'n' Roll. Ihm gilt ihre wahre Liebe. Und darin entwickeln sie schließlich ihren eigenen Stil. Zu Beginn spielen sie vor allem Nummern, die sie von amerikanischen Vorbildern übernom-

men haben. Später schreiben sie ihre eigenen Songs. Und das ist etwas Neues in der damaligen Zeit. Es gab Bands, es gab Texter und es gab Komponisten. Die Beatles waren alles zugleich.
Ein neues Element bei ihren Auftritten war, dass sie die Verstärker voll aufdrehten und die Musik extrem laut war. Geradezu »ohrenbetäubend«, so schildern es erstaunte Zuhörer. Auch das ist etwas Neues. Zudem machten sie aus jedem Auftritt eine große Show. Auch ihre Kleidung war anders: provokant, im Stil wechselnd und vor allem unangepasst. Kurz, schockierend. Und dann ihre Frisuren, die langen Haare, die sie weltberühmt machten. Zunächst die strubbeligen Pilzköpfe; später wurden die Haare immer länger und wilder.
Die Reaktion des Publikums wird ebenfalls immer wilder: Viele Jugendliche flippen während ihrer Auftritte aus. Ihre Fans, vor allem Mädchen, kreischen, geraten in Ekstase und werden ohnmächtig. Dieses Phänomen bekommt sogar einen eigenen Namen: »Beatlemania«, die Beatle-Manie.
Überall, wo sie auftreten, werden sie von Tausenden kreischender Fans empfangen. Die Polizei ist mit dem Personenschutz häufig überfordert.
Die Belastung durch die vielen Auftritte und die zahlreichen Reisen ist enorm. Manchmal musizieren sie viele Nächte hintereinander durch. Hinzu kommt eine endlose Kette von Interviews, Fernseh- und Radioauftritten sowie Repräsentationsverpflichtungen! Um dem gewachsen zu sein, schlucken sie immer mehr Pillen. Aufputschmittel kommen ins Spiel. Später kommen Marihuana und Haschisch hinzu, noch später die Droge LSD.
Während ihres Hamburger Auftritts in ihrer frühen Zeit, aber auch später noch, finden häufig Sexorgien statt. Auch dabei spielt die Ekstase eine große Rolle. Es ist die echte, ursprüngliche Sphäre von Sex, Drogen und Rock 'n' Roll.

Soweit die Phänomene auf der irdischen Ebene. Was hat dies alles nun mit dem Zeitgeist zu tun? Ich wage den Versuch, einen möglichen Zusammenhang aufzuzeigen.

Alles, was ich soeben schilderte, findet nicht allzu lange nach dem Zweiten Weltkrieg statt. Dessen Nachwirkungen sind noch deutlich spürbar. Überall herrscht die Tendenz zum Wiederaufbau. Es regiert die bürgerliche Moral. Auf sexuellem Gebiet herrscht viel Unfreiheit und es gibt viele Tabus. Die Kirche ist auf vielen Gebieten noch sehr bestimmend, sie begegnet den religiösen Bedürfnissen mit autoritären Formen und Strukturen. Die Musik ist zwar lebhaft, aber auch ein wenig langweilig.

Was tut nun der Zeitgeist? Er sorgt dafür, dass das Triebleben aus seinen Fesseln befreit wird, was sich in hysterischen Reaktionen, einer außer Rand und Band geratenen Sexualität und im Konsum von Drogen äußert. Fast scheint es, als lebe die Wirkung des Dionysos aufs Neue auf! Normen werden durchbrochen, und so entsteht ein gewisses Chaos. All das ist, aus der Perspektive des Zeitgeistes, durchaus beabsichtigt: Es bedeutet einen neuen Schritt auf dem Weg hin zur Freiheit. Der Zeitgeist will, dass die strengen Normen im Umkreis der Sexualität losgelassen werden, sodass eine freiere Sexualität entsteht. Und er will, dass Menschen ihre eigene Verbindung mit ihrem religiösen Ursprung suchen. Er will, dass die Trieb-Kräfte nicht verdrängt werden, sondern zu freier Energie umgewandelt werden. Menschen können eine eigene Beziehung zur geistigen Welt aufbauen. Doch dazu müssen die Dogmen der Kirche losgelassen werden, und Menschen müssen die Möglichkeit haben, sich auf die Suche zu begeben.

Diese Dinge rufen auch Unsicherheit hervor sowie das Gefühl, ohne Halt dazustehen. Viele Menschen werden von ihrer plötzlichen Freiheit geradezu überrumpelt, sie können noch nicht recht damit umgehen. Und das Loslassen der religiösen Sicherheit ruft ein Loch in der Seele hervor. Die alte ›Füllung‹ ist verschwunden, eine neue ist noch nicht sofort zur Stelle. Dafür braucht es Zeit, häufig eine oder sogar mehrere Generationen.

Wenn der Zeitgeist eingreift, hebt er die Menschen, die er berührt, für eine gewisse Zeit gewissermaßen über sich hinaus. Alles scheint eine Zeit lang besonders mühelos und ohne Hindernisse zu verlaufen. In der Geschichte der Beatles sehen wir, dass sie sich bereits in sehr jungen Jahren auf ihre Aufgabe stürzen und dass ihnen dabei von allen Seiten Hilfe zufließt. Wir beobachten, dass Menschen in ihrer Umgebung Dinge tun, die sie nie zuvor getan haben, wodurch sie zu einer großen Stütze für sie werden. Auf der mehr individuellen Ebene beobachten wir, dass häufig Opfer im persönlichen Leben gebracht werden. Bei den Beatles ist dies sehr deutlich: Sie hatten kaum ein Privatleben.

Für eine gewisse Zeit galt eine ungeschriebene Vereinbarung zwischen den Beatles, der Presse und der Polizei. Die Presse schrieb nichts Negatives über sie, sie lobte sie nur in den Himmel. Die Polizei sorgte für ihre Sicherheit und arbeitete mit. Obwohl damals noch ein allgemeines Gebot des Besitzes und Konsums von Drogen galt und obwohl es offenkundig war, dass sie regelmäßig (eigentlich sogar unablässig) Drogen konsumierten, griff die Polizei nicht ein.

Die neue Wirkung des Zeitgeistes wird von den Wesen der Unterwelt unmittelbar wahrgenommen. Wenn sie ein Loch in der Seele antreffen, machen sie gern von der Gelegenheit Gebrauch, sich dort einzunisten. Sie offerieren uns Möglichkeiten, dieses Loch auf bequemen Wegen zu füllen. Dafür bieten sich die Drogen an. Hasch und LSD bieten Erfahrungen, die einen bestimmten Weg zu einer Art neuer Religiosität eröffnen. Es handelt sich um einen schnellen und bequemen Weg. Hinterher zeigt sich allerdings oft, dass die Leere sogar noch größer geworden ist.

Mit der befreiten Sexualität beschäftigen sich die Verführer aus der Sphäre der Wollust. Sie flüstern uns ein, dass alles erlaubt ist und

alles möglich ist. In diesen Jahren hörte man häufig die Ansicht – man denke nur an die Berliner Kommune 1 –, dass es doch möglich sein müsse, mehrere Menschen gleichzeitig zu lieben. Dabei wurde die Verantwortung vergessen, die dazugehört. Verantwortung für die anderen Beziehungen, für die eigene Ehe. Aber auch die Verantwortung für den eigenen Körper und die eigene Gesundheit. Nicht ohne Grund geht die Entfaltung der sexuellen Freiheit mit der Zunahme der Geschlechtskrankheiten einher.
Und die Habgier sorgt dafür, dass viele Menschen sich gerne von den Wellen des Erfolgs treiben lassen möchten. Mit den Beatles wurde viel Geld verdient, es wurden zahlreiche Fanartikel auf den Markt gebracht, Millionen wurden mit ihren Schallplatten oder mit Bearbeitungen ihrer Musik verdient. Viele sind damit sehr reich geworden.

Die Intentionen des Zeitgeistes erstrecken sich immer auf längere Zeiträume. Er bietet Möglichkeiten an, die der Mensch allmählich verwirklichen muss. Doch die Verführer versuchen sofort, diese neuen Möglichkeiten zu korrumpieren.
Und dann kommt irgendwann der Moment, in dem der Zeitgeist die Individuen, durch die er wirkt, in die Freiheit entlässt. Dann hört die Inspiration auf, und der Schutz fällt weg. Dann müssen sie es aus eigener Kraft schaffen. In der Biografie der Beatles wird diese Wende als eine Periode beschrieben, in denen sich das Ego der einzelnen Mitglieder zunehmend aufzuspielen beginnt. Es ging nicht mehr länger um die Beatles als Gruppe, sondern jetzt war es auch wichtig, den eigenen Namen in den Vordergrund zu rücken. Die Chemie, die alle die Jahre bis dahin so hervorragend funktioniert hatte, wurde störungsanfällig. Die Polizei rückte ihnen auf den Leib, die Presse begann, anders über sie zu schreiben. Die Beatles verschwanden allmählich aus dem Rampenlicht ihrer Zeit, und dadurch wurde wieder Raum für ein eigenes Leben frei.

Dies alles fand zu Beginn der Sechzigerjahre des vorigen Jahrhunderts statt. Gegen Ende dieses Jahrzehnts entbrannten dann die Studentenunruhen in den großen Universitätsstädten. Auch da werden alte Strukturen aufgebrochen und wird nach neuen Wegen gesucht. In Amerika entwickelt sich eine rasant wachsende Bewegung, die gegen den Vietnamkrieg protestiert. Die Kirchen entvölkern sich weiter, und die Suche nach einer eigenen, persönlichen Religiosität nimmt zu. Alles, was alternativ ist, erlebt eine Blüte. Kurzum: Es wird vieles aufgewühlt. Ich sehe auch das als eine Wirkung des Zeitgeistes.
Wir haben in diesem Kapitel das Phänomen der Beatles besonders eingehend beleuchtet. Unter dem Gesichtspunkt der Zeitgeistwirkung handelt es sich bei ihnen nur um einen beschränkten Aspekt. Dieser Zeitgeist inspiriert sehr viele Menschen mit sehr unterschiedlichen Aufgaben. Ich hätte genauso gut das Lebenswerk von Sicco Mansholt oder von Simone de Beauvoir nennen können.
All diese Inspirationen zusammengenommen bewirken, dass in einer bestimmten Zeit eine Entwicklung stattfindet, die der Menschheit einen neuen Impuls verleiht.

Wenn der Zeitgeist eingreift, indem er neue Möglichkeiten bietet, entsteht leicht Chaos. Doch aus dem Chaos kann etwas Neues geboren werden. Sofort sehen wir auch die verschleiernde Wirkung der Verführer. Und es entstehen neue Mythen, die die Geschichte dessen erzählen, was sich hinter den Kulissen der Zeit abspielt. Alle großen Umschwungszeiten kennen solche Mythen von Menschen, die in ihrer Zeit eine wichtige Rolle spielten. Wir kennen solche Mythen aus dem alten Griechenland und Rom. Wir kennen die Geschichten von Menschen, die am Ende des Mittelalters die neue Zeit einläuteten: Galilei oder Columbus. Und in der Mitte des vergangenen Jahrhunderts die Beatles, auch sie (unter anderen) ein Instrument des Zeitgeistes.

Der Körper

Schritt für Schritt sind wir in immer subtilere Sphären vorgedrungen. Der Engel richtet sich an den Menschen als Individuum. Die Inspiratoren wirken auf Menschengruppen ein, und der Zeitgeist wirkt auf weite Gebiete der Erde gleichzeitig ein. Immer größer wird das Wirkungsgebiet, immer mehr Menschen umfasst es. Und hinter diesen Wesen verbergen sich wiederum größere Mächte. Diese entziehen sich jedoch dem Wahrnehmungsbereich meiner Erfahrung. Ich versuche mir immer wieder vorzustellen, wie unsere Aura fortwährend von all diesen Wesen beeinflusst wird. In den zarteren Schichten der Aura sind sie anwesend und üben dort ihre Wirkung aus. Wenn auch wir dort anwesend sind, können wir ihnen begegnen und mit ihnen in Verbindung treten. Dafür muss eine große Beweglichkeit entwickelt werden, sodass wir uns ungehemmt durch die unterschiedlichen Schichten der Aura hindurchbewegen können, ohne die Orientierung zu verlieren. Dann können wir allmählich ihre Sprache verstehen lernen. Es ist eine Sprache, die weit über die Worte hinausgeht, die wir sonst zu benutzen gewohnt sind. Ihre Sprache äußert sich zum Beispiel in Bildern und Ereignissen. Alles, was auf uns zukommt, kann als die Worte betrachtet werden, die sie zu uns sprechen. Es ist dann an uns, die Fülle möglicher Eindrücke in ein Signal oder eine Botschaft zu übersetzen.

Doch zuerst wollen wir noch einen Schritt in eine andere Richtung vollziehen. Im Zuge der Beschreibung der verschiedenen Welten wurde neben der physischen Welt, der Seelenwelt und der geistigen Welt auch die Welt der Elemente erwähnt. In der Elementarwelt leben die Wesen, die mit der Natur verbunden sind. Sie repräsentieren die Lebenskräfte, die die Naturprozesse in Bewegung halten. Es gibt viele Menschen, die sich forschend mit den Naturwesen beschäftigen – den Zwergen, den Wassergeistern, den Nymphen und den Feuergeistern –, und mit deren Wirkung auf die Erde und die Pflanzenwelt. Dies ist ein Gebiet, in welchem ich noch nicht so zu Hause bin. Darum möchte ich an dieser Stelle nicht tiefer darauf eingehen, obwohl ich weiß, dass es sich hier um eine Welt handelt, die in der heutigen Zeit mit ihrer ernsten Umweltproblematik besonderer Aufmerksamkeit bedarf.

Doch ich habe mich mit einem ganz bestimmten Aspekt dieser Welt auseinandergesetzt, dem Elementarwesen des menschlichen Körpers, dem Körperwesen. Es soll im nächsten Kapitel zu Wort kommen.

●●●

7 Das Körperwesen

Das Körperwesen ist dasjenige Wesen, das sich hinter der Gesamtheit aller körperlichen Prozesse verbirgt. Alles, was wir meinen, wenn wir sagen, dass der Körper so oder so funktioniert, alles, was wir in der Physiologie lernen, ist das Werk dieses Wesens. Ein weiteres Mal vollziehen wir den Schritt von den Kräften, die in den Funktionen des Körpers wirksam sind, hin zu dem Wesen, das diese Kräfte zur Verfügung stellt und steuert.

Nichts vollzieht sich von selbst. Alles kann als eine Wirkung betrachtet werden, die von Kräften ausgeht, die wiederum von Wesen ausgehen. Und auch hier können wir sagen: Das Körperwesen ist ein Wesen mit einem bestimmten Ziel. Es hat ein Eigenleben und seine eigenen, spezifischen Erfahrungen. Diese Erfahrungen sind ganz andere als die der Seele.

Ich stieß auf das Körperwesen, als ich das Buch *Elfensommer* von Tanis Helliwell las. Sie beschreibt dort zunächst ihre Begegnungen und Gespräche mit verschiedenen Elementarwesen. In einem eigenen Kapitel schildert sie die Begegnung mit dem Körperwesen. Für mich war es ein echter Augenöffner, auch den eigenen Körper einmal als ein selbstständiges Wesen sehen zu lernen. Ein Wesen, das uns durch unser ganzes Leben hindurch trägt. Es schenkt uns Kraft und Vitalität. Es bietet uns Sinnesorgane, mit denen wir wahrnehmen können, und Muskeln, mit denen wir uns bewegen und durch die wir handeln können. Was würden wir ohne es tun?

Wenn wir es wagen, uns auf eine Begegnung mit unserem Körperwesen einzulassen, kann uns das zu einem Freund verhelfen. Es

vermittelt uns auch neue Perspektiven im Umgang mit unserer Gesundheit. Denn dieses Wesen sehnt sich danach, mit uns zusammenzuarbeiten.
In diesem Kapitel wollen wir unterschiedliche Aspekte der Wirkung des Körperwesens betrachten. Wie baut es den Körper auf und wie hält es ihn instand? Wie stellt es seine Dienste der Seele zur Verfügung, sodass diese in einem Körper wohnen kann? Und auf wessen Kosten tut es das? In der Nacht funktioniert der Körper völlig anders als tagsüber. Beide Funktionsarten braucht er gleichermaßen. Und in seiner ganzen Tätigkeit erlebt er viel daran, wie die Seele mit ihm umgeht. Wird ihm mit Respekt begegnet oder wird er malträtiert? Wie funktioniert er in Gesundheit, wie bei Krankheit?
Die Betrachtung dieser Aspekte kann zu einer besseren inneren Zusammenarbeit mit dem Körperwesen führen.
Als ich dabei war, dieses Kapitel niederzuschreiben, kam ich irgendwann nicht weiter. Da überlegte ich mir, dass es besser sei, das Wesen selbst schreiben zu lassen. Danach ging alles viel leichter.

Dies ist es, was das Körperwesen erzählt:

Schon geraume Zeit vor der Geburt beginne ich mit meiner Arbeit. Wenn die Individualität, mit der ich durch ihre Leben hindurch verbunden bin, noch in der geistigen Welt weilt und sich auf ihre Erdenankunft vorbereitet, bin ich hier unten bereits mit den Vorbereitungen beschäftigt. »Eine Wohnstatt schaffen«, so nennt ihr Menschen das. Ich hörte, dass das einen Schriftsteller gibt, Harry Mulisch, der beschrieben hat, wie wir Körperwesen dies angehen. Wir suchen nämlich bereits lange Zeit vorher die passende Vererbungsstruktur, indem wir die richtigen Eltern aufeinander zuführen. Was ihr Menschen als »Zufall« bezeichnet, wird unserer Tätigkeit in gar keiner Weise gerecht. Wenn ihr von »Zufall« redet oder wenn ihr sagt, dass etwas »von alleine« geht, so ist dies eine völlige

Verkennung unserer Tätigkeit. Das können wir Körperwesen überhaupt nicht ausstehen.
Wir müssen dafür sorgen, dass das Leben einer Individualität zu seinem Recht kommt, das heißt, dass sie die Möglichkeit hat, all das zu erfahren, was sie in ihrem Leben erfahren möchte. Das bedeutet, dass wir nach einer passenden körperlichen Veranlagung suchen, auf der Basis genau derjenigen Eltern, die ihr aufgrund ihres Erbgutes die körperlichen Qualitäten bieten können, die zu ihr passen. Gerade diese spezifische Erbanlage ist wichtig, neben allem, was die betreffenden Eltern an Erziehung zu bieten haben. Das, was zu ihr passt, ist häufig nicht das, was die Individualität in ihrem Leben als angenehm erlebt. Es geht jedoch darum, dass sie das ausleben kann, was sie aufgrund ihres Karmas der Vergangenheit braucht. Dann erst kann sie etwas Sinnvolles aus ihrem Leben machen.
Über die Erbanlagen, die sie braucht, werde ich gleich noch mehr sagen. Ich habe also ein bestimmtes Modell, das ich baue, und ich habe die Grundstruktur für dieses Modell so gut wie möglich durch die Eltern geregelt. Aber auch nicht mehr als das, denn wir müssen uns immer nach den Möglichkeiten einrichten, die uns geboten werden, und irgendwie behelfen.
Aber: Wenn die Eltern einmal zusammengekommen sind, gibt es genügend Wahlmöglichkeiten. Die Frau bietet eine große Vielfalt an Eizellen an. Aus dieser Vielfalt habe ich die Wahl, welche ich heranreifen lasse. Diese Eizellen sind nämlich nicht allesamt identisch. Diese Vielfalt ist auch wieder durch Zufall entstanden. Und beim Mann werden bei jedem Samenerguss etwa 6 Millionen Samenzellen frei. Auch diese sind nicht identisch. Nun ist es eine Frage, wie ich den Vorgang steuere, welche Samenzelle ich am besten für die eine, spezielle Eizelle gebrauchen kann; so schaffe ich mir die Grundlage für meine Arbeit.
Dann fange ich an. Ich beginne, den Körper aus dieser ersten Eizelle heraus aufzubauen. Zuerst schaffe ich eine große Menge derselben

Zellen; ich lasse sie sich zunächst lediglich teilen. In einem nächsten Schritt lasse ich eine Differenzierung entstehen. Die verschiedenen Zellen spezialisieren sich in Richtung bestimmter Teilfunktionen. So entstehen die verschiedenen Organe. Weil der Körper später auf der Erde in der Lage sein muss, aufrecht zu stehen und sich fortzubewegen, muss ich für ausreichende Stabilität sorgen. Dafür schaffe ich solide Zellwände, die den Organen eine Struktur geben. Und das Knochengerüst, an das sich die Muskeln anheften können, die es dem Menschen möglich machen, aufrecht zu stehen und sich zu bewegen.

In den Stoffwechselorganen wie zum Beispiel der Leber, in geringerem Maße auch in der Niere, fühle ich mich am meisten zu Hause. Dort kann ich mich am besten ausleben. Doch den Menschen genügt es nicht, nur lebendig zu sein. Wenn ein Mensch sich vollumfänglich verwirklichen möchte, braucht er Sinnesorgane, um seine Umgebung so vielfältig wie möglich wahrzunehmen. Ein Gehirn, um Gedanken zu bilden, und Muskeln, um sich zu bewegen. Ich selber habe keinen besonderen Nutzen davon, es macht mir nur Arbeit, dies alles in guter Verfassung zu halten und es dem Menschen zur Verfügung zu stellen.

Ich bereite das alles für die Individualität vor, die herangeschwebt kommt. Sie blickt mir dabei gewissermaßen über die Schulter und sieht, was ich tue.

Wenn ich mit meiner Arbeit im Prinzip fertig bin, lade ich das neue Individuum ein, seine Wohnstatt zu beziehen. Dann kann es allmählich mit seinem Leben beginnen. Dafür ist es allerdings notwendig, dass wir aus dem Körper der Mutter heraustreten. Ich gebe ihr das Signal, dass sie den Körper des Kindes freigeben muss. Dann beginnt die Niederkunft.

Die Geburt ist eine einschneidende Sache. Für mich verändert sich dadurch sehr viel. Bis dahin war ich eigentlich ganz auf mich gestellt. Aber jetzt bekomme ich einen Bewohner. Nun muss ich viel mehr leisten. Der fortwährende Strom von Nahrung und Sauerstoff hört auf. Jetzt muss ich für die Atmung und die Verdauung sorgen. Dafür biete ich den Instinkt an, so dass der Bewohner, das Kind, ›von selber‹ die Brust der Mutter sucht und daraus trinkt. Was dabei an Nahrung aufgenommen wird, fällt wieder in meinen Aufgabenbereich: Ich muss die Nahrung umwandeln, damit sie vom Körper aufgenommen und ›einverleibt‹ werden kann. Es ist noch ein langer Prozess und viel Arbeit für mich, bevor er so weit ist, dass er in seiner eigentlichen Ausführung benutzt werden kann. Wenn diese Ausführung fertig ist, sagt ihr Menschen, ihr wäret nun »erwachsen«.

Ich habe eine dienende Funktion gegenüber der Individualität, die in mir wohnt. Im Laufe ihres Lebens muss ich immer mehr Kraft für sie abzweigen, die sie für die Funktion ihrer Seele benutzen kann. Diese Kraft fehlt mir dann zum Beispiel, wenn ich etwas, was kaputt gegangen ist, regenerieren will. Bei den niederen Tieren ist dies nicht so. Sie bekommen viel weniger Kraft für ihre Wechselwirkung mit ihrer Umgebung zugeteilt, und dadurch bleibt uns viel mehr Kraft für die Regeneration ihres Körpers übrig. Ein abgetrenntes Glied bei einem Seestern können wir wieder ziemlich gut anwachsen lassen. Bei einem Menschen vermögen wir das nicht mehr! Diese Fähigkeit haben wir verloren, weil wir zu viel Vitalität an das Bewusstsein abtreten müssen.

Wenn mein erstes Werkstück eine gewisse Selbstständigkeit erreicht hat, gebe ich einen Teil meiner Lebenskraft für die Seele frei. Damit kann sie sich den Körper zunutze machen. Zuerst schicke ich Vitalität in die Sinnesorgane, diese werden dadurch aktiv. Das Individuum, das in mir wohnt, erhält so Sinnesreize. Und durch sie wird es immer wacher. Es sieht und begreift immer mehr von seiner Umgebung. Es breitet sich gewissermaßen mit meinen Vitalitätskräften in seiner Umgebung aus. Wenn ich seine Ohren stimuliere, erkennt es auch Klänge, die Stimme anderer Menschen, aber auch das Geräusch von Bauklötzen, die es auf den Fußboden fallen lässt. Weil

ich seine Sinne öffne, kann es zu Erfahrungen an seiner Umgebung gelangen. Diese Umgebung wird ihm dadurch immer zugänglicher. Dann schicke ich allmählich auch mehr Lebenskraft in die Muskeln. Das Individuum will sich bewegen, sich irgendwo hin begeben. So kann es sich allmählich immer stärker den Raum erschließen. Währenddessen muss ich natürlich immer dafür sorgen, dass mir genügend Vitalität für das weitere Wachstum bleibt, denn der Körper ist noch lange nicht fertig.
Noch später stelle ich Vitalität für den Kopf zur Verfügung. Dann kann die Seele beginnen zu denken. Auch das geht wieder auf Kosten meiner Möglichkeiten, den Körper wachsen zu lassen und ihn instand zu halten; doch ohne diese Denkkraft wird er kein Mensch. Alles muss im Gleichgewicht bleiben. In einer späteren Phase verändert sich wiederum eine ganze Menge. Dann kommt der Moment, in welchem ich die letzten Organe, die bis dahin noch schliefen, in Bewegung versetze, die Geschlechtsorgane. Durch die Hormone, die ich dann zubereite, erhält der Mensch neue Instinkte. Das kann manchmal durchaus lästig für ihn sein, aber es ist notwendig. Auch versetze ich ihm in dieser Zeit den letzten Wachstumsschub.
So arbeite ich an unterschiedlichen Fronten. Wachstum und Regeneration, Raum ergreifen, denken, bewegen, Emotionen. Dies alles beruht auf meiner Energie. Was der Mensch *inhaltlich* denkt, dafür bin ich allerdings nicht zuständig. Ich liefere die Denk*kraft*, die Inhalte sind Sache meines Bewohners. Ich liefere die Bewegungsenergie. Was er damit anstellt, ist seine Entscheidung. Das ist eine deutliche Aufgabenteilung.

Man kann meine Arbeit mit dem vergleichen, was meine Verwandten beim Pflanzenwachstum bewirken. Zuerst wird ein Körper zubereitet; das tun sie, indem sie die Blätter und Wurzeln bauen. Sie repräsentieren das eigentliche Leben im engeren Sinn. Dann kommt bei ihnen die Blüte, was in meiner Situation vergleichbar ist mit dem

Freimachen der Lebenskräfte, um Verhalten, Denken und Bewegung möglich zu machen. Schließlich bereiten sie die Frucht und den Samen zu. In meinem Fall lassen die Früchte sich mit der Kraft vergleichen, die ich abgebe, damit der Mensch zur Lebenserfahrung gelangen und diese Lebenserfahrung für die Zukunft festhalten kann. Das Letztere ist der ewige Anteil meiner Tätigkeit. Darin wachsen wir am Ende am innigsten zusammen, die Individualität und ich, das Körperwesen. Dem dient mein Wirken eigentlich!

So wie ich eine Menschenseele trage und ihr Leben ermögliche, so tragen die Pflanzenwesen die Tiere, die von ihnen in Bezug auf ihre Nahrung abhängig sind. Ich schenke einen Teil meiner Energie den Menschen, sie tun dies in Bezug auf die Tiere. So bilden wir am Ende alle zusammen eine große Einheit.

Wenn der Mensch schläft, ist er mit einer Pflanze vergleichbar, die Blätter bildet. Wenn er aufwacht, ähnelt er mehr einer Pflanze, die blüht. Und wenn er versucht, Lehren aus all dem zu ziehen, was er erlebt, oder über das nachzusinnen, was das Leben ihm gebracht hat, ist er mehr wie eine Pflanze, die Früchte bildet.

Der Vergleich zwischen uns und den Wesen, die die Pflanzen aufbauen, ist auch in anderer Hinsicht zutreffend. Jede Pflanze ist anders. Die eine bildet viele Blätter und wenig Blüten, bei einer anderen ist es genau umgekehrt. Die eine Pflanze blüht früh im Frühjahr, die andere erst im Herbst. Die eine wächst schnell, die andere langsam. Genau das tun auch wir. Jedes Körperwesen schafft gewissermaßen seine eigene Pflanzenart. Das bewirkt, dass jeder Mensch anders aussieht und andere körperliche Anlagen hat. Manche Menschen wachsen schnell, andere langsam. Manche haben viel Vitalität, andere wenig. Es gibt Menschenkörper, die früh blühen, und es gibt ›Spätblüher‹. Manche strahlen durch ihr blühendes Wesen in ihre Umgebung aus, andere wirken durch die Früchte, die sie absondern.

Schlafen und wachen

Ich möchte meine Aktivitäten natürlich möglichst gut verteilen. Wenn ich den Körper wachsen lassen möchte und wenn ich etwas regenerieren möchte, was beschädigt wurde, dann ist es mir am liebsten, dass die Individualität nicht da ist. Dann ziehe ich die Vitalität zurück, die ich sonst für die Sinne und für das Denken freimache. Und am liebsten lasse ich dann auch die Verdauungsprozesse links liegen. Und die Gliedmaßen setze ich sozusagen auf Sparflamme. Dann kann der Mensch nicht mehr viel damit tun. Er zieht sich dann zurück und schläft ein, und ich kann in aller Ruhe tätig werden. Am liebsten tue ich das nachts. Dann stehen die Sterne für mich am besten. Um etwa drei Uhr nachts ist die Unterstützung, die ich aus dem Kosmos bekomme, am größten. Dies hängt mit der Sonne zusammen. Sie wirkt dann von der anderen Seite der Erde, und das passt mir am besten. Wenn es wieder hell wird, schließe ich dieses Kapitel ab. Dann biete ich meine Kräfte wiederum der Seele an. Dann stimuliere ich die Sinne wieder und gebe den Muskeln mehr Wärme. Und dann kehrt er wieder in mich zurück: Er wacht auf.

Für mich ist es hinderlich, wenn dieser Rhythmus zu sehr unterbrochen wird. Ich kann dann nicht so effizient arbeiten. Es kostet mich dann mehr Energie als sonst, das Ganze aufrechtzuerhalten.

Gesund

Es ist eine ganz schöne Anstrengung, mit meinem Bewohner zu einer guten Zusammenarbeit zu gelangen. Die heutige Zeit, schon das 20. Jahrhundert und nun auch die Gegenwart, ist schwierig für uns Körperwesen. Ihr Menschen habt wenig Ahnung von unserer Tätigkeit und unseren Interessen. Ihr habt die Illusionen, dass Dinge sich von selbst vollziehen oder zufällig geschehen. Und das, während wir uns abrackern, damit diese Dinge geschehen können. Darum gebt ihr uns auch wenig zurück für das, was wir tun. Während doch eine gute Zusammenarbeit die Sache um vieles besser verlaufen lassen würde, für beide Seiten. Du bräuchtest mich lediglich zu fragen, was ich mag oder was mir gefällt von dem, was ihr tut. Darüber könnte ich dann so manches erzählen.

Was ich mag? Ich mag es, wenn du die Dinge genießt, die du tust. Denn dann verweilst du bei dem, was geschieht, und dann bist du besonders nah bei mir. Wenn du genießt, bin auch ich im Gleichgewicht. Und immer, wenn du dir selber voraus bist, wenn du mit dem *Gleich* beschäftigt bist statt mit dem *Jetzt*, macht mich das unruhig. Für mich ist es angenehm, wenn du stark im jeweiligen Moment lebst. Dann verschaffst du mir weniger Spannung, und dann kann ich ruhiger für die Atmung und den Herzschlag sorgen. Dann kann ich aus dem Körper besser ein Ganzes machen. In Bezug auf die Nahrung, die du mich verdauen lässt, sind wir häufiger unterschiedlicher Meinung. Es gibt Dinge, die du als »lecker« bezeichnest, die mir jedoch viel mehr abfordern, weil ich sie mühsam umwandeln muss. Alles in der Nahrung, was sie in euren Augen schöner aussehen oder besser schmecken lässt (was jedoch nicht der Fall ist), muss ich reinigen und die unnötigen Bestandteile ausscheiden. Über die Unmengen von Zucker oder Alkohol, die wir manchmal bewältigen müssen, möchte ich hier lieber nicht reden.

Auch Eile finde ich unangenehm. Wenn du Eile hast, ziehst du mehr von meiner Kraft in den Kopf hinauf. Dies geht auf Kosten der Energie, die ich in die Muskeln schicken kann. Diese werden dann sofort straffer und weniger geschmeidig in der Bewegung. Durch deine Eile muss ich mehr Adrenalin produzieren, was den ganzen Körper ein wenig in Spannung versetzt und in diesem Zustand hält. Für mich sehr unangenehm.

Wenn du etwas getan hast, was dich befriedigt, ist das für mich auch schön. Befriedigung bewirkt, dass du dich mehr mit mir im Einklang fühlst. Du steigst gewissermaßen in mich hinein, du lässt dich mehr in mich fallen. Schließlich bin ich es, der es dir ermöglicht, Dinge zu tun. Wenn du Befriedigung spürst, habe ich das Gefühl, dass ich etwas von dir dafür zurückbekomme. Dann vibriere ich auf eine angenehme Weise darin mit.

Meine Welt ist die der Natur. Aufgrund meines Wesens bin ich stark mit der Natur verbunden. Deine Welt ist mehr die der *Kultur*, dessen, was die Seele aus ihrer Umgebung aufnimmt. Es erfordert immer ein gewisses Maß an gegenseitiger Anpassung, wie wir beide zusammen mal mehr in der Natur, mal mehr in der Kultur leben. Wenn du gehst, zum Beispiel, ist es ein Unterschied, ob du auf Steinen läufst oder auf der Erde. Steine, wie die Straße und der Gehweg, sind Kultur. Dann laufe ich in deinem Gebiet. Wenn wir einen Waldweg gehen, laufen wir in meinem Gebiet. Wenn du auf die Kräfte der Natur achtest, die dich umgibt, dann kommst du für Momente in meine Welt. Wenn du die Schaufenster der Läden betrachtest, dann muss ich mit in dein Gebiet. Ich finde es angenehm, wenn das im Gleichgewicht miteinander ist.
Wenn du läufst oder Fahrrad fährst, so ist das ein Tempo, das mit meiner Welt zusammenhängt, und ich kann ihm folgen. Steigst du ins Auto oder in ein Flugzeug, dann muss ich wieder mit in deine Welt. Und das ist schwierig. Ich kann die Fülle der Eindrücke häufig nicht richtig verarbeiten. In einem Auto streicht der Wind nicht über deine Wangen. Das ist für mich ein angenehmes Gefühl. Der Wind, der durch ein Autofenster bläst, ist etwas völlig anderes.

Bis hierhin erzählt das Körperwesen von Dingen, die für alle seine Artgenossen, die Körperwesen aller Menschen, in gleichem Maße gelten. Es gibt jedoch auch Erfahrungen für sie, die spezieller sind. Eine davon ist die folgende Geschichte, erzählt vom Körperwesen eines Menschen mit einer Burn-out-Störung:

Ich habe ein Problem mit der Individualität, für die ich arbeite. Er hat eine ganze Zeit lang viel zu hart gearbeitet. Früher tat er regelmäßig Dinge, die für mich angenehm waren. Dinge, die wir zusammen tun konnten, wie zum Beispiel wandern, abends Sport treiben, gesellige Dinge. Allmählich ließ er das schleifen, und immer mehr Zeit ging für seine Arbeit drauf. Für mich bedeutete das: viel Kraft an das Denken abgeben, wenig Raum dafür, bei Dingen zu verweilen, die geschehen, und ständig ein Gefühl der Eile und Spannung, das er mir einprägte. Ich bekam weniger Zeit, um das Essen für ihn zu verdauen; das musste ich erledigen, während zugleich vor mir gefordert wurde, dass ich Vitalität in seinen Kopf schickte, weil er während des Essens telefonierte oder Auto fuhr. Und abends hatte ich nicht genügend Zeit, um die Eindrücke des Vergangenen Tages zu verarbeiten, sodass ich meine Aufmerksamkeit nicht in vollem Maße meiner Nacht-Tätigkeit widmen konnte.
So blieb mir immer weniger Raum, um den Körper zu erhalten. Immer häufiger schleppte ich mich auf das Wochenende zu. Wenn es einen Ruhemoment gab und seine Aufmerksamkeit für Augenblicke nicht nach außen engagiert war, versuchte ich, noch das Beste daraus zu machen, doch mein Rückstand wurde immer größer.
Natürlich versuchte ich ihm zu signalisieren, dass ich damit Probleme hatte. Ich ließ ihn spüren, dass es für mich notwendig war, dass er sich Zeit nahm. Dann spürte er zwar die Müdigkeit und ein gewisses Unbehagen, doch er ließ beides nicht recht an sich herankommen. Nein, stattdessen musste ich eine weitere Tasse Kaffee verarbeiten, und schwuppdiwupp, wieder war mir eine ganze Ladung von Kraft weggenommen worden. Wenn ich Zeit brauchte, um für ihn eine Grippe zu verarbeiten, bekam ich sie auch nicht. Da war das Maß für mich voll. Ich habe ihm den Dienst verweigert. Es war ein Sklavendasein, zu dem er mich zwang. Viele Jahre habe ich es ausgehalten, aber jetzt mache ich das nicht mehr. Soll er doch sehen, wie er zurechtkommt, ich habe kein Vertrauen mehr in ihn.

Jetzt sitzt er zu Hause und denkt, dass ich, wenn er alles ein wenig ruhiger angehen lässt, schon wieder mitmachen werde. Aber da täuscht er sich. Er wird begreifen müssen, dass er endlich einmal gut auf mich hören und mehr Rücksicht auf mich nehmen muss. Vorher mache ich nicht mehr mit. Und wenn er nicht zuhört, wird er noch lange warten können. Es muss ihm einfach deutlich werden, dass ich wirklich nicht bereit bin, auf die alte Weise weiterzumachen. Wenn er bereit ist, einzulenken und sein Verhalten zu ändern, werde ich vielleicht bereit sein, wieder mitzumachen. Wir werden sehen.

Fieber

Ich will dir noch ein wenig mehr über meine Arbeit berichten. Häufig kommt es zu Verunreinigungen in meinem Gebiet. Meistens gelingt es mir gut, sie rechtzeitig und ohne zusätzlichen Aufwand zu beseitigen. Aber manchmal bieten diese Verunreinigungen einen guten Nährboden für Eindringlinge wie Bakterien und Viren. Dann entsteht ein Problem, und es erfordert mehr Arbeit von mir, sie aufzuräumen. Dann ziehe ich die Vitalität aus dem Kopf heraus, sodass sein Denken langsamer wird, ebenso aus den Sinnen und Muskeln. Die Individualität, die mich bewohnt, erlebt dies als Müdigkeit und häufig als Muskelnschmerzen. Dann fange ich mit meiner Reinigungstätigkeit an. Zuerst erhöhe ich die Temperatur, aus der Erfahrung, dass die Eindringlinge sich nicht so gut dagegen wehren können. Auf diese Weise ist es leichter für mich, die Verunreinigungen aufzulösen und auszuscheiden. Dafür brauche ich häufig nur ein paar Tage.
In einer solchen Periode zweige ich nicht gerne Vitalität dafür ab, Nahrung zu verdauen oder neue Substanz aufzubauen. Das kommt später wieder.

Sehr unangenehm finde ich es, wenn man während meiner Arbeit keine Rücksicht auf mich nimmt. Wenn er geradeso tut, als wäre alles in Ordnung, und mir dabei gleichzeitig Vitalität für sein Denken entzieht; dann kostet es mich mehr Zeit, die Sache in Ordnung zu bringen. Und wenn er außerdem normal so weiter isst wie vorher, kostet es mich noch mehr. Häufig muss ich mich dann mit halber Arbeit begnügen. Dann besteht die Gefahr, dass kurze Zeit später wieder ein Eindringling hereinkommt.
Manchmal macht er mir meine Arbeit noch schwerer. Und zwar dann, wenn er mit künstlichen Mitteln dafür sorgt, dass die erhöhte Temperatur, die ich mit so viel Mühe erzeugt habe, wieder rückgängig gemacht wird. Dann kostet mich alles noch mehr Anstrengung.

Einprägen durch die Seele

Ich lebe den ganzen Tag mit der Individualität zusammen, die in mir wohnt. Sie spürt, was ich ihr an Kraft geben kann, und sie bemerkt, was für eine Art von Körperform ich ihr biete. Umgekehrt prägt sie mir ständig Formen ein, die ich allmählich von ihr übernehme. Wie das funktioniert?
Wenn ich eine Ruhephase habe, lasse ich den normalen Adrenalinstand ein wenig absinken. Ich schenke dann dem *Aufbau* mehr Aufmerksamkeit, und ich kann eine ausgewogenere Aufteilung zwischen den unterschiedlichen Vitalitätsfeldern erreichen: Körperdurchblutung, Gehirn, Sinnesorgane und Muskeln. Aber wenn er beispielsweise einmal zu lange an seinem Computer sitzt, muss ich eine andere Position einnehmen. Dann wird sehr viel Vitalität für die Augen und das Gehirn angefordert, während nur sehr wenig für die Bewegung benötigt wird. Arme und Beine werden wenig angesprochen, also gleiten sie langsam ein wenig aus meinem System heraus. Dauert dies zu lang, so kann ich die Gliedmaßen nicht mehr recht

in innerer Vitalität halten, und die Sache beginnt zu kippen. Dann kann er seine Gliedmaßen nicht mehr gut benutzen, sie beginnen zu schmerzen und werden steif.

Wiederum eine andere Geschichte ist es, wenn er über längere Zeit hinweg Ärger oder Groll empfindet. Für ihn sind das unangenehme Stimmungen. Aber für mich bedeutet es, dass fortwährend eine Verkrampfung in der Magengegend besteht. Ich muss das dann zu kompensieren versuchen, doch wenn die Verkrampfung länger anhält, wird dieses Gebiet immer schwächer. Das spürt er dann möglicherweise als Magenschmerzen, doch selbst wenn er es nicht spürt, bedeutet es für mich doch eine Schwächung, die einige Zeit anhalten kann. Manchmal sogar jahrelang. Ich bemühe mich schon, dass alles im Rahmen bleibt, aber dennoch, an so einer Stelle werde ich im Laufe der Zeit eben doch immer schwächer.

In dieser Weise vibriere ich bei allen Stimmungen mit, die er erlebt, und auch bei all seinen Emotionen und Gefühlen. Und so erlebe ich in meinem Leben mit ihm ganz unterschiedliche Phasen. Immer wenn ich über längere Zeit hinweg eine einseitige Stimmung von ihm ertragen muss, werde ich in eine einseitige Position gedrängt. Wenn du mich am Ende seines Lebens sehen könntest, würdest du etwas ganz Besonderes wahrnehmen. Dann siehst du, dass ich im Lauf der Zeit ganz unterschiedliche äußere Formen angenommen habe.

Denn ich bin eigentlich eine Zeitgestalt. Ich arbeite mit der Zeit und durch die Zeit und biete ihm im Lauf der Zeit ganz unterschiedliche Gestalten an, in denen er wohnt. Dies ermöglicht ihm in diesen unterschiedlichen Lebensphasen viele unterschiedliche Erfahrungen. Wenn er klein ist, hat er es vor allem mit dem direkten Erleben der Dinge zu tun, weil ich ihm noch wenig Vitalität für sein Denken zur Verfügung gestellt habe. Dadurch kann er sich dessen, was geschieht, noch nicht so bewusst sein. So biete ich ihm in der Pubertät wiederum ganz andere Möglichkeiten: Jetzt stehen die Emotionen stärker im Vordergrund.

Ursprung

Du fragst mich, wie alt ich bin und woher ich komme? Das ist eine lange Geschichte. Vor langer Zeit wurde ich von höheren Wesen geschaffen. Wir Körperwesen haben die Aufgabe bekommen, den Menschen in seinem Dasein auf der Erde zu tragen. Damals sahen wir noch völlig anders aus. Wir waren groß und klar, wir strahlten viel mehr. Wir bestanden noch viel mehr aus Licht, statt aus dichter Materie wie heute. Wir wussten, dass die Begleitung dieses Menschen eine anstrengende Aufgabe werden würde, durch lange Zeiten hindurch, wir wussten auch, dass sie uns manchmal nicht leicht werden würde. Und das stimmte. Jeder von uns wurde einer eigenen Individualität zugeteilt. Mit ihr haben wir es die ganze Zeit über zu tun, durch ganz unterschiedliche Leben, Zeiten und Kulturen hindurch. Immer wieder sind wir mit von der Partie. Unser Bewohner macht hier im irdischen Dasein eine ganze Geschichte durch. Wir begleiten ihn dabei.

Zu Beginn war er noch wie träumend und sehr mit der geistigen Welt verbunden, durch die er geschaffen worden war. Er tauchte nicht ganz in uns ein, sondern ragte auf allen Seiten noch über uns hinaus. So war er noch viel mehr Geist als der heutige Mensch. Auch der Unterschied zwischen Leben und Tod war noch nicht so ausgeprägt. Er existierte gewissermaßen träumend, mal mehr im geistigen Dasein und dann wieder mehr im körperlichen irdischen Dasein. Doch dies änderte sich allmählich, in Übereinstimmung mit seinem Auftrag. Jedes Mal, wenn er sich aufs Neue mit der Erde verband und in uns Wohnung nahm, tauchte er tiefer in uns ein. Er beschäftigte sich mehr mit der Erde, interessierte sich stärker für sie. Auch das prägte sich uns ein. So traten wir beide in einen neuen Kreislauf ein. Er stieg tiefer in seinen Körper hinab, in mich also, sein Körperwesen. Weil er intensiver wahrzunehmen begann, prägte er uns noch anderes ein; er ließ uns mehr Energie in die Sinne und das Gehirn schicken.

Er wurde sich stärker seiner selbst bewusst, und er wurde auch stärker anfällig für die Verführungen durch all die Wesen der Unterwelt. Auch diese Verführungen prägte er uns ein. Bei jeder Verführung macht er uns ein wenig ›dichter‹. Und dadurch verlor er auch immer wieder etwas von seiner Verbindung mit der geistigen Welt. Das war gut so, so war es beabsichtigt. Und all diese Verdichtungen trugen immer wir für ihn. So veränderten auch wir uns im Laufe der Zeit. Unsere Gestalt verlor viel von ihrer lichten Durchlässigkeit; wir wurden immer stärker von dunklen und kompakten Stellen durchzogen. Und so kam es, dass er sich immer stärker der Erde zuwandte. Er wusste seine Sinne immer besser zu gebrauchen, und sein Denken über die Dinge der Welt wurde immer klarer. Er wurde ein echter Erdenbürger. Der Preis, den er dafür bezahlte, war der Verlust seiner Verbindung mit der geistigen Welt, aus der er stammte.
Wenn er sein Leben hier beendet hatte, verließ er uns. Auch für uns war die Aufgabe für dieses Leben dann erledigt, also konnten auch wir nach Hause zurückkehren. Dann ließen wir die physische Materie los. Sie zerfiel dann, so wie sie einmal zu uns gekommen war. Und wir kehrten zurück in unser eigenes Land in der Geistwelt und wurden in die Weltenkräfte der Natur aufgenommen. Dort warteten wir auf die nächste Runde.

Alte Krankheiten

Du wirst jetzt vielleicht auch besser verstehen, was die tiefere Ursache verschiedener Krankheiten ist. Sie liegen in einer viel ferneren Vergangenheit, als es für dich jetzt sichtbar ist, nämlich in einem früheren Leben oder noch weiter zurück. Dort sind die Dinge geschehen – oder besser gesagt: Dort hat die Individualität Dinge durchgemacht, die ihre Seele beeinträchtigt haben, und die Spuren davon hat sie uns eingeprägt. Das trage ich also weiter. Wenn sie im jetzigen

Leben nicht darauf zurückkommt, um es auszugleichen, tragen wir es weiter in ein nächstes Leben. Man kann das in etwa wie eine Art dunklen Fleck beschreiben. Diese dunklen Flecken hängen mit den Verführungen zusammen, die die Individualität erlebt hat und denen sie nachgab. Haben diese damals tiefgreifend weitergewirkt, so haben sie sich auch stark in uns eingeprägt. Siehst du es vor dir, wie wir nach ihrem Tod aussehen? Wir sind übersät mit Prellungen und blauen Flecken. Versuche einmal zu sehen, wie das aussieht im Vergleich zu der prächtigen Gestalt, die wir früher darstellten. Diese hatte vielmehr Schönheit an sich. Sie war unglaublich strahlend und rein. Schade, dass wir so verunstaltet wurden.
Aber ich gebe fairerweise zu: Es entsteht in der Individualität auch etwas Spannendes, das früher nicht da war. Und zwar Freiheit und Selbstständigkeit. Das bedingt ihre Fähigkeit, selbstständig ein moralisches Urteil zu fällen und danach zu handeln. Manchmal sehen wir auch, wie sie aus eigener Kraft ihre Verbindung zu einem Zipfel der geistigen Welt wiederfindet. Dann beginnt ein Stück ihrer Seele aufs Neue zu strahlen. Auch das prägt sich in uns ein. So bringt die Individualität uns aus eigener Kraft wieder ein wenig in eine neue, strahlende Form. Damit fügt sie der geistigen Welt etwas hinzu, das es bis dahin nicht gab. Dann solltest du einmal sehen können, wie die geistige Welt darauf reagiert! Es ist fantastisch. Die Wesen dort werden von Glück und Freude erfüllt. Sie verwundern sich über die Schönheit des neu entstandenen Menschen. Da wird etwas von dem sichtbar, was seit Anfang der Schöpfung beabsichtigt war. Neben all dem Grauen, das durch die Wirkung der Verführer in die Individualität hineingekommen ist, ist dies ein unglaublich hoffnungsvoller Anblick.

Ich möchte noch einmal auf die Krankheiten zurückkommen. Wenn die Individualität zum Beispiel in einer bestimmten Zeit in ihrem früheren Leben anderen mit Hass begegnet ist, stellt sich das in einen Gegensatz zu seiner Liebe und seinem Engagement für andere. Der Respekt für den anderen leidet darunter. Liebe und Respekt sind Eigenschaften, die die Seele zum Strahlen bringen. An ihre Stelle tritt nun die Finsternis des Hasses. Kannst du einmal versuchen, zu empfinden, wie Hass auf den Körper wirkt? Die Atmung verändert sich, der Herzschlag wird rascher. Die Durchblutung verschiedener Organe wird schwächer. Dies gilt insbesondere für die Organe im Bauchbereich. Sie leiden darunter.

Kannst du nachempfinden, wie anders dies wirkt als zum Beispiel Zerstörungsdrang? Da handelt es sich ebenfalls um Hass, doch um einen Hass, der ausgelebt wird. Ich erlebe das als eine Art von Erkalten und Verhärtung der Gliedmaßen. Der Mensch wird in diesem Bereich dann geschwächt.

Nach seinem Tod trage ich diese Schwächen an mir. Dadurch kann ich ihm in seinem nächsten Leben keinen starken Bauchorgane oder starke Gliedmaßen zubereiten.

Mir fehlen dann die entsprechenden Möglichkeiten. Und wenn er sich dann in seinem nächsten Leben nicht besonders um seinen Bauch oder seine Gliedmaßen kümmert, wird das irgendwann zu Komplikationen führen. Dann werden diese Körperteile krank. Diese Art von Krankheiten stammt nicht aus einem einzigen Leben, sondern sie hat ihren Ursprung in einer viel weiter zurückliegenden Vergangenheit.

So präsentiere ich dem Menschen eine ganze Skala von Schwächen in diesem Leben, die er in früheren Leben in mir veranlagt hat. Ihnen begegnet er auf diese Weise wieder. Dies gibt ihm die Möglichkeit, jetzt anders damit umzugehen. Wenn bei ihm die Krankheit in seinem Körper auftritt, habe ich ihn ein Stück weit aus meinem Urbild verloren. Das ist für mich die einzige Lösung, wenn ich meine Urgestalt wieder in Ordnung bringen möchte. Für sein Leben bin ich der Träger einer Fülle von derartigen ›getrübten Stellen‹. Lasse ich sie sich in seinem Körper auswirken, wird er also krank, bin ich

sie weitgehend los. Darin besteht seine Chance, weiterzukommen. Und es liegt in meiner Verantwortung, ihm diese trüben Bereiche zurückzugeben, um ihn allmählich von dem zu entlasten, was er früher selbst verunstaltet hat.
Ich tue dies nicht, um zu bestrafen. Es ist lediglich die geistige Konsequenz dessen, wie er in der Vergangenheit gehandelt hat. Wenn er letztendlich etwas daraus gelernt hat, ist er weitergekommen, und er ist durch diesen Lernprozess viel strahlender geworden. Er ist weiser geworden, und er hat mehr Selbsterkenntnis und Menschenkenntnis erworben.
Es ist sehr spannend, was sich beim Kranksein ereignet. Es ist eine Chance, sagte ich. Aber es liegt in der Freiheit und in der Verantwortung des Menschen, was er damit anfängt. Man sieht Menschen, die mit dem Gefühl der Verbitterung auf eine Krankheit reagieren. Sie erleben sich als ein Opfer der Krankheit. Sie sind unzufrieden darüber, dass das Leben ihnen so etwas antut. Oder sie fühlen sich betrogen, weil sie bestimmte Dinge nicht mehr tun können, die sie so gerne noch tun wollten. Sie wollten beispielsweise noch wichtige Angelegenheiten erledigen oder Schönes erleben. Siehst du, wie da neue Grauzonen in der Seele entstehen? Wenn dies länger anhält, prägt sich uns auch das ein, und es hat sich wieder eine neue Krankheitsanlage gebildet. So gerät er in einen Teufelskreis, und hoffentlich wird es ihm eines Tages gelingen, da herauszukommen. Er wird weitere Chancen erhalten, weil alles wieder zurückkommt. Es bietet sich immer wieder aufs Neue die Chance, diesen Teufelskreis zu verlassen.
Wir können auch verfolgen, was die Weisheit, die durch das Durchmachen von Krankheiten oder Schicksalsschlägen entstanden ist, in uns zuwege bringt. Das sind gewaltige Prozesse. Weisheit und Selbstbesinnung prägen sich in uns als eine Qualitätsverbesserung ein. Wir werden dadurch stärker und heller. Das bedeutet, dass wir beim nächsten Mal einen Körper bereitstellen können, der über

mehr Kraft verfügt. Er sieht dann strahlender aus. Er ist gesünder und bleibt länger jung. Dann tragen wir das nächste Leben leichter für die Individualität. Das macht es ihr einfacher, diejenigen Dinge zu tun, die sie sich für dieses Leben vorgenommen hat. Auf diese Weise gelangt sie in einen positiven Kreislauf.
So sehen wir, dass man niemals ein Leben losgelöst von einem früheren, aber auch nicht von einem kommenden betrachten kann. Es handelt sich um ein fortlaufendes Ganzes.

Hinter uns

Wir Körperwesen sind die Erbauer des Menschenkörpers. In früheren Leben haben wir manches erlebt, wie unser Mensch mit uns umgegangen ist. Dies tragen wir weiter ins nächste Leben. Ich beschrieb bereits, wie wir sowohl die unangenehmen als auch die guten Resultate daraus ins jetzige Dasein hereintragen.
Doch wir sind nicht die großen Architekten dieses Bauwerks. Wir sind nur Ausführende. Hinter uns stehen größere Wesen. Sie sorgen für die Komposition des Lebens, das die Individualität auf der Erde lebt. Sie machen aus der Biografie die Komposition, die sich dem Menschen zeigt, wenn er auf seinen Lebenslauf blickt. Wir haben keinen Überblick über diese Entwicklung als Ganze. Sie hängt mit dem zusammen, was der Mensch an Neuem für andere Menschen oder für die Erde als Ganzes schaffen kann. Oder damit, wie sein Leben mit den Erfahrungen anderer Menschen verbunden ist. Wir sind nur die Ausführenden seines Plans. Wir erhalten lediglich den Auftrag.
Wir Körperwesen sind auch miteinander verbunden. Was sich beim einen Menschen abspielt, hängt eng mit dem zusammen, was bei anderen Menschen geschieht. Häufig müssen wir beispielsweise eine Weile warten, bis wir eine Krankheit ausbrechen lassen können, so

lange, bis die anderen Menschen, die damit in Verbindung stehen, ebenfalls bereit dafür sind. Wer etwas hiervon verstehen will, muss in der Kategorie von Kompositionen denken. Wir sind nämlich nicht so getrennt voneinander wie ihr. Oder, besser gesagt, wie ihr es zu sein glaubt. Stellt euch einmal Folgendes vor:

Ich erwähnte vorhin das Beispiel eines Menschen, der in einer bestimmten Phase seines Lebens stark mit Hassgefühlen zu kämpfen hatte. Dies lässt sich nicht unabhängig von anderen Menschen betrachten. Es gab Menschen, die von ihm gehasst wurden. Und es gab auch Menschen in seiner Umgebung, die den Hass, der in ihm lebte, miterlebten. Wie gingen sie damit um? Haben sie ihn in seinem Hass bestärkt? Oder halfen sie ihm, ihn zu überwinden? So sehen wir ein ganzes Netzwerk um diesen Hass herum. Und wir Körperwesen fangen jeweils etwas davon auf. So sind wir miteinander durch ein bestimmtes Thema verbunden. Solche Themen sind es, die wir gemeinsam für die in uns wohnenden Individualitäten auszuarbeiten versuchen.

Die großen Lenker des Menschenschicksals haben ihre eigenen Gesetzmäßigkeiten. Sie stimulieren die Menschen in ihrer freien Entwicklung. Nehmen wir einmal an, dass der Mensch diese Impulse bereitwillig aufnimmt. Dann macht er seine Seele immer schöner. Auch das trägt sich uns ein, wodurch auch wir immer heller werden. Doch dann kann Folgendes geschehen: Durch das zunehmende Licht wird auch der Kontrast mit den dunklen Stellen größer. Sie beginnen die Entwicklung, die er durchmachen möchte, stark zu behindern. Dann erhalten wir den Auftrag, wiederum einen Teil dieser trüben Einschlüsse in seinem Körper zu bearbeiten. Das bedeutet möglicherweise, dass er eine gewisse Zeit lang auf der Stelle treten und diese Verarbeitung durchmachen muss. Ist ihm das gelungen, so kann er mit neuem, größerem Schwung die Spur seines Lebens weiter fortsetzen. Es kann also sein, dass er gerade dadurch, dass er eine sinnvolle Entwicklung durchmacht, Krankheiten provo-

ziert. So etwas lässt sich unter diesem Blickwinkel also auch als eine Art Belohnung betrachten.
Auch an diesem Beispiel sehen wir, dass es notwendig ist, die Dinge unter eine größere Perspektive zu stellen, wenn wir sie wirklich verstehen wollen.
Diese hohen Wesen sind von einer viel höheren Rangordnung als wir. Sie haben den vollkommenen Überblick über die Entwicklung der Individualität durch all ihre Leben. Zuerst steht da der Engel, der das individuelle Leben lenkt. Er gibt uns unsere ersten Aufträge. Dahinter steht ein höheres Wesen, der Erzengel. Er hängt stärker mit dem zusammen, was das Individuum für andere und für Menschheit und die Erde in ihrer Gesamtheit in seinem Leben schaffen will. Auch Raphael, der große Heiler unter den Erzengeln, steht hinter mir. In ihm lebt der Wille, uns kosmisch von unserem dunklen Flecken zu heilen. Und nicht nur uns, sondern durch uns auch die Individualität von ihren früheren Verfehlungen zu heilen. Heilen in einem umfassenderen Sinn ist also dasselbe wie Krankmachen im engeren Sinn. Das ist die Aufgabe, die Raphael zugeteilt ist.

Wir möchten zusammenarbeiten. Wir möchten gerne die Einsamkeit ablegen, die uns begleitet, weil der Mensch, der in uns lebt, sich unserer Existenz nicht bewusst ist. Wir möchten Verbindung und Zusammenarbeit. Es ist jetzt an der Zeit dafür. Ich hoffe sehr, dass das, was ich hier berichte, dazu beitragen kann.

8 Schaffende Götter

Die Welt der schaffenden Götter ist die Welt des Paradieses. Im Bild des Paradieses lebt die Harmonie, wie sie einst in der Menschheit existiert hat. Damals lebten die Menschen in Harmonie miteinander, mit der Natur und mit den Göttern. In der Natur ist diese Harmonie immer noch vorhanden, sofern sie nicht durch die Hand des Menschen beeinträchtigt worden ist. In jeder Pflanze, in jedem Tier, ist diese Harmonie grundsätzlich anwesend. Wenn ein Löwe ein Gnu jagt und auffrisst, ist dies keine moralisch verwerfliche Tat. So wurde das Tier geschaffen, und es lebt nur den Instinkt aus, der ihm mitgegeben worden ist. Das Tier tut dies nicht aus Wut oder Hass, sondern aus Notwendigkeit. Dadurch bietet es auch weiteren Tieren Nahrung, zum Beispiel den Hyänen, den Geiern, den Krähen und einer ganzen Reihe noch kleinerer Tiere.

Um die Welt der schaffenden Götter betreten zu können, können wir das Sinnesorgan des »Berührtseins« einsetzen. Dies tun wir am besten schrittweise wie folgt:

- Sie knüpfen an eine besonders schöne Erfahrung an, die Sie an der Natur erlebt haben. Sie suchen in Ihrer Erinnerung nach einem Bild von etwas, das Sie irgendwann einmal erlebt haben und das Sie tief berührt hat.
- Sie gehen in Ihrer Erinnerung zu diesem Moment zurück und lassen das Gefühl, das Sie damals empfanden, wieder in sich aufheben. Lassen Sie es ganz durch Ihre Seele ziehen und erleben Sie es in seiner ganzen Fülle.

- Jetzt fragen Sie sich: Worin bestand das Eigentliche, das Wesenhafte, das in diesem Moment vorhanden war und das Sie so berührt hat? (Dadurch suchen Sie nach der Wirkung, durch welche Sie die Anwesenheit von etwas Großartigem erlebten.)
- Halten Sie Verbindung mit dem Gefühl des Berührtseins, aber auch mit dem Wesenhaften, dessen Gegenwart Sie erlebten. Danach schieben Sie das Erinnerungsbild etwas zur Seite.
- Jetzt wird es dunkel. Sie sehen nichts mehr vor sich. Aber Sie können sich die Frage stellen: »Wessen Gegenwart habe ich in diesem Moment erlebt?«

Auf diese Weise stellen Sie die innere Verbindung mit den Wesen her, die schaffend in der Natur wirksam waren und immer noch dort wirksam sind – in jedem Moment des Tages, in jeder Naturerscheinung.

Wenn Sie dieses Sinneswerkzeug der Empfindsamkeit in der beschriebenen meditativen Weise über längere Zeit hinweg regelmäßig üben, wird es auch im Alltag immer aktiver werden, und Sie werden immer mehr vom Wirken der Schöpfung erleben. Es ist die Welt dessen, was die Griechen als »Artemis« bezeichneten, die Göttin der unberührten Natur; sie lebte im Verborgenen. Die Natur erwacht zum Leben, und hinter ihr steht die mächtige Welt der Schöpfer.

Indem Sie dieses Sinnesorgan benutzen, werden Sie immer mehr von der Schönheit der Natur erkennen. Auch ihre Zusammenhänge und Beziehungen in ihrer ganzen Subtilität werden sichtbar. Es wird deutlich, dass alles, was oberflächlich betrachtet voneinander getrennt ist, miteinander in Verbindung steht und eine Bedeutung füreinander hat.

In der heutigen Zeit ist das Sinnesorgan, mit dem wir die schaffenden Götter erleben können, bei den meisten Menschen von Natur aus nicht besonders aktiv. In anderen Zeiten und Kulturen war dies nicht so. Die nordamerikanischen Indianer erlebten beispielsweise immer die Gegenwart der schaffenden Götter in der Natur. Wenn sie auf die Jagd gingen, um Bisons zu erlegen, die sie als Nahrung benötigten, hielten sie zuerst eine Zeremonie für den Gott der Bisons ab. Sie brachten ihm ihre Ehrbezeugung dar und übermittelten den Göttern durch ein Ritual ihre Dankbarkeit dafür, dass die Bisons wieder da waren. Nach der Jagd wurde den Göttern ebenfalls Dank abgestattet. Und alles, was der Körper des Bisons hergab, wurde von den Indianern verwendet. So wenig Abfall wie möglich wurde zurückgelassen. Dieses Verhalten stand in diametralem Gegensatz zu dem, was die Weißen taten. Sie erschossen das Tier, schnitten das schmackhafteste Teil, die Zunge, heraus, und ließen den Rest einfach liegen, sodass er verfaulte.

9 Christus

Besondere Momente lassen sich auch in der Begegnung mit anderen Menschen erleben. Manchmal gelingt es, dem anderen wirklich zu begegnen, und dann ereignen sich besondere Dinge. Auch da kann es geschehen, dass wir davon tief berührt werden und für Momente dem Alltagsgeschehen enthoben sind.
Was einer Begegnung einen besonderen Charakter verleihen kann, ist beispielsweise das Gefühl, dass wir den anderen für Augenblicke in seinem wesenhaften Sein erblickt haben oder dass wir uns selbst in unserem wesenhaften Sein zeigen konnten. Dann fallen kurz sämtliche Normen weg, und die Verführer, die wir in petto haben, um unsere Unsicherheit zu kaschieren, sind einen Moment lang ausgeschaltet. So sind wir ganz kurz der Mensch, der wir in der Zukunft sein könnten. Wenn der andere uns in einem solchen Moment ebenfalls in dieser Weise sieht, erzeugt das eine ganz besondere Atmosphäre.
Auch diese Atmosphäre können wir in der beschriebenen Weise meditativ bearbeiten. Wir können auch hier das Sinnesorgan der Empfindsamkeit einsetzen. Wiederum gelangen wir zur Begegnung mit einem Höherem. Wem begegnen wir da?
Diesmal sind es nicht die schaffenden Götter, die wir antreffen. Die Begegnung mit einem anderen Menschen ist keine Angelegenheit der schaffenden Götter, weil wir uns als Menschen nach dem Sündenfall ihrem direkten Einfluss entzogen haben. Bei der Begegnung mit dem anderen spielt auch die eigene Bemühung eine Rolle. Wir müssen bereit sein, unsere wesenhafte Seite zu öffnen und alle ab-

lenkenden, nebensächlichen Muster aufzugeben. Auch der andere muss dies tun. Durch die wechselseitige Anstrengung – man könnte auch sagen: durch diese wechselseitige Bereitschaft –, kann die Begegnung zustande kommen. Beide Seiten bewegen sich in einem sehr besonderen Bereich. In Freiheit, weil sie es so wollen. So entsteht ein ganz besonderes Wir-Gefühl.

Wenn ich zu erleben versuche, mit welcher Art geistiger Kraft dieser Vorgang zusammenhängt, stoße ich auf die Wirkung dessen, der in der christlichen Tradition als der Christus bezeichnet wird.

In der Bibel beschreibt der Apostel Paulus, dass Christus sagt: »Wo zwei Menschen in meinem Namen beisammen sind, bin ich mitten unter ihnen.«

Die Bedeutung dieses Satzes hat mich lange beschäftigt. Was heißt »In seinem Namen beisammen sein«? Heißt das, dass man ein Christ ist? Heißt das, dass man getauft ist, Mitglied einer Kirche ist oder zur Kirche geht? Heißt das, dass man die Bibel gut kennen muss? Bei all diesen Dingen denke ich: Nein, darum geht es eigentlich nicht. Es sind Faktoren, die möglicherweise sogar störend sein können.

Im Zusammenhang dieses Buches neige ich dazu, es so zu formulieren: Christ sein bedeutet, dass man eine geistige Verbindung mit der Kraft empfindet, die sich einst in Christus manifestierte. Diese Kraft ist im Kosmos nach wie vor gegenwärtig und wirksam. Bewusst oder unbewusst können wir mit ihr verbunden sein. Auf den Namen kommt es nicht unbedingt an, vielmehr auf die Stimmung und die Inspiration.

Meines Erachtens geht es im Wesentlichen um den Respekt vor dem und um die Neugier auf den anderen, um die Einbeziehung und Rücksichtnahme auf ihn bei unseren Taten; darum, dass wir den Sinn des Lebens erkennen und ihn ernst nehmen. Dass wir uns um Authentizität bemühen und allen Schein zurückdrängen. Und dass wir daran mitwirken, dass andere dies ebenfalls können. Das alles sehe ich als einen Impuls des Christlichen. Es ist ein bewegender, ergreifender Impuls.

Wenn ich diese Welt erfahren möchte, kann ich dies mithilfe der Meditation tun, die im vorigen Kapitel beschrieben wurde. Dort gingen wir von einem Naturerlebnis aus. Jetzt nehmen wir eine besondere Begegnung mit einem anderen Menschen zum Ausgangspunkt.

10 Die Verstorbenen

Der Engel ist ein Wesen ausschließlich geistigen Ursprungs. Er begleitet Menschen auf der Erde und begleitet lenkend ihr Leben aus der Welt des Geistes heraus. Die Inspiratoren wirken ebenfalls unterstützend aus der Welt des Geistes. Aus derselben Welt können auch Verstorbene auf uns einwirken.

Verstorbene haben vom irdischen Dasein Abschied genommen. Sie verlassen ihren Körper, der sich – den Kräften der Natur überlassen – auflösen wird. Die Seele und das Körperwesen ziehen sich aus dem irdischen Dasein in die Seelenwelt und die Welt des Geistes zurück. Es ist ein allmählicher Prozess, dieses Loslassen des Erdendaseins. Aus ihrem Dasein in der Seelenwelt können Verstorbene sowohl unterstützend als auch störend auf die Menschen auf der Erde einwirken. Wir, als die Hinterbliebenen, können diese Unterstützung dankbar in Empfang nehmen. Die störenden Einflüsse können wir beheben, wenn wir sie erkennen.

Das Leben nach dem Tod stelle ich mir so vor:

Die Menschenseele hat den Körper losgelassen. Dieser ist eine kurze Zeit lang noch mit dem Körperwesen verbunden. Durch diese Verbindung sieht die Seele ihr gesamtes Leben noch einmal in Bildern vor sich. Es ist ein großes und lebendiges Tableau, wie es auch Menschen mit Nahtoderfahrungen beschreiben: Alles, was wir in unserem Leben erlebt haben, ist darin enthalten.

Das Körperwesen wird dann aus seiner Funktion entlassen. Es braucht den Körper nicht mehr aufzubauen, damit er der Seele als

Wohnstatt und Instrument dienen kann. Es zieht sich in dem Kosmos zurück und bewahrt dort Elemente des vergangenen Lebens für die nächste Verkörperung auf. Dies wurde bereits im Kapitel über das Körperwesen dargestellt.

Die Seele und das selbstbewusste Ich leben nun ausschließlich in der Seelenwelt. Sie verfügen nun über keine Sinnesorgane für irdische Dinge mehr. Was das Selbstbewusstsein jetzt erlebt, ist ein Abschiednehmen von den geliebten Menschen, mit denen die Seele auf Erden verbunden war. Dieser Abschied kann schmerzlich sein. Dazu muss sie bereit sein, oder sie muss allmählich dafür bereit werden.

Und dann kommt es zur Begegnung mit den Kräften, die in der eigenen Seele leben. Wie bereits beschrieben, können diverse Verführer und Gespenster sich einen festen Ort in der Seele erobert haben. Für das selbstbewusste Ich folgt dann eine Zeit, während derer es unausweichlich zur Konfrontation mit diesen Wesen kommt. Das kann eine sehr schmerzhafte Begegnung sein! Während des irdischen Daseins können wir Dinge, mit denen wir uns nicht auseinandersetzen wollen, verdrängen. Wenn wir etwas verdrängen, schieben wir es in der Seele zur Seite, wir drücken es sozusagen in den Körper hinein. Das ist nach dem Tod nicht mehr möglich, denn es gibt keinen Körper mehr.

Etwas von dieser Erfahrung – der Begegnung mit dem eigenen Selbst nach dem Tod – wird in der griechischen Mythe vom Frevler Tantalos beschrieben. Diese Gestalt lebt bis in unsere heutige Kultur weiter in dem Ausdruck »Tantalosqualen«. Tantalos hatte in den Augen der Götter einen großen Frevel begangen. Sie bestraften ihn, indem sie ihn unter einen Apfelbaum in einem See verbannten. Wenn er Durst hatte und sich nach vorn beugte, um zu trinken, wich das Wasser zurück. Wenn er seine Hände ausstreckte, um einen Apfel zu pflücken, bog sich der Ast des Baumes von ihm weg. So sah er fortwährend Wasser und Äpfel, doch er konnte beide nicht erreichen. So litt er unerträglichen Hunger und Durst.

Wenn wir diesen Mythos in einen Zusammenhang mit dem bringen, was wir über das Wirken der Verführer schilderten, so wird deutlich, dass hier eine direkte Begegnung mit ihnen stattfindet. Diese Verführer spiegeln uns während des irdischen Lebens alles Mögliche vor. Sie verführen uns zum Schlemmen oder zur Habgier und bieten uns Lösungen unserer Probleme an, die uns im Grunde noch weiter vom Ziel entfernen. Sie versuchen sich in unsere Aura einzunisten und dort einen festen Platz zu erobern. Dann wohnen sie also in der Seele. Nach dem Tod nehmen wie sie zunächst mit in die Seelenwelt. Dort zeigen sie dann ihr wahres Antlitz. Dort werden wir ihnen aus dem selbstbewussten Ich heraus begegnen. So können wir uns von ihrem Einfluss befreien, um schließlich ohne sie den Weg in die geistige Welt weiterzugehen. Die Verführer bleiben zurück. Auf diese Weise lösen wir uns von der Erde, um in der geistigen Welt die Erfahrungen des vergangenen Lebens weiter zu verarbeiten und Inspiration für das kommende Leben aufzunehmen.
Doch nicht nur den Verführern begegnet die Seele – auch den liebevollen Wesen der Geisteswelt kann sie begegnen. Ich sagte: sie kann. Denn wenn die Seele auf Erden keinerlei Offenheit für den Geist gezeigt und keine Verbindung mit ihm erlebt hat, wird sie diese Wesen nach dem Tod weniger wahrnehmen.

Wie überschreitet ein Mensch die Schwelle des Todes? Wie gelangt er auf die andere Seite, in die Seelenwelt? Dies ist, je nach Persönlichkeit, ganz unterschiedlich. Es gibt Menschenseelen, die während ihres Lebens so stark auf das Irdische orientiert sind und sich so wenig auf das Dasein nach dem Tod vorbereitet haben, dass alle Aufmerksamkeit weiterhin auf die stoffliche Welt gerichtet bleibt. Ganz anders ist es, wenn ein Mensch sich innerlich auf dem Tod vorbereitete und ruhig die Schwelle überschritten hat, bereit dafür, dem zu begegnen, was dort auf ihn wartet.
Ein Mensch, der in einer Stimmung der Hingabe verschieden ist

und der eine selbstlose Liebe und Zuwendung gegenüber den ihm nahestehenden Menschen empfindet, die er zurücklässt, ein solcher Mensch kann aus dieser Liebe heraus weiterhin eine Wirkung auf die Zurückbleibenden haben. So berichtete mir einmal jemand Folgendes:

Ich hing sehr an meinem Großvater. Und er an mir. Er war lange krank gewesen, und wir wussten alle, dass es nicht mehr lange dauern würde, bis er sterben würde. Ich hatte noch keinen Abschied von ihm genommen. Eines Nachts träumte ich, dass er bei mir vorbeikam; er sah strahlend aus. Er blickte mich nur lächelnd an. Aus seinen Augen strahlte so etwas wie »Es ist gut.« Am nächsten Morgen hörte ich, dass er gestorben war. Dies war offenbar seine Art und Weise gewesen, noch kurz Abschied zu nehmen. Mir hat dieser Traum (oder war es eine Vision?) sehr gut getan.

Wie anders ist es, wenn das Gegenteil eintritt! In dem Film *The Sixth Sense* (1999) sehen wir Cole, einen etwa achtjährigen Jungen. Er hat Ängste. Seine Mutter sucht wegen seines ängstlichen Verhaltens gemeinsam mit ihm einen Kinderpsychologen auf. In einem bestimmten Moment verrät der Junge, ganz vorsichtig, sein Geheimnis: »Ich sehe tote Menschen.« Seine Angst, dass man ihn nicht ernst nehmen wird, bewahrheitet sich. Der erste Gedanke ist, dass er unter Wahnvorstellungen leidet. Im weiteren Verlauf des Films wird deutlich, dass er tatsächlich Verstorbene sieht. Sie geistern um ihn herum, sogar durch sein Schlafzimmer. Seine Reaktion besteht darin, sich ängstlich zurückzuziehen. Schließlich findet er eine bessere Strategie. Er traut sich die Frage zu stellen, warum sie ihm erscheinen und was er für sie tun könne. So verschwindet seine Angst. Der eigentliche Clou des Films ist noch viel raffinierter, und es lohnt sich wirklich, ihn anzuschauen.

Ein häufig vorkommendes Phänomen ist das sogenannte »Klammern« der Verstorbenen. Es kann sein, dass sie nach Menschen suchen, die für sie offen sind, und ihnen dann erscheinen. Wenn sie zu stark auf das Irdische orientiert sind und es über den Tod hinaus festhalten wollen, können sie sich an Menschen klammern, die dafür sensibel sind. Diese spüren das und bekommen Probleme dadurch. Was kann man dagegen tun? Die Erfahrung lehrt, dass diese Neigung zum Klammern einer Antwort bedarf. Die erste Reaktion eines Menschen, der auf diese Weise Besuch erhält, besteht häufig darin, dass er sich in Angst flüchtet. Doch dies schafft gerade einen noch größeren seelischen Raum für die Neigung des Toten, zu klammern. Eine beherzte Reaktion wäre, sie wegzuschicken, ihnen zu erzählen, dass sie tot sind und dass sie sich damit abfinden sollen. Erfolgt diese Antwort liebevoll, aber streng, kann dies helfen, die eigene Seele gegen solche Einflüsse zu verschließen.
Mehrere Menschen berichteten mir, dass sie sich in einem neuen Haus, in das sie eingezogen waren, sehr »unheimisch« fühlten. Als sie sich nach dem Umzug eingerichtet haben, erlebten sie in ihrer neuen Wohnung eine gewisse Dunkelheit.

Ich wohnte bereits einige Zeit in meinem neuen Haus, und ich fühlte mich häufig sehr unwohl dort. Es war ein Gefühl, das ich überhaupt nicht kannte und auch nie zuvor verspürt hatte. Ich habe versucht, es zu ignorieren, doch es gelang mir nicht. Da kam ich dahinter, dass ein früherer Bewohner dieses Hauses dort Selbstmord begangen hatte. Ich war froh, dass ich das erfuhr, denn es lieferte mir eine Erklärung für mein ungutes Gefühl. Ich habe dann versucht, ein Ritual für diesen Verstorbenen zu schaffen. Ich habe ihm zugeredet und ihm gesagt, er solle dieses Haus verlassen. Danach habe ich noch eine Art Reinigung des Hauses vorgenommen. Dann war mein seltsames Gefühl verschwunden.

Meditation

Nun, da wir am Ende unserer Schilderungen dessen angelangt sind, was in uns und um uns herum so alles lebt, möchte ich noch einmal kurz bei dem Thema der Meditation verweilen.
Es wurden einige Übungen dargestellt, mit denen sich die neuen Sinnesorgane der Seele entwickeln lassen. Die Meditation, wie sie in der Anthroposophie Rudolf Steiners beschrieben wird, hat das Ziel, diese Organe weiter auszubilden. Die Meditation schafft auch Begriffsstrukturen im Wahrnehmen und im Denken, die uns helfen können, uns in der geistigen Welt zu bewegen.
In der anthroposophischen Meditation geht es nicht um das Herstellen innerer Ruhe. Dafür gibt es andere Übungen, und diese Ruhe ist eher eine Vorbedingung für die eigentliche Meditation. Es geht auch nicht um das Schaffen innerer Leere, wie es beispielsweise die Meditation im Zen-Buddhismus anstrebt. Die anthroposophische Meditation hat immer einen Inhalt. Dieser kann aus einem Spruch, einem Symbol, einem Gefühl oder einer Empfindung bestehen. Das meditative Verweilen in einem Inhalt erweckt Bilder und Erlebnisse, die mit dem Geistigen zusammenhängen. In der Meditation bauen wir Bilder auf, die wir daraufhin erlebend vertiefen. Dadurch werden sie lebendig und liefern uns Antworten.
Zu dem Weg, der in diesem Buch beschrieben wurde, gehört die Meditation untrennbar hinzu.

11 Der Mensch

Eine ganze Reihe von Wesen ist im Laufe dieses Buches an uns vorübergezogen. Es wurde eingehend über ihr Wesen gesprochen, über ihre Wirkungsweise sowie über die Art und Weise, wie sie im Körper und in der Seele wirken und wie sie in der Aura sichtbar werden. Für mich persönlich war es durchaus eine Überraschung, dass durch diese Darstellungen mein bisheriges Bild dessen, was wir als Menschen eigentlich sind, ins Wanken geriet.

Hinter dem selbstverständlichen Bild dessen, was wir als Menschen sind – als Teil der Naturreiche: Steine, Pflanzen, Tiere und Menschen –, begann ein überraschend neues, viel zarteres Bild aufzudämmern. Dieses Bild ist die logische Konsequenz dessen, was bis hierhin beschrieben worden ist. Trotzdem war es für mich eine Überraschung. Das alte Bild des Menschen, mit dem ich lange gelebt hatte, war das eines selbstbewussten Wesens, das auf der Erde lebt und seine Angelegenheiten recht gut im Griff hat. Es verfügt über eine umfassende Erkenntnis der Welt, es versteht viel von ihr und ihren Gesetzmäßigkeiten. Es kann sich mühelos über die ganze Welt bewegen. Es kann im Internet alle Informationen finden, die es braucht, und alle Waren kaufen, die es haben möchte.

Über Gesundheit und Krankheit weiß dieser Mensch viel, und wenn es zu Störungen kommt, können sie sehr weitgehend reguliert werden. Sein Verhältnis zur geistigen Welt ist schwieriger geworden, seit der Glaube für viele nicht mehr so zugänglich ist.

Gott ist tot, sagt Nietzsche. Und Richard Wagner beschreibt in seiner Oper *Götterdämmerung*, wie die geistige Welt sich allmählich ver-

dunkelt hat. Der Mensch hat die Stellung Gottes als Schöpfer übernommen. Durch seine Erkenntnisse über die Gesetzmäßigkeiten der Vererbung kann er sich immer tiefer mit dem manipulierenden Eingriff in die Schöpfung eines Menschen befassen, und er greift auch immer stärker in die Prozesse im Umkreis des Todes ein.
Ein wacher Mensch ist entstanden; wach in Bezug auf die Welt, auf seine eigene Kraft vertrauend. Er übernimmt Verantwortung für sein Leben auf der Erde, und er hat die Erde erforscht und sie sich untertan gemacht.

Doch wie sieht nun dieser neue Mensch aus, der vor mir auftauchte, nachdem ich all dies geschrieben hatte? Einige Elemente des neuen Menschenbildes sind bereits in die Kapitel über den roten Faden des Weges, dem wir folgten, eingeflossen. Darin erschien der Mensch als ein Wesen, das in verschiedenen Welten gleichzeitig lebt. Wir sind durch die unterschiedlichen Schichten der Aura mit diesen verschiedenen Welten verbunden.
Dieser Mensch ist fähig, sich immer mehr von sich selbst zu distanzieren. Er kann gewissermaßen immer besser auf sich selbst blicken. Was erblickt er, wenn er es tut? Wenn ich den Bildern der Welten und Wesen, die ich beschrieb, treu bleibe, wird er zuerst seine Seele erblicken. Diese Seele steht teilweise unter seiner eigenen Kontrolle. Er hat sie sich während seines Lebens erworben, häufig indem er Krisen und Krankheiten durchgemacht hat. Das war kein leichter Prozess, und oft hat er davon auch Narben zurückbehalten. Daneben sieht er den noch nicht befreiten Teil seiner Seele. Darin leben allerlei andere Wesen. Es ist ein Mischmasch aus Mustern, in denen er unfrei ist und die nicht wirklich zu ihm gehören. Dort leben auch die Dämonen und die Gespenster, die einen Platz in ihm gefunden haben. Die kleinen, die er selbst geschaffen hat, die größeren, die mit der Zeit, in der wir leben, zusammenhängen. Alle zusammen bilden ein farbiges Ganzes aus Wirkungen und Interaktionen. Und quer

durch das alles hindurch weben sich die Wirkungen der geistigen Wesen, die ihm in seiner Entwicklung helfen. Die Wirkung der Dämonen und Gespenster zeigt sich als festere Farben und Formen, die Wirkung der höheren, helfenden Geistwesen zeigt sich als zartere Farben und weniger feste Formen.
Und inmitten dieser Gesamtheit von Wirkungen anderer Wesen leuchtet ein hellerer Bereich auf. Das ist jener Teil der Seele, der unter der freien Herrschaft des Selbstbewusstseins steht.
Dann blickt er eine Schicht tiefer und sieht dort sein Körperwesen. Dieses folgt teilweise seiner eigenen Gesetzmäßigkeit. Die Wirkung, die daraus resultiert, ist etwas, das das Selbstbewusstsein kaum beeinflussen kann. Sie widerfährt ihm. Die körperliche Veranlagung – wie wir aussehen, ob wir groß oder klein bleiben –, auch sie haben wir nur in äußerst beschränktem Maße in der Hand. Und was uns in unserem Leben an Krankheiten und Leiden überkommt, lässt sich auch nur minimal verstehen und lenken. Bau und Wirkung des Körpers werden in großem Maße von Wirkungen aus der Vergangenheit mitbestimmt, davon nämlich, wie dieses Körperwesen in früheren Leben von uns geprägt wurde. Es ist also auch hier nur ein sehr eingeschränkter Zugriff des selbstbewussten Ichs gegeben. Es prägt sich ihm nur sehr begrenzt ein.
Was aber von unserem Körperwesen unter der Führung des Ichs steht, ist jener Teil, der von den selbstgeschaffenen Formen in unserem Seelenwesen geprägt ist.

Dieser neue Mensch, wie wir ihn hier skizzieren, erweist sich als viel kleiner als das Bild, das wir üblicherweise von uns selbst haben. Müssen wir deswegen enttäuscht sein? Ich meine nein. Es ist ein wunderbarer Anblick, dieser Mensch, so authentisch, wie er aussieht. In diesem Stück ist er ganz er selbst. Er verfügt über ein enormes Potenzial für die Zukunft. In der Zukunft kann dieser neue Mensch sich weiter entwickeln. Das heißt: Er kann sich weiterentwickeln,

wenn er es will. Wenn er bereit ist, den Weg zu gehen und in seiner Seele und in seinem Körper unbefangen dem zu begegnen, was auf ihn zukommt, kann immer mehr Ordnung in der Seele und in seinem Körper entstehen. Die Dämonen können zur Ruhe gebracht werden, oder aber unter die Aufsicht der lenkenden Kraft des Ichs gestellt werden und so dem selbstbewussten Ich helfen. Und auch das Gespräch mit den helfenden Wesen kann mit Bewusstsein geführt werden, wodurch sie nicht mehr unbewusst in uns wirksam sind, sondern auch darin unter die Führung des Selbstbewusstseins gelangen. Und dies alles wirkt durch die Verkörperungen hindurch gestaltend auf den Körper. Das Körperwesen nimmt dadurch eine immer größere Zartheit und Schönheit an und verliert dadurch etwas von seiner festen Struktur, die ihm jetzt noch anhaftet.
Eine neue Zukunft wird geboren.

Es ist ein vergeistigter Mensch, ein Mensch, der von der geistigen Welt und der Seelenwelt weiß und immer mehr zu einem vollwertigen Mitarbeiter in diesen Welten wird. Das Selbstbewusstsein bricht zur Erforschung dieser Gebiete und Wirkungen auf und gelangt zu Begegnungen mit den Wesen. Erst dadurch ist es in der Lage, seine Seele zu reinigen und Ordnung in sie hineinzubringen. Die Seele wird immer mehr zu seinem eigenen Territorium, und das wirkt sich zunehmend auf sein Körperwesen aus. Auch dieses wird in immer größere Harmonie gebracht. Das kann mehrere Inkarnationen dauern. Und schließlich wirkt es sich auf das Instrument aus, dass das Körperwesen für uns baut: den physischen Körper.
Der Weg, dem das Ich folgt, ist ein Auferstehungsweg. Ein neuer Mensch wird geschaffen, und wir selbst sind es, die das tun – in Freiheit.

Erwähnte Filme und Literatur

Filme

American History X, 1998. Regie: Tony Kay.
Basic Instinct, 1992. Regie: Paul Verhoeven.
Das Mädchen, das die Seiten umblättert (*La Tourneuse des Pages*), 2006. Regie: Denis Dercourt.
Der Exorzist (*The Exorcist*), 1973. Regie: William Friedkin.
Der sechste Sinn (*The Sixth Sense*), 1999. Regie: M. Night Shyamalan.
Hinter dem Horizont (*What Dreams may Come*), 1998. Regie: Vincent Ward.
Hulk (*The Hulk*), 2003. Regie: Ang Lee.
Im Auftrag des Teufels (*The Devil's Advocat*), 1997. Regie: Taylos Hackford.
Matrix (*The Matrix*), 1999. Regie: Laurence & Andrew Wachowski.
Super Size Me, 2004. Regie: Morgan Spurlock.

Literatur

Fredriksson, Marianne, *Eva*. Frankfurt 2001.
Lewis, C.S., *Dienstanweisung für einen Unterteufel*. Freiburg 2010.
Moolenburgh, Hans, *Engel. Helfer auf leisen Sohlen. Freiburg 1993*.
Pullman, Philip, *Der Goldene Kompass*. Drei Bände. Hamburg 2007.
Spitz, Bob, *The Beatles. The Biography*. New York 2006.

Naturwesen

Baan, Bastiaan, *Der Herr der Elemente. Naturwesen in christlicher Sicht*. Stuttgart 2006
Gerding-Le Comte, Annie, *Zwerge, Gnome und Fantome. Begegnungen mit Naturwesen*. Stuttgart 2009.
Helliwell, Tanis, *Elfensommer*. Saarbrücken 1999.
Pogacnik, Marko: *Elementarwesen: Begegnungen mit der Erdseele*. Baden und München 2007.

Meditation

Rittelmeyer, Friedrich, *Meditation*. Stuttgart 1997.
Steiner, Rudolf, *Wie erlangt man Erkenntnisse der höheren Welten?* Dornach 1993.
Ders., *Die Geheimwissenschaft im Umriss*. Dornach 2005.
Weg, Jaap van de, *Vom Sinn der Hindernisse*. Stuttgart 2006.
Ders., *Hinter dem Schleier*. Stuttgart 2007.
Ders., *Geistesgegenwart*. Stuttgart 2007.

Familienaufstellung

Hellinger, Bert, *Ordnungen der Liebe*. Heidelberg 2010.

Leben nach dem Tod

Boogert, Arie, *Der Weg der Seele nach dem Tod. Unser Leben nach dem Leben*. Stuttgart 2005.
Steiner, Rudolf, *Leben nach dem Tod*. Dornach 2008.

Gestalten aus der Unterwelt

Homer, *Odyssee*. München 2008.
Steiner, Rudolf, *Die Theosophie des Rosenkreuzers*. Dornach 2005.

Über den Autor

Jaap van de Weg, geboren 1948, ist praktischer Arzt. Nach fünfzehnjähriger Tätigkeit in einem Therapeutikum eröffnete er eine Praxis für Psychosomatik und Entwicklungsfragen in Zeist/Niederlande. Fragen seiner Patienten nach dem Sinn von Krisen und Krankheiten regten ihn an, sich mit den Gesetzmäßigkeiten von Grenzerfahrungen zu beschäftigen. Wer diese Prozesse kennt, kann Probleme aktiv als Entwicklungschancen begreifen und im Leben fruchtbar damit umgehen. Jaap van de Weg gibt u. a. Kurse über Meditation, Sinnfindung und Lebenskunst. Sein Motto lautet: *Mach aus deinen Problemen ein Projekt!*

Jaap van de Weg

Hinter dem Schleier

Meditation für Einsteiger

224 Seiten, kart.

An Büchern zum Thema Meditation herrscht kein Mangel. Doch für »Einsteiger« gibt es nur relativ wenig voraussetzungslose Einführungen. Van de Wegs Buch versucht, diese Lücke zu schließen. Es zeigt grundlegende Übungen und Ansätze auf, die jeder anwenden kann. Anhand vieler praktischer Beispiele aus dem »ganz normalen Leben« wird deutlich, dass ein meditatives Leben nicht etwa weltfremd oder »abgehoben« macht, sondern im Gegenteil dazu beitragen kann, die Herausforderungen des Alltags besser und geistesgegenwärtiger zu bewältigen.

Aus dem Inhalt:
Schulungsweg – Einweihungswege · Vorbereitende Übungen · Innere Ruhe · Die sogenannten »Nebenübungen« · Transition und Feuerprobe · Inspirationsquellen: Die Wasserprobe · Meditationen über das Rosenkreuz · Meditation über Gefühle und Wahrnehmungen · Meditatives Spruchgut · Geisteswissenschaftliche Forschung

URACHHAUS